齐经民 刘建新 等著

职业经济解析

——国计民生基本问题研究

中国财经出版传媒集团

经济科学出版社
Economic Science Press

图书在版编目（CIP）数据

职业经济解析：国计民生基本问题研究/齐经民等著．
—北京：经济科学出版社，2018.11
ISBN 978 - 7 - 5141 - 9924 - 6

Ⅰ . ①职…　Ⅱ . ①齐…　Ⅲ . ①职业 - 经济学 - 研究
Ⅳ . ①C913. 2②F24

中国版本图书馆 CIP 数据核字（2018）第 256728 号

责任编辑：刘怡斐
责任校对：王肖楠
责任印制：邱　天

职业经济解析
——国计民生基本问题研究

齐经民　刘新建　等著

经济科学出版社出版、发行　新华书店经销
社址：北京市海淀区阜成路甲 28 号　邮编：100142
编辑部电话：010 - 88191348　发行部电话：010 - 88191522
网址：www. esp. com. cn
电子邮件：esp@ esp. com. cn
天猫网店：经济科学出版社旗舰店
网址：http://jjkxcbs. tmall. com
固安华明印业有限公司印装
710 × 1000　16 开　18. 25 印张　400000 字
2018 年 12 月第 1 版　2018 年 12 月第 1 次印刷
ISBN 978 - 7 - 5141 - 9924 - 6　定价：88. 00 元
（图书出现印装问题，本社负责调换。电话：010 - 88191510）
（版权所有　侵权必究　打击盗版　举报热线：010 - 88191661
QQ：2242791300　营销中心电话：010 - 88191537
电子邮箱：dbts@ esp. com. cn）

前　言

职业是民生的根本与社会和国家生存发展的根基，职业经济是关于国计民生的基本经济，公民合理从业，科学讲求提高职业效益，是实现国民经济与社会稳定和谐持续发展的基础和根本保障，是不断稳步向前达到预期目标的路径。继 2016 年《效在多方　益在多处——公民职业经济学》出版之后，就启动深入研究从业主体的职业文化培养、职业配置、商贸职业经营、职业效益影响因素、职业效益评价、职业收入消费、职业经济秩序与发展等问题，深入解析职业经济，探讨明晰职业经济的要点、关系、秩序和规律性，促进实现人民安居乐业、生活富裕祥和、社会繁荣昌盛、国家强大太平的中华民族复兴的伟大梦想，为人类做出更大贡献。这本《职业经济解析——国计民生基本问题研究》就是这一研究的基本结果。

一、基　　础

职业伴随人生存在，职业经济研究无止境。这里把多年研究的基本要点结果做个简要提示，希望有更多的人了解、关注和参入研究，不断深入、系统地探讨认识职业、职业效益、职业经济学等，为国计民生服务，促进就业，助力实现"中国梦"与持续繁荣富强。

（一）职业

职业是个经济事物，是职业经济学的一个基本概念，是理解认识职业经济、职业效益、国民经济与人生和社会的一个窗口。

所谓职业，是以从业者个人为主体因素与基本组织单位为获得收益满足社会生活需要所从事的事业，其职能是从事人们社会生活需要的产品或劳务的生产劳作，核心是合理讲求提高职业效益，职责是生产满足人们社会生活需要各种东西而为人民服务。

从业人作为职业主体，有特定的职能、职权、职责、职利等，是最小的最基本的劳作单位与经济单位，如粮农、牧人、商人、司机、医生、教师、警察等，分种植、纺织、制造、交通、商贸、教育、科研、医疗、旅游、治安、管理等三百六十行。

各个各种职业构成国民经济，农场、工厂、商场、学校、医院等职能组织是职业构成的职业集体组织，职业集体组织构成主业相同的行业，行业是产业的组成部分和存在形式，产业成就国民经济体系，国民经济是由职业单位构成的高楼大厦，可谓是国计民生宏大设施。

（二）职业效益

职业效益是职业经济的核心要点与职业关系枢纽，交织包含错综复杂的职业关系和矛盾，直接相关职业劳作者、社会消费者、合作者、国家、未来人等方面，他们在客观上都有自己的特定要求，赋予职业效益具有特定的内含与规范。

职业效益指的是人的职业活动的成果状态，是职业人从事职业活动追求的效果利益，通过职业活动的收入与支出的比较体现，集中体现在人们收入的利益好处，简单地说，职业效益是人们职业活动获得的利处或益处。

所谓职业效益，是从业者用较少的消耗为包括自己的大家获得较多的利益，包括资金、福利、荣誉等。其中，大家主要包括从业者个人、合作者、产品或劳务的用户、国家管理者、居民与未来人，合作者如组织单位同事与原材料供给方、产品或劳务经销方，国家管理者是公民代表，居民即是从业所在地住户，未来人是人类子孙后代，大家都有利益所在及其要求，利益共享，效在多方、益在多处。

职业效益与社会制度、经济形式密切相关。私有制与公有制、自然经济与市场经济作用相反。在私有制的市场经济社会，主观上为自己，客观上为别人，内在矛盾，外在统一。在公有制或福利极大化的市场经济社会，人人为我、我为人人，内外一致同一。效在多方、益在多处，为人利人益人、共享共利共益，是铁的从业为生法则。

（三）职业经济学

职业经济学是伴随我国改革开放实践土生土长从无到有研发的一门关于国计民生的基本经济学，是包括专业教育的所有后备职业人员都应了解的从业为生的经济学问。

职业经济学研究对象是职业经济，其是职业的经济性的外化现象，是人生"饭碗"的最基本的经济现象，即是人们从业为生的职业经济活动或职业生计活动，是以讲求职业效益为核心的一系列内容，包括从业前的职业知识与技能等职业资本的学习积累、择业环节的职业配置、职业经营、从业劳作创造职业效益、职业收入花费、职业文化等，以及其中的职业关系、公式、职业活动秩序和规律性等。

职业经济学知识体系包括职业、职业资本、职业配置、职业劳作、职业保障、职业经营、职业效益、职业待遇、职业收入消费、职业文化诸方面系列内容。

帮助人们合理从事职业经济活动，科学讲求提高职业效益，走文明从业生财的永续发展的美好富裕生活之路，为中国乃至全球人类社会的千家万户生计服务。

二、特　点

是与 2016 年 5 月出版的《效在多方　益在多处——公民职业经济学》同时计划研究出版的姊妹篇，前者主要是面向大众的通俗易懂的大众职业经济学，后者主要是面向学术领域的探索职业经济问题的研究之作，历时两年多，接续完成。

是从自然社会的视角深入研究①。自然社会是人类与自然有机存在的整体，是以源于和依存于自然并由血缘关系与分工合作关系维系起来的人类生活共同体。在自然社会里，存在着"看不见的手"，隐藏着一种控制力量，它规定人类活动，这种力量存在自然本身，来源于自然规律和社会规律等。② 长期以来，人们认识到了"看得见的手"的作用，却没有重视客观存在的并发挥着作用的"看不见的手"的自然管理，忽视了自然力的管理作为，特别是进入工业化时代以来，人类肆意开发利用自然资源，付出了资源损失浪费和环境严重污染的沉重代价；要在尊重自然、利用自然与保护自然的过程中追求并实现人类利益，努力达到天人合一的美好境界。③

是多年研究的一个深入。职业经济问题是笔者在我国改革开放初期确定的研究选题，并于 1987 年 12 月填入《兰州大学青年教师培养提高计划表》中，作为科研主攻方向，1991 年完成初稿，开始发表成果④，于 1992 年春在兰州

· 3 ·

---

① 齐经民，郑涛等. 效在多方　益在多处——职业效益讲求及其评价［M］. 经济科学出版社，2016：前言 12 - 13

② 齐经民，徐蕾，闫国兴. 自然管理论［J］. 长春理工大学报，2011（2）

③ 齐经民，陈居华. 管理新视野与多重管理论，［J］. 开发研究，2009（3）

④ Ⅰ 文章：开辟一门新学科——职业经济学（甘肃人事 1991），建立社会主义职业经济学（中国劳动报理论版 1991），新课设置——职业经济学介绍（教育与职业 1994）、贫困人口致富探讨——论讲求职业经济问题（社科纵横，1997）、求富与可持续发展的矛盾与出路——中国农村工业化出现的问题与对策研究（未来与发展 CSSCI 1997），求富与可持续发展的一个基本路径——论讲求职业经济（西北人口 1997），我国的求富与可持续发展的矛盾和解决这一矛盾的建议（未来与其展 CSSCI 1999），中国的求富与可持续发展的矛盾和出路（经济研究资料 1999　人大复印报刊资料全文转载），公民参与可持续发展的一种基本方式：科学讲求职业经济（未来与发展 CSSCI 2002），论职业效益评价问题（中国流动经济 CSSCI 2003），职业效益偏差矫正（甘肃社会科学 CSSCI 2003），别人的需求就是你的财富（经济日报 2003），等。
Ⅱ 专著：职业经济学（兰州大学出版社，1992，获省部级成果奖）、职业经济学（第 2 版，经济科学出版社，2004）、职业效益讲求及评价（第 1 著者，经济科学出版社，2006，受到燕山大学奖励）、人力资源管理（第 1 著者，经济科学出版社，2007）、效在多方益在多处——公民职业经济学（第 1 著者，经济科学出版社，2016，评为燕山大学高水平专著）。

大学开设选修课，2000 年调到燕山大学任教，并于 2002 年成立职业经济研究所，组织研究团队，继续研究职业经济学与进行教学，不断在研究与教学的实践中深化，在人才培养、影响因素、效益评价与发展规律性等，提出了新的观点。

三、要　点

这本书共分为七部分九章内容。

（一）职业文化培养，第 1 章内容

文化是人类文明的标识，不仅反映人类的生存状态，也是人类社会进步文明的反映。职业文化是文化的细分内容，是现代文明的一个方面，做好人们的职业文化培养，是合理从业讲求提高职业效益的根本要点与首要环节，是促进职业文明及其社会和谐发展进步的基础工程。研究阐述了职业人才培养要求、职业文化基本认识、职业文化培养根基与职业文化培养要点诸方面内容。

1. 研究国家关于人才培养的要求

特别是进入新时代以来，国家对于教育发展和人才培养要求更加具体，主要体现在习近平总书记反复强调文化自信，传承中华传统优秀文化，做好培养人才的要求。他强调指出了中国人才培养体制模式、人才培养目标与青年成才要求等。其中，提出了"以我为主、兼收并蓄、突出特色的中国教育体制模式"，有七个要点：（1）扎根中国大地办有中国特色的教育，（2）我们的教育要培养德智体美劳全面发展的社会主义建设者和接班人，（3）要形成更高水平的人才培养体系（4）继承和创新中华文明，（5）有选择地吸收和转化世界优秀文明成果，（6）解决好为谁教、教什么、教给谁、怎样教的系列要点，（7）努力以中国智慧、中国实践为世界文明建设作出贡献。

2. 研究职业人才培养的文化基础

（1）界定文化与职业文化。所谓文化，就是人在自然社会里生活的认识与实践结晶的科学化结果，含有理念、知识、技法、物品、方式、规范等，是人对包括自己的自然界与人类社会认识明白的结果，是知识的结晶和集成。所谓职业文化，就是对在自然社会里的人们职业活动的认识与实践结晶的科学化结果，含有职业理念、从业知识、从业技法、从业器具、从业方式、职业规范等，是对职业活动认识明白的结果，是职业知识的结晶和集成。

（2）职业文化培养根基。中华职业文化有深厚的中华文化根基，特别是道家思想与先贤教育思想。①道家思想文化是道家先贤对人生所面对存在的客观现象认识形成的关于人与自然、人与人的经典思想，老子的《道德经》就

是表达的经典之作，内涵丰富，博大精深，包含：域、道、德、公、利、子、观、听、知、行、柔、缺、修、善、美等要点，价值甚大，影响深远。②中华先贤的教育思想文化中包含一个经典的教育公式与教育体制模式的思想，这个公式是"天人合一＋传道、授业、解惑＋授人以鱼不如授人以渔＝培养德能人才"，教育体制模式是"中学为体、西学为用"的教育体制模式。

3. 职业文化培养要点

（1）秉持人天性的人力开发培养的教育观，学问是人的天赐禀赋、探索是人生认识的秉性、学习是人生不断超越自我的获得知能的实践活动、学和问是基本的学习方法、学得知识的路径是内容复原、指导是教师基本的培养方法。

（2）职业文化培养内容，珍重传承中华优秀文化；职业人才培养细分共同的公共教育与专门的职业教育的双重内容。

（3）职业文化培养路径秩序，学生素质能力增强的路径秩序、教与学1～0转换秩序、教与学接合秩序、梯度提升培养创新人才秩序。

（4）转变不良人才培养做法，转变应试教育、转变重外轻内、挖掘提炼中华人才培养思想和实践财富。

（5）探索德能人才培养模式，德能人才培养模式概念要点，德能人才培养模式要点。

（6）人才培养评价指标，按重要性由大到小的次序排序为用人方、学生、国家、家长与教师，用人方的评价是主要的，具体评价应通过对学生、家长、用人方、国家与教师几个方面的当事人的调查，采取问卷方式实施。

（7）要求学生把学习当作工作来做，全面管理学生，指出教师是首要的学生管理人员，学生管理专职人员应合理管理学生，后勤管理人员也是学生管理不可忽视的重要人员。

（二）职业配置，第2章内容

职业配置是决定职业效益的一个重要变量。基于中观视角研究职业人力要素积累激励，以及基于一定技术条件和社会条件的配置机制与优化问题，既有别于宏观层面的劳动力资源配置，又区别于微观层面的企业等组织内部人力资源管理，有其独特的分析视角与研究意义。在厘清相关概念的基础上，坚持以人为中心的分析思想，构建偏好—技术—制度的职业配置逻辑分析框架，基于历史视角进行演化阐释并分析了中国改革开放40年来农民职业变迁；发掘工效学的职业管理思想，基于人—机—环境的情境分析以职业人力为核心要素的资源规划与有效配置，探讨人工智能发展与职业配置选择的新时代课题。

首先解析职业概念，明晰最新的认识观点，即职业是以从业者个人为主体因素与劳作单位的为获得收益满足社会生活需要所从事的事业，分析职业具有的历史性、动态性、结构性特征；界定职业配置，明晰职业配置内容及其自然配置、计划配置与市场配置形式，从逻辑分析和情境分析两个角度做了深入分析。

逻辑分析方面，围绕职业配置的偏好、技术、制度关键因素，深入分析了职业自由选择、职业选择动机、职业偏好演化、学术职业取向，以及产业结构、产业组织、正式制度与非正式制度对职业配置的影响、制度对职业配置的影响机制等，有益于职业配置的优化思考与选择。

情境分析方面，基于工效学管理思想的人—机—环境情境，对职业人力、人机互动、人与环境关系对职业效益影响，以及人工智能时代的职业的兴替演化、职业人力的拓展、人机交互的改变、人与环境关系的改善等，做了深入分析，为有效应对人工智能时代对职业配置的挑战，为做好职业配置提供了思路。

（三）商贸职业经营，第3章内容

商贸是指从事销售、购销、批发、零售、国外贸易、国内商业等经济活动，并自愿以货品或服务交换。商贸业是与居民日常生活联系十分紧密的行业，也是城市的主导产业，对满足与引导消费、完善市场体系、促进整个国民经济发展具有重要作用。新常态下我国经济发展速度放缓，主要着眼于经济结构调整，实现可持续发展，这给我国商贸业发展带来了新的挑战。同时我国居民消费层次、消费结构、消费方式和消费理念均发生了深刻变化，对商贸业从业者提出了更高要求。

研究指出，商贸职业即是商品交易职业，是指人从事的以货币为媒介的商品买卖交易活动的事业，商贸业是整个社会分工与合作体系中的一个枢纽，关联三百六十行，联通生产劳作与生活消费，促进优化资源配置、带动区域经济发展、提高工业化发展质量与促进城市化发展进程。

分析认为，近年来我国商贸业发展出现许多新情况、新问题和新趋势，如社会消费品零售总额和进出口贸易总额保持增长但增幅趋缓，商贸业对经济增长贡献度持续增加，互联网快速发展带来的线上销售对传统销售巨大冲击，线上、线下销售方式融合发展，以及社区商业快速发展等。这些新的发展、变化和趋势，在繁荣了我国商贸业的同时，也带来很大的挑战，给商贸职业经营者带来机遇的同时也带来了巨大的挑战，在能源资源和生态环境约束强化，商贸成本费用刚性增长的情况下，商贸职业经营者应乘城镇化、"一带一路"倡议等"东风"，不再墨守传统单一的商贸模式。

强调探索发展商贸职业经营，加强与"一带一路"倡议沿线国家的战略合作，创新移动互联网时代的商贸新模式，借助运输和物流业发展重塑商贸空间格局，拓展农村商贸市场和需求，以及加强校企联合培养专业人才，不断与时俱进，顺势而为，创新发展，争取主动，扩大经营，努力发展商贸事业。

（四）职业效益影响因素，第4、5两章内容

职业效益影响因素是职业经济的一个基础问题，在第二版职业经济学中做了初步的探讨，研究指出，[①] 职业效益是复杂的经济问题，与多种因素有关，它是个变量，主要影响变量因素有职业资本、职业配置、职业劳作、职业保障、职业经营、职业收入消费、职业管理等诸方面，建立了数学模型 $Z_{xy} = f(x)$（$f \neq$

0），即具体展开式为 $ZYXY = fX = f_1X_1 + f_2X_2 + \cdots + f_nX_n = \sum_{i=1}^{n} f_iX_i$ 式中，$ZYXY$ 表示职业效益，X 表示对职业效益产生影响的因素，用 f 表示作用率，f 不等于 0。这个数学模型主要是从实践的感知上做出的数理认识，从变量因素 X 的定性到作用率 f 的定量数值，都需进行实证，是深入研究的要点，要计算出关于三百六十行职业效益的这个数学模型，难度很大，直到近年才带领研究生做了具体的研究，选择员工与管理职业者具体职业人，以企业的管理者与作业员工为例做了研究，员工职业效益影响因素数学模型为：$YGZF = 0.293F_1 + 0.289F_2 + 0.190F_3 + 0.154F_4 + 0.074F_5$，管理职业效益影响因素数学模型为：$GZYXY = 0.299y_1 + 0.225y_3 + 0.143y_2 + 0.123y_4 + 0.090y_5 + 0.061y_6 + 0.059y_7$。

员工职业效益影响因素按影响由大到小排序，分别是个人因素、组织因素、家庭因素、社会因素、国家因素，其中，个人因素与组织因素差距不大，后三个因素差距较大，说明个人因素与组织因素是员工职业效益最主要影响因素，但后三位因素也不可忽视。总体上与人们的一般主观判断大体相当。但未能明晰影响因素的细化要素，还需要从不同的社会职能组织等方面，对员工职业效益影响因素做进一步研究。

管理职业效益影响因素按照影响由大到小排列，依次为个人管理因素、单位管理因素、家庭管理因素、行会管理因素、国家管理因素、全球管理因素、自然管理因素。大体印证了多重管理论的观点。在细化因素中，个人因素中的"思想品德"第一重要，"规划领导"第二重要；单位因素中"管理文化"第一重要，"工作激励"第二重要；家庭因素中"家庭推动"第一重要，"家庭条件"第二重要。其中，就"思想品德"在个人中为第一重要而言，是在岗位人员科技素质能力大体相当，都符合要求的共同条件下，科技素质能力"公约"了，事业心、责任感的"思想品德"凸显出个人价值，所以是成立的。其中，影响最大的最重要的四个因素依次为管理文化、思想品德、规划领导与

---

① 　齐经民 . 职业经济学（第 2 版）[M]. 经济科学出版社，2004：13

家庭推动。研究结果值得重视与借鉴。当然,这是初步研究结果,还需要对不同的行业部门管理人员做进一步研究。

职业效益影响因素的研究结果具有重要的价值。①各因素的系数可以明晰其影响因素的重要性,便于认识和分清主次影响因素;②可用影响因素系数作为参数,计算企业员工或有关社会职能组织员工与管理者职业效益的值,判断评价员工和管理职业效益状况;③可为做好员工和管理者的领导工作做参考,在主要影响因素上下功夫,有利于促进讲求提高员工和管理者的职业效益,以及促进讲求提高整个企业等社会职能组织的效益与国民经济效益和社会效益。

(五) 职业效益评价,第6、7两章内容

职业效益评价是职业经济学研究的一个基本内容,是对从业人职业经济活动结果做出评判,明晰职业效益标准,清楚职业经济活动状况,对于树立科学的职业效益理念,合理从事职业经济活动,讲求提高职业效益,极为重要。分基本研究与拓展研究两部分。

1. 基本研究

笔者在第1版《职业经济学》中研究指出,① 职业效益是职业经济关系的一个枢纽问题,它交织包含着错综复杂的职业经济关系和矛盾,直接牵涉到职业劳动者、社会消费者和人类环境的因素,他们在客观上都有自己的特定要求,赋予职业效益具有特定的规范,要多角度多方面地系统考察评估职业效益,用职业劳动者、社会消费者和人类环境三方面的综合因素指标考评。在第2版《职业经济学》中②对评价主体对象、评价依据、评价原则、评价指标、评价方式等职业效益评价体系做了探讨,建立管理职业者、非管理职业者、社会消费者与自然环境指标的评价指标体系,主要用加权比较方法对管理职业效益与非管理职业效益作了评价。其中,此前对管理职业效益评价作了专门探讨。③

同时在为 MBA 与全校研究生的人力资源管理教学中,强调引导企业管理者及其所属的职业人员合理从业,科学讲求职业效益,创造共享价值的企业绩效,造福社会,把体现职业效益因素作为考评企业管理者绩效的指标,依据合理讲求职业效益的理性要求考评企业管理者绩效,基于"效在多方""益在多处"的职业效益原理及其作用价值,细分了管理者,增加了合作

---

① 齐经民. 职业经济学 [M]. 兰州大学出版社,1992:112 – 117
② 齐经民. 职业经济学(第2版)[M]. 经济科学出版社,2004:196 – 213
③ 齐经民,陈晶璞,韩伟. 管理职业效益评价问题研究 [J]. 科学·经济·社会,2003(4)(CSSCI)

者，建立职业价值点指标模型，① 实际表达的就是职业效益评价的职业价值点指标体系一般模型。在教学中提出和反复强调用"效益考核"取代"绩效考核"主张。

在《效在多方　益在多处——公民职业经济学》中②，对评价原则、评价依据、评价对象、评价者、评价指标、评价方式等职业效益评价体系做了进一步研究，建立了职业效益评价指标体系，并用加权算数平均法对基层公共管理职业效益作了评价。同时指出，在当代人为人的社会体系里从业，职业效益是职业劳作者在适应、供给和满足他人需要的职业劳作中获利，其实质是职业劳作者为他人服务的互利关系，这种职业效益是互利服务的共享性职业效益，它的实现必然是"效在多方、益在多处"，这样的职业效益是和谐的持久的，这种互利服务的共享性职业效益是职业效益评价依据的理论，从从业者、合作者、消费者、国家、社会居民与未来人的六个方面的主体因素来讲，叫作六元或多元职业效益评价理论。

职业效益评价指标的确定，应根据多元职业效益评价理论的要求，解析"效在多方"的受益主体与"益在多处"的益处所在，能够体现反映"效在多方"的受益主体与"益在多处"的益处所在，正是评价指标所在，体现"效在多方、益在多处"的具体要点，就是公民职业效益评价指标。见图1。

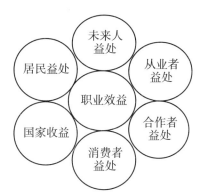

图1　职业效益效在多方、益在多处的主体评价指标七圆体系

资料来源：齐经民，郑涛等. 效在多方　益在多处——公民职业经济学［M］. 经济科学出版社，2016：23

---

① 齐经民，等. 职业效益讲求及其评价［M］. 经济科学出版社，2006：405－407
② 齐经民，郑涛等. 效在多方　益在多处——公民职业经济学［M］. 经济科学出版社，2016：405－407

图1表达的是职业效益效在多方、益在多处的主体评价指标七圆构成框架，意境为职业效益为效益圆糕，与六方圆相切，和谐分享，职业效益评价的实质是职业效益分享评判。

具体细化形成职业效益评价指标体系，见图2。主要指标分别为消费者利益、合作者利益、国家利益、居民利益、从业者利益。其中，考虑未来人与居民的利益一致性，合二为一。

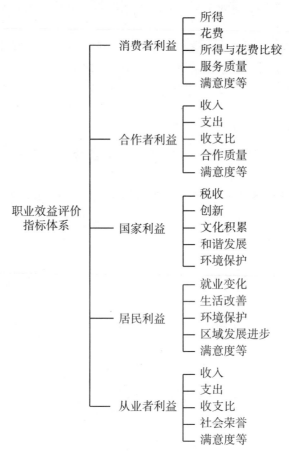

图2 职业效益评价指标体系

资料来源：齐经民，郑涛等．效在多方 益在多处——公民职业经济学［M］．经济科学出版社，2016：25

作为一般的职业效益评价指标体系而言，各指标下设细分指标或细分内容。①消费者利益细分内容包括所得、花费、所得与花费比较、服务质量与满意度等，②合作者利益细分内容包括收入、支出、收支比、合作质量与满意度等，③国家利益细分内容包括税收、创新、文化积累、和谐发展、环境保护等，④居民利益细分内容包括就业变化、生活改善、环境保护、区域发展进步、满意度等，⑤从业者利益细分内容包括收入、支出、收支比、社会荣誉与满意度等，这些是"效在多方、益在多处"的具体体现。

其中，合作者包括工厂、商店、学校、医院等社会职能组织内上下左右的分工合作者，以及外部的材料用品等供应方与产品的销售方等。

具体应用这种"七圆框架"的职业效益效评价指标体系，可根据评价对象所在社会职能组织关系的实际情况取舍细化指标，复杂增项，简单减项。

在评价研究中，评价指标权重确定是一个难点，无论怎样计算，合理性取决于原始数据来源的真实性，毋庸置疑，这种真实只有"当事人"自己做出的评判才是最真实的，因而笔者主张应用加权平均法，加权平均数＝各单位的数值 $\sum$ 的总量／各单位数 $\sum$ 的权数。加权平均本身就是对评价的调整和修正，而且，评价主体是利益相关者，个人自己对受益的情况感受最清楚，个人的感知判断最为直观也最为真实，只有自己才能比较好地切实体现反映相关人员真实获益状况的。可通过权重问卷与评价打分的双重问卷具体实施。

而且，公民职业效益评价是普遍性大众化的评价，还要考虑便于简便易行，易操作实施，比较好的方法是加权算数平均。

员工职业效益评价是职业效益的一项基础工作，值得关注、重视和研究。这里以社会重要的生产企业这种实业组织为例，对员工职业效益评价做了研究。

2. 拓展研究

这是笔者的职业经济研究团队主要成员刘新建教授研究职业效益评价的作为。他对评价学作了深入系统的研究，有专门的著述，理论基础好，加入了职业效益评价研究，值得关注和重视。

他首先指出，职业效益虽然对从业者的职业生涯十分重要，但是，除了燕山大学团队的研究著作之外，很少文献关注这个问题。现在，国家对中高等教育都特别重视其职业教育的属性，但是，如果不对最核心的职业效益问题从基础理论上研究清楚，那么，这样的改革就有相当的盲目性。在以往研究成果的基础上，对职业效益评价问题的理论与实践进行系统阐述，建立一个一般理论框架。

根据评价理论关于评价方案的十三要素理论，分十二小节简要阐述职业效益评价方法论，阐述了评价项目、评价目的、总指标、评价目标、价值关系——价值主体与价值客体、评价对象、评价主体、评价指标体系、评价模型、评价标准、评价实施和评价结果使用。

对职业效益评价进行分类，划分为依据评价项目领域分类、根据评价目的属性分类、根据总指标属性分类、根据评价目标属性分类、根据价值主体属性分类、根据价值客体属性分类、根据评价对象属性分类、根据评价主体属性分类、根据评价指标体系属性分类、根据评价模型属性分类、根据评价标准属性分类、根据评价实施属性分类与根据评价结果使用属性分类。

指出职业效益评价一般不把对评价对象的完全排序作为评价目标，分类是更合适的评价目标，因此，更适合应用基于层位评价理论的层位评价模式。层位评价理论是一种开放性的评价理论，它不刻意追求定量化，摆脱了权重的束缚，更切合实际的决策评价过程。层位评价理论的基本思想可以概括为五个方面：指标定义原理、价值关系原理、指标测量原理、多维价值原理和层位原理。这五大原理既包含了层位评价理论最核心的基本思想，又不要求死板的教条模式，遵循人们实际的评价思维方式，同时注意了科学严谨性。

并以小学管理者职业效益评价为例，对学校管理者的职业效益评价做了具体的研究。包括小学管理者职业效益评价的内容与价值取向、管理者职业效益追求的特别讨论、小学管理者职业效益评价方法、从社区角度评价小学管理者职业效益与从地方政府角度对小学管理者职业效益的评价。

（六）职业收入消费公共化与消费倾向，第8章内容

职业收入消费是从业人满足生活需要的经济活动，是职业经济的最终实现，同时职业收入消费又是职业者人力再生产的保障，成为职业劳作不断进行的基本前提条件。随着人们职业劳作分工合作社会化和全球化，人们的职业收入消费公共化也日益成为普遍现象，同时还出现了各种各样的不良消费倾向，影响较大，值得关注和研究。

研究指出，职业收入消费公共化是人民生活的改善，也是社会的一种进步，但存在着不良消费倾向，主要有浪费消费、超前消费、攀比消费与特异消费等，对社会和经济发展产生较大不良影响，主要是浪费资源、污染环境、促生不良经济行为和腐化社会等，负面作用很大。强调应提倡理性消费，应从教育、经营、管理等方面做好理性消费保障。

并认为，职业收入消费公共化是一种人民社会生活的变化，表现出人民的社会生活的一种新状态，以及社会发展变化的走势，重视客观突出表现的提示，提出重视公共社会发展、保障人民公共利益、发展公共事业与加强公共教育。

（七）职业经济秩序与发展，第9章内容

职业经济作为基本的经济形式伴随着人生存在与发展，经历原始社会以来的几千年漫长的发展历程，由简单的家庭为单位的自给自足形态转变为主要以工厂、商店、医院、学校等职能组织为单位的分工合作互为的社会服务体系，错综复杂，特别是在不断应用新科学技术与全球化发展的情况下，表现出更加

复杂的存在现象，但万变不离其宗，认清秩序，因势利导，做好掌控，促进发展，更好地作为和服务社会，使人民共享美好幸福生活。研究了职业经济秩序格局、职业经济关联发展、职业经济发展作为与职业经济发展变化。

研究指出，职业经济秩序是指人们的职业经济活动客观存在的关系、路径和程序，表现为职业的自然社会秩序、职业的供需服务秩序、职业的国民经济秩序的不同层次存在格局。职业经济是国计民生的命脉，职业互相促进，关联发展，形成了庞大的产业体系，也就是职业有序形成的国民经济体系，关系整个国计民生，协调发展，繁荣富强。强调从业的职业人是主要的社会主体，分布在三百六十行，从业经营，对国民经济与社会发展做出巨大贡献。

智能机器人不断替代从业人在岗操作，改变劳作状态，极大地提高劳作精度和劳动效率，对于解放人力和避免职业危险性，是生产发展的文明进步。但无论智能机器人发展的多么高超，它作为人的劳作产品，受人的支配控制是不会改变的，职业的自然社会秩序、职业的供需服务秩序与职业的国民经济秩序不会改变，智慧便民益民只会在这些不同层次秩序格局中发挥作用，更好改善生活，使人们的生活更加丰富多彩，造福民生。

四、延　　伸

总之，做了如上的述研究探索，取得了新的阶段性的结果，完成一项研究工作。回首瞬间又感到已成定式，成为过去时，虽然做了努力，也难免存在不足，如有的研究不充分，愿抛砖引玉。

还有按原计划研究的未能如愿的内容。主要是"基于职业岗位差异分析的职业待遇"、"职业经济行为分析"等重要问题。特别是"职业岗位系数"，三百六十行不同职业，客观上存在着既定的有差异的职业岗位系数，它是一个基本的职业认识问题，对于职业地位认识、职业效益评价、职业待遇等都有直接关系，亦是整个职业人力资源管理的一个基本认识要点。

可以说，缺少"职业岗位系数"的职业效益评价与职业待遇很难避免主观性，不够精细。研究认识"职业岗位系数"，明晰职业岗位差异，是深化职业经济认识与精化职业经济调控的一个基本点，关系到整个国民经济管理，有待于继续研究探索。

于秦皇岛燕山大学职业经济研究所

2018 年 9 月 27 日

目录

Contents

第一章　职业文化培养

文化是人类文明的标识，不仅反映人类的生存状态，也是人类社会进步文明的反映。职业文化是文化的细分内容，是现代文明的一个方面，做好人们的职业文化培养，是合理从业讲求提高职业效益的根本要点与首要环节，是促进职业文明及其社会和谐发展进步的基础工程，要点包括职业人才①培养要求、职业文化基本认识、职业文化培养根基与职业文化培养要点等。

一、职业人才培养要求

自改革开放以来，我国的教育事业走上了正轨，国家高度重视职业人才培养，恢复和发展院校的专业教育，对职业人才培养提出了明确的要求，职业文化培养成为教育主题。从教育培养人才的要求来讲，客观上存在着多方面与培养人才的相关主体，有多方面的主体要求，主要有三方面，即是国家要求、行业部门的用人单位要求与培养对象的个人家庭要求，因而应从国家、用人单位与学生家长的三维视角全面了解人才培养要求，发展好教育事业，培养好职业人才。② 限于篇幅，这里主要从国家的视角研究职业人才培养问题。

---

① 笔者认为：职业人才是各行各业岗位需求的有特定专门能力的任职人员，分不同的类型与级别层位，横向分种植、纺织、建造、交通、商贸、教育、科研、医疗、旅游、治安和管理等三百六十行的职业人才，纵向分操作、研发和管理等不同层位的职业人才。

　　大、中专等专业院校均是以社会行业领域的职业人才需求而立校办学，专业院校的使命与责任就是培养社会各行业领域职业岗位需求的任职人才，从国家需求来讲是中国社会主义事业的建设者和接班人，从用人单位需求来讲是行业组织部门需要的专业人才，从个人生活需求来讲是有成家立业本事的职能人才，"三位一体"是社会需求的职业人才。

　　正常情况下，专业毕业生都有自己的就业、立业和事业的向往考虑，地方院校和教育部所属院校的专业毕业生都是一样的，只是职业去向有所区分，如去种植领域就业、从事谷物生产职业、从事谷物育种职业、从事粮食仓储职业等，职业身份如粮农、谷物育种人员、粮食仓储保管员等，比如：袁隆平从事的就是水稻育种职业，是工程院院士，专业毕业生都要就业工作、都需要职业这个人生"饭碗"。

　　专业院校教育的差异在于培养社会不同行业领域层位的职业人才，如中专培养技工，本科培养技师、研究生培养科研人员等，大中专等专业院校在培养适应社会需求的职业人才上，同质异层。

　　应以国家、用人单位和个人"三位一体"的社会需求的职业人才为取向培养学生，考虑作为这"三位一体"培养对象当事人的专业学生毕业就业工作需求，按国家要求努力"办好人民满意的教育"。

② 见齐经民《基于三维视角的教育创新的就业促进探讨》一文，2018 年 10 月 20 日，在中国劳动经济学就业促进专业委员会年会暨第二届中国就业促进理论与政策论坛交流。

（一）改革开放初期职业人才培养要求

早在 1985 年 5 月 19 日，邓小平在全国教育工作会议上就提出，要培养出数以亿计的各级各类人才。之后不久颁布的《中共中央关于教育体制改革的决定》指出，教育必须为社会主义建设服务，面向现代化、面向世界、面向未来，这为 20 世纪 90 年代以至 21 世纪初期，我国经济和社会的发展大规模地准备了能够坚持社会主义方向的各级、各类的合格人才。

要造就数以亿计的工业、农业、商业等各行各业有文化、懂技术的劳动者；要造就具有现代科学知识、专业技术能力、懂经营、会管理和具有开拓能力的厂长、经理、工程师、农艺师、经济师、会计师、统计师和其他经济、技术工作人员；还要造就能够适应现代科学文化发展和新技术革命要求的教育工作者、科学工作者、医务工作者、理论工作者、文化工作者、新闻和编辑出版工作者、法律工作者、外事工作者、军事工作者和各方面党政工作者。

所有这些人才，都应是有理想、有道德、有文化、热爱祖国和社会主义事业，具有为国家富强和人民富裕而艰苦奋斗的献身精神，都应该不断追求新知，具有实事求是、独立思考、勇于创造的科学精神，把全民族的文化、科学素质和精神境界提高到一个崭新的水平。

这里讲的各级、各类的合格人才，就是各行各业、各部门的各个层次所需要的专职人才，也就各方面的职业人才，这是对职业文化培养教育提出的明确要求。

其中，强调把全民族的文化、科学素质与精神境界提高到一个崭新的水平，就职业人才来讲，文化科学素质不仅是从业的专业知识，也包括与工作生活有关的社会公共科技文化，如公共科技、公共规范等的公共教育。

（二）新时代职业人才培养要求

进入新时代以来，我国对于教育发展和人才培养要求更加具体。[①] 2012 年 11 月 15 日，习近平总书记指出，我们的人民热爱生活，期盼有更好的教育，人民对美好生活的向往，就是我们的奋斗目标。之后，在高校考察座谈等多种场合的讲话中多少次谈到教育。他的一系列讲话，从民族文化、中国特色、学校教育等方面，表达了他对我国教育的高度重视和要求。其中，2017 年 5 月 3 日，在中国政法大学考察时讲话；2018 年 5 月 2 日，在北京大学师生座谈会

[①] 集中体现在习近平总书记反复强调的文化自信，传承中华传统优秀文化，其中他对教育提出了明确的要求。特别是 2017 年 5 月 3 日，习近平同志在中国政法大学考察时的讲话；2018 年 5 月 2 日，习近平同志在北京大学师生座谈会上的讲话；2018 年 9 月 10 日，习近平同志在全国教育大会上的讲话；几次讲话强调指出了中国人才培养体制模式、人才培养目标、人才培养体系和青年成才要求等。

上讲话；2018 年 9 月 10 日，在全国教育大会上的讲话，都就新时代中国教育与人才培养做了明确的比较集中阐述。

1. 以我为主、兼收并蓄、突出特色的中国教育体制模式

要坚持扎根中国大地办教育，我们有我们的历史文化，有我们的体制机制，有我们的国情，我们的国家治理有其他国家不可比拟的特殊性和复杂性，也有我们自己长期积累的经验和优势，在学科体系建设上要有底气、有自信，学科体系建设对于人才培养至关重要。

要以我为主、兼收并蓄、突出特色，深入研究和解决好为谁教、教什么、教给谁、怎样教的问题，努力以中国智慧、中国实践为世界文明建设作出贡献。对世界上的优秀文明成果，要积极吸收借鉴，也要加以甄别，有选择地吸收和转化，不能囫囵吞枣、照搬照抄。

这是对新时代我国教育体制模式的表达，包含以往多次反复强调有关教育的基本内容和要求，提出了"以我为主、兼收并蓄、突出特色的中国教育体制模式"，有七个要点：（1）扎根中国大地办有中国特色的教育；（2）我国的教育要培养德、智、体、美、劳全面发展的社会主义建设者和接班人；（3）学科体系建设为至关重要内容；（4）继承和创新中华文明；（5）有选择地吸收和转化世界优秀文明成果；（6）解决好为谁教、教什么、教给谁、怎样教；（7）努力以中国智慧、中国实践为世界文明建设作出贡献。

2. 人才培养目标、人才培养体系与成才要求

教育兴则国家兴，教育强则国家强，当前对优秀人才的需要，比以往任何时候都更为迫切，强调指出人才培养目标、人才培养体系与成才要求。

（1）人才培养目标。我国的教育要培养的是德、智、体、美、劳全面发展的社会主义建设者和接班人，明确表达了国家教育培养人才要求，其中，包含人才素质能力与人才目标两个方面内容，人才素质能力就是德、智、体、美、劳全面发展，人才目标就是社会主义的建设者和接班人。

①人才素质能力：德、智、体、美、劳。德，是中华民族优秀教育文化的一个根本。老子①从包括人本身的万物来源的视野，阐述了自然、道、德、公、利的关系，其中的德是基本内容之一。自然是原本的自然世界，衍生和乘载万物，德源于自然秉性，依道而存，公、利蕴含其中；道为法理，衍化万物，德是道的造化，施惠于含有人的万物；德的内含为公，公为德性，利为德生。德的本质是施惠于人，是人受用终生的资本，德力乘载人生，德是首要的人才根基要素。

智、体、美、劳是要点。智是智慧，主要是人的思维、认识、行动和调控的脑力；体是身体，主要是人的体质体力；美，主要是人对事物愉悦的表达，

---

① 老子. 道德经全集（1～4 卷）［M］. 万卷出版社，2009

如对美丽的鲜花、善良的心灵、精致的构造、无私的奉献等，谓之美，实际是人对事物的好的状态的评判和赞誉，是一种优秀文化；劳是人的劳作本领，主要是从业劳作的本事或能力。对专业教育来说，就是职业人才的素质能力要求。

②人才目标：建设者、接班人。这里讲的培养社会主义建设者和接班人，是培养目标的概括，即是各行各业各部门的各个层次所需要的专业人才，亦即是职业人才，这也是对职业文化培养教育提出的要求。建设者，侧重现实需要的视角，要求培养国家和社会的各行各业各部门的各项事业的建设或从业的劳作者；接班人，从未来需要的视角，要求培养国家和社会的未来劳作者、管理者和领导者。

事实上，国家和社会的各项事业都是在不断地接续中进行，年老者离退，年轻者上岗，一直是在新老交替中实现的，两者教育上同一，赋予了教育内容的多维性，也就是面向现实、面向未来和面向世界，培养造就具有较高水准的德、智、体、美、劳素质能力的高标准职业人才，要着重培养创新型、复合型、应用型的多种类型的职业人才。

并强调要在加强品德修养上下功夫，要在增强综合素质上下功夫，教育引导学生加强培养综合能力，培养创新思维，踏踏实实修好品德，成为有大爱大德大情怀的人。

从根本上说，就是要培养造就具有中华民族优秀文化根基、聪明智慧、健康体质、审美文化与劳作本领的德能人才，是国家、社会和家庭都需要的高品质职业人才。

（2）人才培养体系。把立德树人作为根本任务，融入思想道德教育、文化知识教育、社会实践教育各环节，贯穿基础教育、职业教育、高等教育各领域，学科体系、教学体系、教材体系、管理体系要围绕这个目标来设计，教师要围绕这个目标来教，学生要围绕这个目标来学。并坚决克服"唯分数、唯升学、唯文凭、唯论文"的顽瘴痼疾，扭转不科学的教育评价导向。

①要形成更高水平的人才培养体系。我国大学硬件条件都有很大改善，有的学校的硬件同世界一流大学比没有太大差别了，关键是要形成更高水平的人才培养体系，要努力构建德、智、体、美、劳全面培养的教育体系，形成更高水平的人才培养体系。

②必须扎根中国的人才培养体系。强调人才培养体系必须立足于培养什么人、怎样培养人这个根本问题来建设，可以借鉴国外有益做法，坚持社会主义办学方向。

③明确人才培养体系构成，涉及学科体系、教学体系、教材体系、管理体系等，指出贯通其中的是思想政治工作体系，把我们的特色和优势有效转化为培养社会主义建设者和接班人的能力。

（3）青年成才要求。①要爱国。中华儿女要了解中华民族历史，秉承中华文化基因，有民族自豪感和文化自信心。要时时想到国家，处处想到人民，把自己的理想同祖国的前途、把自己的人生同民族的命运紧密联系在一起，扎根人民，奉献国家。

②要励志。立鸿鹄志，做奋斗者，要培养奋斗精神，做到理想坚定，信念执着，不怕困难，勇于开拓，顽强拼搏，永不气馁。幸福都是奋斗出来的，奋斗本身就是一种幸福。为实现中华民族伟大复兴的中国梦而奋斗，是我们人生难得的机遇。每个青年都应该珍惜这个伟大时代，做新时代的奋斗者。

③要求真。求真学问，练真本领。学习就必须求真学问，求真理、悟道理、明事理，掌握事物发展规律，通晓道理、丰富学识、增长见识。人的潜力是可以发掘的，只有在不断学习、不断实践中才能充分发掘出来。希望广大青年珍惜大好学习时光，求真学问，练真本领，更好为国争光、为民造福。

④要力行。知行合一，做实干家。学到的东西，不能停留在书本上，不能只装在脑袋里，而应该落实到行动上，做到知行合一、以知促行、以行求知。每一项事业，不论大小，都是靠脚踏实地、一点一滴干出来的。做人做事，最怕的就是只说不做，眼高手低。不论学习还是工作，都要面向实际、深入实践，实践出真知；都要严谨务实，一分耕耘一分收获，苦干实干。广大青年要努力成为有理想、有学问、有才干的实干家，在新时代干出一番事业。

二、职业文化基本认识

职业文化是职业人才培养的基本内容，但至今对有关的职业文化认识等尚有不同的看法，还需要研究探讨。存在决定认识，应基于"对象实际"与"现有认知"的实际，探讨认识职业文化，为职业人才培养奠定良好的文化认识基础。

（一）职业文化存在现象

职业文化是一个名称概念，不是人凭空想象出来的，而是有它客观对象的，是对客观对象认识的概括，客观对象是认识的本源。职业文化作为一种人生客观存在的文化，是有别于其他文化的特定文化，对它的认识首先应界定明晰它的存在现象，进而明确职业文化概念，解读职业文化内容，全面认识职业文化。

关于对职业文化研究认识，一般大都是从有关研究认识的既定结果入手接续探讨，这无疑是需要的，但更需要的是从其本源进入探索认知，界定本源是认识的基础与根本。

职业文化的本源就是职业文化存在的对应现象，它是职业的存在现象，职业文化是各种特点的职业现象的总和，包括职业者的思想意识、知识和技术以及职业行为方式等。① 职业的主体分布在三百六十行的各行各业，各个人以不同的职业人身份从事一定的职业劳作，诸如农民种地打粮、工人生产物品、商人经销商品、教师教书育人、医生诊治病人、军人保家卫国等，大家通过以货币为媒介的交换，各得其所，获得收益，满足生活需要，这是职业存在的社会现象，"工作"仅是它存在的一个直观表现。这种现象包括和涉及整个职业经济活动事宜，从内在实质到外在形式，都是职业文化的现象，从这个意义上讲，职业经营活动就是职业文化经营活动。②

职业文化的存在现象是人生对应存在的劳作与消费的两大现象之一，即是与人的消费活动对应存在的职业活动现象，包括人的职业知识学习、职业配置、就业劳作、培训提高等要点，交织着错综复杂的多方面的关系，是贯穿整个人生的一种生活现象，它有三个基本特点：一是伴随人生存在，与人的吃、穿、住、行等生活消费需要对应，是保障人们生活需求的基本活动；二是以个人为基本单位的个体独立存在，或以农场、工厂、商店、车站、邮局、学校、医院、饭店等组织形式存在，分为三百六十行，构成国民经济体系，决定整个社会发展进步文明；三是分工合作存在，大家分别从事农、工、商等各种职业，通过交换互相提供劳动产品或劳务，为人们的生产和生活服务。

（二）职业文化认识基础

职业文化认识基础是对职业文化现象已经有了一定的认识，分为一般相关认识基础与具体直接认识基础。在接续研究认识上，既要利用现有研究认识成果走捷径了解其具体内容，又要从其具体现象判断认识的真伪，不断完善有关认识。职业文化认识基础主要包括：关于一般的文化认识与具体的职业文化认识两个层次。

1. 文化研究观点

人们对文化已经做了不少研究，有不少看法，积累了不少认识观点，但至今还没有统一一致的认识结果。

（1）国外多视角研究认识文化观点。阁家胤在参加联合国教科文组织的"世界文化发展"项目研讨后，介绍了西方文化两千年的历史文献中相继出现的多学科文化概念，分别是从哲学、艺术、教育学、心理学、历史学、人类学、社会学、生态学、生物学、宇宙学的视角定义文化。③

哲学的定义，文化是心灵的哲学或修养；艺术的定义，文化是所有艺术的总称；教育学的定义，文化是习得的行为；心理学的定义，文化是学习和追求完美，所追求完美的主要特点是美的智慧，就是温文尔雅及和蔼可亲；历史学

---

① 齐经民. 职业经济学 ［M］. 兰州大学出版社，1992：125－126
② 齐经民. 职业经济学（第2版）［M］. 经济科学出版社，2004：282、283
③ 阁家胤. 西方文化概念面面观 ［J］. 国外社会科学，1995（2）

的定义，文化指的是人类创造性所积累下来的书籍、绘画、建筑物之类的财富，为适应我们周围的人类和自然环境的调节方式的知识、语言、风俗，以及长期以来形成的礼节、伦理、宗教和道德的体系；人类学的定义，文化或文明是一个复杂的整体，它包括知识、信念、艺术、道德、风俗，以及作为社会成员的人所掌握的任何其他能力的习惯；社会学的定义，文化是指人造物品、货物、技术过程、思想、习惯和价值观念，它们是一个民族的社会遗产，包括所有习得的行为、智力知识、社会组织和语言，经济的道德的或精神的价值系统；生态学的定义，文化是人类同自然环境相互作用的手段；生物学的定义，文化是不同物种的组织结构和行为规范；宇宙学的定义，文化一般是指物种，特殊地是指人类观察和感知世界，把自己组织起来，处理自身事务，提高和丰富生活，以及把自己安置在世界上的那种方式。

并进一步指出，文化是一个进化和有机的过程，是一个相应于不断变化的条件和已经改变了的环境而不断地做适应性变化的过程，文化概念在不断地进化，出现进化趋势：一是外延越来越宽，二是内涵越来越深，三是趋势整体性，四是民族平等。

还有王仲士对马克思的文化概念做了研究，把马克思的文化概念观点表达为，[①] 文化是人改造自然的劳动对象化中产生的，是以人化为基础，以人的本质或本质力量的对象化为实质的，它包括物质文化、精神文化、制度文化等因素，是一个广义的文化概念。

（2）国内主要最新研究认识文化观点。李德顺指出，[②] 中、西辞源显现了共同的内涵。据考证，世界上给文化下定义的权威说法有二百多种，没有一个公认的精确定义。归根结底，文化就是"人化"和"化人"。"人化"是按人的方式改变、改造世界，使任何事物都带上人文的性质；"化人"是反过来，再用这些改造世界的成果来培养人、装备人、提高人，使人的发展更全面、更自由。"化人"是"人化"的一个环节和成果、层次和境界。"文化"这个词，无非是用一个整体性的抽象概念，给人类生存发展的这种根本方式、基本过程、基本状态和总体成果本身，作出了一个概括性的描述。并又研究指出，[③] 一般来说，文化的本质是"人化"和"化人"，即人的生存发展的内在过程和样式。不能把它仅仅当作表浅的、工具性的东西。真实的文化是由实践书写的，文献和文字只有忠实于实践才可信。

仰海峰指出，[④] 对于什么是文化以及文化的真正内涵是什么，学界有不同

---

① 王仲士. 马克思的文化概念 ［N］. 清华大学学报（哲学社会科学版），1997（1）

② 李德顺. 什么是文化 ［N］. 光明日报，2012 - 3 - 26

③ 李德顺. 重视中华文化主体的整体认同，http://www.sohu.com/a/221781853_710967，2018 - 2 - 8

④ 仰海峰. 文化哲学视野中的文化概念——兼论西方马克思主义的文化批判理论 ［J］. 南京大学学报，2017（1）

的认识，文化概念的内涵十分复杂。广义文化的内容非常广泛，指与人相关的一切行为与结果，是与自然相对应的概念，在这个意义上，只有与自然相对比，才能理解文化的意义；狭义的文化概念，即与经济、政治相对应的文化概念，这个意义上的文化概念与人的思想意识相关。从根本上说，文化是一个系统，它既深入人的无意识之中，又成为理性审视的对象，也正是这个完整的系统，对人的存在及其发展产生了深远的影响。

笔者认为，① 文化是人的一个认识领域，是人的理智与能动性的产物，是人的生活特质的体现和反映。文化的实质是知识，是知识的集成、体现和表达，包括文字文化、实物文化、艺术文化与规范文化等内容，以及职业文化、企业文化、行业文化与经济文化、民族文化等多视角的划分类别。文化的作用主要有两个方面：一方面是记载、积累和传承人的生活知识，对生活解读与概括，存储经卷，展现人的生活阅历与进步；另一方面是集中思想，凝聚精神，引导和调控人们的生活实践，发展事业，创造文明，改善民生，美好生活。

这里主要探讨了"文化是什么"和"如何认识文化"，对文化尚没有形成一致性的认识结果。显然，对于文化尚需进一步研究探讨。

2. 职业文化研究观点

从职业文化现象可知，对职业文化这个概念进行合理定义，就在于客观的描述职业文化现象，揭示职业文化特质，明晰职业文化外延。据此可对职业文化认识结果做出评判。至今对职业文化的关注和研究很少，认识有限，认识观点也有所不同。

（1）他人职业文化研究认识观点。王文兵等认为，② 职业文化是人们在长期职业活动中逐步形成的价值观念思维方式、行为规范以及相应的习惯、气质、礼仪与风气，它的核心内容是对职业使命、职业荣誉感、职业心理、职业规范以及职业礼仪的自觉体认和自愿遵从。

董显辉认为，③ 职业文化概念有广义与狭义之分，狭义概念经常被用于某一具体职业，如教师、医务人员的职业文化等；广义的指在多种现代性职业中形成的具有普适意义的职业文化，具体包括职业道德、职业精神、职业纪律和职业礼仪等。

杨柳认为，④ 职业文化是社会文化的有机组成部分，是职业人为更好地履行职业责任和提升职业生活品质，在长期的职业岗位实践中创造出来的以价值观念和制度规范为核心的文化样式。职业文化可以从广义和狭义两方面来看：广义的职业文化是指涵盖现代社会众多职业、为广大职业人所普遍遵循的价值

---

① 齐经民，郑涛等．效在多方　益在多处——公民职业经济学［M］．经济科学出版社，2016：18
② 王文兵，王维国．论中国现代职业文化建设［J］．中共长春市委党校学报，2004（4）
③ 董显辉．职业文化的内涵解读［J］．职教通讯，2011（15）
④ 杨柳．人的全面发展视域下的职业文化建设［J］．高等教育研究，2013（7）

观念和行为规范；狭义的职业文化是指独特或相近职业的职业人应遵循的价值观念和行为规范。

以上这些对职业文化探讨的认识观点，从某些方面表达了对职业文化的看法，但从职业文化现象来看，尚需全面深入的研究探讨。

（2）笔者职业文化研究认识观点。笔者对职业文化的关注与研究主要集中在有关专著中，大体是从职业经济学的视角对职业文化作了研究探讨。

①1992 年出版的《职业经济学》在"职业文明"一章中作了相关阐述，笔者认为，①职业文化是各种特点的职业现象的总和，包括职业者的思想意识、知识和技术以及职业行为方式等，既包括积极的、进步的、高级的职业因素，也包括消极的、落后的、低级的职业因素。

②2004 年出版的《职业经济学》（第 2 版）中，"职业文化"作为一章内容研究，指出考察职业文化现象可知，职业文化是很复杂的，可以从不同角度认识。②广义的职业文化是从业者从事职业活动的方式、能力与创造的物质、精神、规范的总和，狭义的职业文化是从业者在职业活动中形成的特定的思想理念、知识技艺、行动方式和秩序规范，实质就是职业精神及其表现；职业文化的内容主要有职业思想意识、职业目标、职业经营方式、职业行为规范、职业设施与环境、职业形象与精神、职业知识创新和职业文明。

并指出：职业文化中最基础的内容是职业思想意识、职业知识与职业能力，其中职业思想意识是职业文化的灵魂，直接引导支配职业活动，发挥能动作用，它直接关系人的职业活动行为；职业教育是职业文化培养一个基本的途径；应对所有后备职业人员进行职业教育，应把普通高校大学生列入职业教育对象，根据各行各业的职业需要，重视对他们进行高级职业教育，以及加强职业公共基础知识教育，适应社会各行各业全面发展进步对高级专职人才的需求。

③2016 年出版的《效在多方　益在多处——公民职业经济学》中，未能按原计划对职业文化做一章的专题研究，只是在前沿作了一点探讨，笔者认为，③职业文化是文化的一个细分内容，是从业者的职业活动作为的结晶，包括职业要素及其活动方式等知识集成、体现和表达，是一个及其重要的文化认识领域，遍及各种职业活动，反映人们职业劳作的状态与进步程度，对人们的生活影响巨大，先进的职业文化促进改变人生、和谐社会和美化世界。

笔者研究认为，④职业文化牵动、支配和影响职业经济活动，直接关系职业效益、职业发展、职业前景等，是最大的职业经济变量因素，需要格外的关

· 9 ·

①　齐经民. 职业经济学 ［M］. 兰州大学出版社，1992：125 – 126
②　齐经民. 职业经济学（第 2 版）［M］. 经济科学出版社，2004：282 – 297
③　齐经民，郑涛等. 效在多方　益在多处——公民职业经济学 ［M］. 经济科学出版社，2016：18 – 19
④　齐经民. 职业经济学（第 2 版）［M］. 经济科学出版社，2004：280

注和重视，应对职业文化进行系统的考察和研究，包括职业文化概念、职业思想意识、职业教育、职业规范等，利用职业文化进行职业经营管理，服务社会。但三个时间段的认识存在差异，也没有形成一致的职业文化认识观点。

（三）文化与职业文化定义

从以上的阐述可以了解到关于文化与职业文化研究认识的大体情况，文化的认识与职业文化的认知与对应存在现象尚有差异，对这两个方面还需进一步的研究认识。

1. 文化定义

究竟"文化是什么"或"什么是文化"，简单地说，文化是人对文化现象的认识结晶，文化认识的正确与否取决于对文化现象是否客观地、准确地认识反映，其中最基本的前提就是明晰文化现象。这里基于以上主要文化研究认识看法，从文化现象着眼，对文化做进一步探讨。

（1）文化对象。文化是关于人的文化，是关于人类生活的特质和标识的概括表达，文化现象就是人类生活的特质和标识的客观存在对象。

人是在大自然中生存的，是大自然衍生的高级生物，在自然界的人类社会里生活，也就是在自然社会里生活。人具有高智性和能动性，不仅能够认识自己及其相关的事物，而且能够遵照认识的知识和经验做好有关事宜，更好地生活。一方面认识自然资源，选择适合自己的生存环境，从事一定的劳作活动，生产生活需要的食物、衣服、房屋、道路、车辆、工具等各种各样的东西；另一方面进行吃、穿、住、学、用等各种消费活动，满足生活需要，繁衍发展进步。其中，发明了文字，制造工具，改造自然，发展社会，在自然界里建立了自己的家园和领地，使人与环境资源因素形成一个庞大的人类生存体系。

自然界中的人类生存体系形成源于两个方面，一是人来源于大自然，是大自然的产儿，大自然生养恩惠人类，赋予了人类的高智性和能动性，使人能够认识自己和外界，能够在自然界里生活；二是人能够利用认识的知识、秩序、规律，更好地生活。前者是"自然化人"，后者是"人化生活"。这种自然界中的人类生存体系就是文化对象。

（2）文化定义。自然界中的人类生存体系是在"自然化人"与"人化生活"中形成的，"自然化人"，产生人类，人类认识自然，生活实践，解读天性，转化自然美德，人化文明，产生文化。

所谓文化，就是人在自然社会里生活的认识与实践结晶的科学化结果，含有理念、知识、技法、物品、方式、规范等，其中：这里的生活是对人们的生产活动与生活消费的概括，生产活动包含产品生产与人类自身生产，生活消费包含吃、穿、住、学、用等消费；理念主要是思想观念、精神信仰和理想追求；知识包含对大自然、人、事等认识的学问；技法主要是行为活动的技术和方法，包含生产劳作与生活消费等技法；物品主要是劳动器具与生活用品等东西；方式主要是样子、模式等行为活动的样式；规范主要是对行为活动管控的制度、法规、公约等。

文化的实质是人类对自己的生活认识所做的特质标识，标明人类的生存特点，记录人类的生活状态，是人对包括自己的自然界与人类社会认识明白的结果，是知识的结晶和集成。

（3）文化体系。文化因人类生活内容的差异划分多种文化。①按行为特性从大到小秩序分为：生产文化与消费文化，细分生产劳作文化、自身生产文化与生活消费文化，生产劳作文化细分农业、工业、建筑、商业、运输、教育、医疗、警察、军队、宗教、管理等三百六十行的职业文化；自身生产文化也就是优生与优育文化，细分性文化、子女抚育文化；生活消费文化细分衣、食、住、学、用、游等消费文化。②按从主体组织大小秩序分为：民族文化、组织文化与家庭文化，民族文化细分为汉族文化、满族文化、蒙古族文化、藏族文化、壮族文化、彝族文化等多民族文化；组织文化细分为企业文化、学校文化、医院文化等行业部门单位文化；家庭文化细分为家教文化、家谱文化、祭祀文化等。③从区域特点分为：世界文化、地域文化、流域文化、海洋文化等。④从国家的社会构成分为：政治文化、经济文化等，政治文化细分为政党文化、行政文化等；经济文化细分为产业文化、资源文化、盈利文化、节约文化等。

（4）文化与文明。笔者认为，[①] 文化与文明同而有异，文明是人类认识世界和改造世界而能动生活的产物，它与愚昧、落后相对，是人类的进步状态，是积极、进步和高级的人类文化，体现和反映了人类的发展进步。文明从其特定内容上可分为关于科研、教育、思想等方面的精神文明，关于生产劳作等方面的物质文明，以及关于制度、原则、条例等的规范文明；从文明的主体单位上可分为企业文明和家庭文明等，其总体就是社会文明。显然，文化包括文明，文明是文化的高级成分，在既定的社会条件下，它总是积极的、进步的，具有绝对性。当然，个人的个体文明是文明的根本构成，他是整个文明的基础。他是文明的创造者，以生产等各种活动创造文明，并以个人或不同的组织形式表现文明。

随着人类社会实践活动的不断深入发展，社会不断从低级形式向高级形式转化，低级社会的文明就不能反映高级社会的文明状态，相对地变为落后的低级的文明，文明具有相对性，作为一种特定的文化而存在。也正如有关研究指出，[②] 文明一词的内涵更多地与文化的精华部分相关，文明一词是作为文化的

· 11 ·

① 齐经民. 职业经济学 [M]. 兰州大学出版社，1992：125
② 仰海峰. 文化哲学视野中的文化概念——兼论西方马克思主义的文化批判理论 [J]. 南京大学学报（哲学、人文科学、社会科学），2017（1）

精华意义上来使用的。文明是文化发展的轴心向量，随着人类发展进步文明，文化经卷长卷无限。

（5）文化与非文化。文化是人认识自然、顺应自然、利用自然向往美好生活的追求、表达和反映，是人生的正向性发展，标榜互为、互利、互益，效在多方、益在多处，进步文明。

非文化是人生的负产品，是生活无知或偏激扭曲的结果，表现为愚昧或野蛮、邪恶的形态，是低级作为或极端私利的反映，对人们生活危害大，随着人类生活发展进步，非文化的人类糟粕、垃圾等有害的负向性东西，将不断地被人们游离和清除出去。

（6）文化价值。①标识人类身份地位。自然界里存在很多生命体，人类是一种高级生物，在自然界里生活，通过文化标示自己的存在与状态，标明人类的特点，显示人类在自然界中的身份和地位。

②存储展现人类作为。文化以语言、文字、图形、形象、文件、书籍、器具、设施、服装、影像、景观等为媒介或载体，记载、积累和传承人的生活知识，认识、描述、概括和表达生活，存储经卷，展现人类生活作为。

③激发创新发展文明。有史以来，人类世代接续生活，传承发展进步，积累了丰富多彩的宝贵文化财富，人的理智和能动的文明本性使得人生按科学文明的轨迹发展，传承文明，创造和创新发展，引导和调控人们的生活实践，天人合一，发展文明。

④促进美好生活。人们总是希望一代更比一代强，传承家业或开发创造，在先人积累的文化基础上不断发展进步，进一步改善和美化生活，生产更加丰富的产品，创造更多财富，更好地满足人民生活需要，更加美好地生活。

2. 职业文化定义

职业文化是文化的细分与具体化，根据以上笔者对文化认识与职业文化的研究，可以对职业文化做出以下的认识表达。

（1）职业文化定义。所谓职业文化，就是对在自然社会里的人们职业活动的认识与实践结晶的科学化结果，含有职业理念、从业知识、从业技法、从业器具、从业方式、职业规范等，其中：这里的职业活动是人们就业从事的种植、养殖、畜牧、建筑、制造、交通、通信、教育、医疗、旅游、治安、宗教、管理等三百六十行的各行各业的从业活动；职业理念主要是从业思想观念与理想追求；从业知识主要是从事职业的业务活动学问，以及出行、住宿、交流等公共知识；技法主要是从业作为的技术和方法；器具主要是职业劳作设施、机器和工具等东西；从业方式主要是职业形式、作业模式等职业样式；职业规范主要是对职业行为活动管控的制度、法规、公约等。

职业文化的实质是对职业活动的认识所做的特质标识，标明职业活动特点，记录职业活动状态，是对职业活动认识明白的结果，是职业知识的结晶和集成。

（2）职业文化体系。职业文化因职业差异细分各种不同的职业文化，分为种植职业文化、养殖职业文化、畜牧职业文化、建筑职业文化、制造职业文化、交通职业文化、通信职业文化、教育职业文化、医疗职业文化、旅游职业文化、治安职业文化、宗教职业文化、管理职业文化等三百六十行各种职业文化。

（3）职业文化与职业文明。所谓职业文明，① 就是职业的进步状态，主要包括职业者的思想意识、科学技术的进步状态，劳动手段的进步状态，以及劳动方式的进步状态，它是作为积极的、进步的、高级的职业文化而存在的。职业文化既包括积极的、进步的、高级的职业因素，也包括落后的、低级的、职业因素。职业文化是职业文明存在的基础，职业文明是在一定的职业文化的基础上确立和发展的，随着人类社会实践活动的不断、深入发展，社会不断从低级形式向高级形式的转化，低级社会的职业文明就不能反映高级社会的文明状态，相对地变为落后的低级的职业文明，作为一种特定的职业文化而存在了，职业文明具有相对性。

（4）职业文化与非职业文化。职业文化是人们从业为生向往美好生活的追求、表达和反映，倡导互为、互利、互益，合理讲求提高职业效益，效在多方、益在多处，促进人民美好幸福生活。

非职业文化是从业活动的负产品，是从业活动不择手段的结果，表现为歪门邪道从业经营，是自私自利的极端反映，损人利己，损公肥私，对人民生活危害大，随着人类进步文明，非职业文化的糟粕、垃圾，将被不断地清除。

（5）职业文化价值。①标识职业活动地位。职业文化是关于人生的生产劳作与生活消费的两大文化之一，体现和反映生产劳作状态，决定三百六十行乃至国民经济与社会发展，关系整个人民生活水准。

②存储展现职业作为。职业文化以一定的语言、文字、图形、形象、文件、书籍、器具、设施、服装、影像、景观等为媒介或载体，记载、积累和传承职业人的职业知识，认识、描述、概括和表达职业活动，存储经卷，展现人们的职业作为。

③激发创新发展职业文明。有史以来，人类世代从业为生，传承发展进步，积累了丰富多彩的大量的职业文化财富，人的理智和能动的文明本性使得当代从业者按科学文明的轨迹从业经营，传承文明，创新和创造发展，引导和调控人们的职业实践，天人合一，发展职业文明。

④促进从业者们美好生活。人们总是希望一代更比一代强，突出地表现在职业领域，子承父业或开发创造，在先人积累的职业文化基础上不断发展进

· 13 ·

① 齐经民．职业经济学 ［M］. 兰州大学出版社，1992：125 - 126

步，进一步改善和美化职业劳作，生产更加丰富的产品，创造更多财富，更好地满足人民生活需要，促进从业者们美好地生活。

三、职业文化培养根基

中华职业文化作为中华文化的组成部分，是伴随人们生活需要与三百六十行的职业实践产生、传承和发展的，有深厚的中华文化根基，中华职业文化培养本身就是文化传承发展，要追溯源头，立足根基，保持本色，传承创新和发明创造，发扬光大。最基本的中华文化主要有道家、儒家等，其中，道家思想文化包括人与自然、人与人两个大方面的关系，儒家思想主要是关于人与人的关系，教育内容比较具体。正如刘梦溪研究指出，① 中华文化是个大包容概念，中华文化起源是多元的，道家思想对中华文化有着重要影响，儒家思想所面对和要解决的是人与人的关系，还有不能轻视的佛教思想。这里限于篇幅，主要探究道家思想文化与先贤教育思想文化。

（一）道家思想文化

道家思想文化是道家先贤对人生所面对存在的客观现象认识形成的关于人与自然、人与人的经典思想，老子的《道德经》就是表达的经典之作，② 内涵丰富，博大精深，包含域、道、德、公、利、子、观、听、知、行、柔、缺、修、善、美等要点，从自然界的元本到外化、微质到万物、产生到运行，论说包括人本身的万物万事的来源、人与自然的关系、道的玄妙、德的立意、公的思想，以及知理遵道、立德做人、秉公宽容、为人安身等人生问题，以人为基点展开，探索、认识、自律、为人、和谐，直至天人合一，教育思想极其博大深奥。价值甚大，影响深远。

1. 域的思想

在《道德经》中提到"域"的用语不多，却是一个不可忽视的基本问题，是整个道家思想文化的根基，道就是关于域的自然的道，接续的修道、遵道、行道，都是基于自然基础上的思想内容，构成道家思想文化体系，解读阐释域的思想是首要内容。

原文曰：有物混成，先天地生，寂兮寥兮，独立而不改，周行而不殆，可以为天下母，吾不知其名，强字之曰道，强为之名曰大，大曰逝，逝曰远，远曰反，故道大、天大、地大、人亦大，域中有四大，而人居其一焉，人法地，地法天，天法道，道法自然。

① 刘梦溪．中华文化是个大包容概念，人民日报 ［N］．2015－6－16．理论版
② 老子．道德经全集（1~4卷）［M］．万卷出版社，2009

这并不是只讲道，实际是讲了域、道和自然的关系，在三者的关系中描述域、道与自然的现象。首先指出，原始状态下的有物混成的微质物质形态，它先天地存在，无声无形，自在循续运动，可以为天下母，我不知道它的名字，勉强地称之为道，它宏大、幽深、悠远、循序运行；接着指出，域中有道、天、地、人四大方面，人居其一，并关联作用，人要遵照地理，地要遵照天理，天要遵照天道，道遵照大自然的宇宙之理。也含有德，意含宇宙自然生养万物的大德的秉性。

从客观上讲，对域、道和自然都做了描述，但对道的认识还有些勉强，表现在对"有物混成"的自然现象，"吾不知其名，强字之曰道"，也就是感到用"道"字的概括认识牵强或并不合理；而域与自然的认识是肯定的，域指的是宇宙的世界，其中有道、天、地、人四大方面，并阐明从小到大的依存关系，明晰了自然是存于域的宇宙现象。

这里对域有明确的思想认识。①指出了"域"的认识概括，"域"就是宇宙的世界，是整个万事万物的世界存在，大自然是它的存在现象，地球只是人类等生物存在于宇宙的大自然中的一个星球；②明确了宇宙的"有物混成"微质物质本元；③指出了宇宙包含道、天、地、人诸多方面；④指出了人法地、地法天、天法道、道法自然的宇宙自然法制；⑤指出宇宙生养万物的自然秉性。显然，自然万物是客观存在的宇宙现象，包括存在看得见的物质、看不见的物质，按照道的秩序运行。

2. 道的思想

道的思想是道家文化的主导思想，在《道德经》中多处做了论述。笔者认为，道是对大自然的宇宙本性认识的概括，大自然是宇宙的客观存在，道是对大自然秩序规则的认识。原文对道的阐述主要下列方面。

（1）道的玄妙。原文曰：道可道，非常道；名可名，非常名；无名天地之始，有名万物之母；故常无欲以观其妙，常有欲以观其徼；两者同出而异名，同谓之玄；玄之又玄，众妙之门。

表达了道的玄妙的思想。道可以描述，道非常玄妙，道可以命名，道极不寻常；天地从道不被认知的时候就有了，认知到它的时候，认为它是生养万物的母亲；无欲意的状态下看到它奇妙，有欲意的状态下看到它深奥，同样是道，从这两种视角认识有所不同，同样是它非常非常玄妙，这是认识揭示道的路径方法。

（2）道的形态。原文曰：视之不见名曰夷，听之不闻名曰希，博之不得名曰微，此三者，不可致诘，故混而为一；其上不皦，其下不昧；绳绳不可名，复归于无物，是谓无状之状，无物之象，是谓恍惚；迎之不见其首，随之不见其后；执古之道，以御今之有；能知古始，是谓道纪。

表达了道的形态的思想。道看不着、听不见、摸不着，夷、希、微是道的三个不可思议；道的上面不光亮，下面不阴暗，它渺茫难测，空无悠远，没有形状，无物之象，可称谓恍惚；迎面看不见头，后面看不见尾；认识遵循这很古就有的道，予以掌控驾驭今天的事物；能认识宇宙的本元，就认识了道的根本。

（3）道的产生。原文曰：道冲，而用之或不盈，渊兮似万物之宗；挫其锐，解其纷，和其光，同其尘；湛兮似或存；吾不知谁之子，象帝之先。

表达了道的产生的思想。道是虚无的，它的作用却无穷尽，深奥啊，好像是万物的宗主；它不露锋芒，化解纷争，调和光芒，合理细微；它幽隐啊，似有似无；我不知道它何处所生，是乎生于天帝之前。

（4）道的品性。原文曰：大道泛兮，其可左右；万物恃之以生而不辞，功成而不有；衣养万物而不为主，常无欲可名于小；万物归焉而不为主，可名为大；以其终不自为大，故能成其大。

表达了道的品性的思想。大道广泛流行，左右普遍存在，万物依赖它生生不息，功成而不自有；滋养万物却不主宰，一直无欲无求，可谓之小；万物依存却不主宰，可谓之大；正因为它不自以为大，故使它成为了大。

（5）道的母性。原文曰：道生一，一生二，二生三，三生万物；万物负阴而抱阳，冲气以为和；谷神不死，是谓玄牝；玄牝之门，是谓天地根；绵绵若存，用之不勤。

表达了道的母性的思想。道生一、一生二、二生三，递增衍生万物，万物背阴而向阳，阴阳交汇和谐；生养万物永续不息，是玄妙的母性，宇宙万物以它为母体而生，是谓天地产生的根源；它绵延持久存在，作为不停息。

（6）道的作用。原文曰：昔之得一者，天得一以清，地得一以宁，神得一以灵，谷得一以盈，万物得一以生，侯王得一以为天下贞；其致之也，天无以清将恐裂，地无以宁将恐废，神无以灵将恐歇，谷无以盈将恐竭，万物无以生将恐灭，侯王无以贞将恐蹶。

表达了道的作用的思想。从正、反两个方面讲述，往昔得道的情况是，天得道清明，地得道安宁，神得道灵验，山谷得道充盈，万物得道生长，侯王得道天下太平；由此可知，天不清明会崩裂，地不安宁会塌陷，神不灵验会休止，山谷不充盈会枯竭，万物不生长会灭绝，侯王天下不太平会颠覆。

3. 德的思想

德的思想是道家文化的主要思想之一，在《道德经》中多处做了论述。德伴随道产生，是宇宙自然本性的体现。

（1）德的道解。原文曰：孔德之容，惟道是从；道之为物，惟恍惟惚；惚兮恍兮，其中有象；恍兮惚兮，其中有物；窈兮冥兮，其中有精；其精甚真，其中有信；自古及今，其名不去，以阅众甫；吾何以知众甫之状哉，以此。

意思是说，通晓认识德，只有从道中了解，德是言道所说的东西，恍恍惚惚的，是那样的恍恍惚惚，其中有形象；它是那样的恍恍惚惚啊，其中有物质；深奥幽远，其中有精神，这种精神非常真切，可以证实；从古至今，它的名字一直存在，通过它可以观察了解万物初始，我是怎样知道万物情状的，就是通过对道的了解。

表达了德的道解思想。德与道不可分，这两者都是对大自然本性的认识概括表达，但有所区分：道是对大自然本性揭示认识，德是对大自然本性的体现认识；道依存大自然，德依存道；道深入，德外化。似乎是说道，实际是说德，是在道中说德。

（2）德的含义。原文曰：道生之，德畜之，物形之，势成之；是以万物莫不尊道而贵德；道之尊，德之贵，夫莫之命而常自然；故道生之，德畜之，长之育之，亭之毒之，养之覆之；生而不有，为而不恃，长而不宰，是谓玄德。

意思是说，道衍生万物，德养育万物，万物生长千姿百态，形成万物繁盛的大自然景象，所以，万物无不尊崇道，而珍贵德；道之所以受到尊崇，德之所以受到珍贵，是因为道和德未强制它们而是顺其自然生长；所以，道衍生万物，德养育万物，使万物生长发育、适宜自成，滋养与保护万物。生养万物而不自有，抚育万物而不自大，具万物之上而不主宰，这是宇宙大自然的德，德的实质是大自然本元养育而施惠于万物。

（3）德的作用。原文曰：含德之厚比于赤子，毒虫不螫，猛兽不据，攫鸟不抟；骨弱筋柔而握固，未知牝牡之合而全作，精之至也；终日号而不嘎，和之至也。

意思是说，德深厚的人比得上大自然造化最元本的婴儿，有很强的自然能量，毒虫不会咬他，猛兽不会伤他，凶鸟不会袭击他；婴儿筋骨柔弱却紧握拳头，不知男女交合之事小生殖器却能翘起，是精气充沛的缘故；整天哭而嗓子不哑，那是和气充盈的缘故。

4. 公的思想

公的思想是道家文化的重要思想，在《道德经》中论述不多，但却是个要点，公的思想是大自然秉性的反映，是德的直接体现。

原文曰：知常容，容乃公，公乃全，全乃天，天乃道，道乃久，没身不殆。

意思是说，通晓万物生存的秩序和规律的常理，就会包容，包容就会公正，公正就能全面周到，全面周到就会符合天理，符合天理就会符合道，符合道就能长久，就能安生无险。

公的思想要点。有三个方面。①公的公理，这个公理也就是所谓的常理或公道，它是万物由道衍生、由德施惠而遵道守德的相互依赖、共同生存的秩序和规律，如动物、植物、微生物与非生物之间的依赖共存关系秩序，以及季节变化规律等；②公是万物的品性，万物是道的化成，是德的产物，归根到底来源于大自然，是大自然大公秉性的体现，万物的品性为公，所以对人类而言就叫公众或公民；③公的作用，致使公正、全面、周到，符合天理，安生无险。

5. 利的思想

利的思想是道家文化的一个基本思想，在《道德经》中直接论述不多，但也是个要点，利是万物生存攸关所在，利的思想体现了老子对利的关注，是在道、德、公的认知基础上，从圣人的视角阐述了对万物生存利害关系的态度和为利之道的利的思想。

原文曰：圣人不积，既以为人己愈有，既以与人己愈多；天之道，利而不害；圣人之道，为而不争。

利的思想主要有三点：①不积利的思想，从具有高智慧和高贵品德的圣人的视角，阐述不积累财物的利的思想，实际是不主观或不直接谋财积利；②天道之利的思想，是获自然万物共生共荣共享之利，如都有出生、生长、存在所需要诸多资源的利益；③不争为人的为利的思想，就是不与别人相争，为人获利而获利的思想，通过努力为别人获得利益，使自己也获得利益，而且是为别人做得越好，自己获得的就越多，越富有。

6. 子的思想

子的思想是老子直接表达人与自然关系的思想，在《道德经》中有专门的论述，极其重要，值得格外关注和重视，对于处理好人与自然的关系，具有重大意义。

原文曰：天下有始，以为天下母；既得其母，以知其子；既知其子，复守其母，没身不殆；塞其兑，闭其门，终身不勤；开其兑，济其事，终身不救；见小曰明，守柔曰强；用其光，复归其明，无遗身殃；是为习常。

老子是从母与子的比拟关系中，阐述了人与自然关系中的人处于子的地位的天人合一思想。天下万物有本元，它是生养万物的母亲，知母就知其子，知其母的子女，要坚守母亲的母性，也就是坚守生养万物慈爱无私的道德本性，就终生无危险；无欲无求，终生无忧，反之终身不救；见其细微叫通理，守其柔弱叫强劲，按其运行之光，复归其明，无祸殃身，这是子承母性的常理。

子的思想主要有三点：①子的母亲思想，子的母亲是指宇宙自然本元，包括人类的万物来源于宇宙自然本元；②子的敬母思想，就是坚守生养万物慈爱无私的道德本性；③子的传承母性的思想，就是传承生养万物慈爱无私的道德常理。阐明了经典的天人合一的思想。

7. 观的思想

观的思想是老子观察认识事物的路径或方式的思想，在《道德经》中有专门的论述，是个值得重视和学习的认识方法的思想。

原文曰：致虚极，守静笃；万物并作，吾以观复；夫物芸芸，各复归其根；归根曰静，静曰复命，复命曰常，知常曰明；不知常，妄作凶。

老子是从静观道、明常理的阐述中表达了观的思想。观是观察认识事物，在致虚守静的状态下认识万物及其秩序和规律，也就是使自己达到极致的虚无深空幽静的无我状态，观察万物，认清万物，明晰万物生存的秩序和规律的常理。

观的思想主要有三点：①观的目的思想，是明常理，忽妄作，安生无险；②观的方法的思想，即是虚无至极，宁静至深，在极致的虚无深空幽静无我的状态下观察认识，认清真实情景和常理；③观的内容和结果的思想，观察万物共同生存，纷繁并茂，往复变化，各自回归其根，归根叫作清净，清净叫作复原本性，复原本性叫作常理，通晓常理叫作明白，明白就不会妄为，从而就会安生无忧。

8. 听的思想

听的思想是老子的一种认识思想，在《道德经》中谈到，亦有意含，也是个值得重视和学习的思想。

原文曰：信言不美，美言不信；善者不辩，辩者不善；知者不博，博者不知。

听的思想有三点。①真实的话语不一定华丽，华丽的话语不一定真实；②和善的人不诡辩，诡辩的人不和善；③有真知的人未必广博，广博的人未必有真知。

9. 知的思想

知的思想是老子关于人生认知的思想，在《道德经》中有较多的论述，内容较多，分为以下方面。

（1）知名利生死的思想。原文曰：名与身孰亲，身与货孰多，得与亡孰病，是故甚爱必大费，多藏必厚亡，知足不辱，知止不殆，可以长久。

从名利生死的比较讲分清孰重孰轻与适可而止的道理。名声与身体哪是根本，生命与财物哪个重要，得名利与失生命哪个是害，过于喜爱必有大的浪费，过多地持有必有大的损失，知道满足就不会屈辱，知道休止就不无危险，这样就可以长久。

（2）知明道的思想。原文曰：上士闻道勤而行之，中士闻道若存若亡，下士闻道大笑之，不笑不足以为道；故建言有之，明道若昧，进道若退，夷道若颣；上德若谷，广德若不足，建德若偷，质真若渝；大白若辱，大方无隅，大器晚成；大音希声，大象无形，道隐无名，夫唯道，善贷且成。

从不同悟性或认识能力的人对道的态度差异，讲道给人的多种感觉等，强调道的重要性，实际也是表达重道、悟道、知道、用道。上士听道努力践行，中士听道信又不信，下士听道哈哈大笑，不被嘲笑，就不是道了。通常有这样的说法，明显的道好像暗昧，前进的道好像后退，平坦的道好像崎岖，崇高的德好像空虚，广大的德好像不足，最白的东西好像有污，崇尚的德好像苟且，质朴纯真好像虚无，大方圆通无角，大器晚成，最美妙的音乐声音轻韵，最大的形象看不到形体，道幽隐无名，道慈善造化万物。

（3）知的理性认识的思想。原文曰：不出户知天下，不窥牖见天道；其出弥远，其知弥少；是以圣人不行而知，不见而明，不为而成。

实际是从理性认识与感性认识的比较上，强调理性认识知道。足不出户就明知天下世事，不望窗外就知道宇宙自然大道，有的外出很远，他知道得很少，圣人不出行就知情，不看见就明白，不行为就成功。表达了圣人或高明的人善于理性认识，就能认识到根本和成功。

（4）知人的思想。原文曰：知人者智，自知者明；胜人者有力，自胜者强；知足者富，强行者有志；不失其所者久，死而不亡者寿。

从知己、知他诸多方面讲知人的思想。认识他人的人有智慧，认识自己人的人高明，战胜他人的人有力量，战胜自己的人刚强，知道满足的人富有，知难而进的人有志气，不失根本的人能够长久，肉体死亡精神犹存的人才算长寿。

（5）知知的思想。原文曰：知不知，尚矣；不知知，病矣；圣人不病，以其病病；夫唯病病，是以不病。

从知与不知的态度结果上，阐述要有自知的思想。自己不知就好，不知道却自认为知道，就是祸患；圣人没有祸患，就是因为他知道不知就是祸患，从而防范不发生祸患；唯有自己知道自己不知就是祸患，就会防范而不发生祸患。

10. 行的思想

行的思想是老子的重要思想，是道家思想的一个基本内容，在《道德经》中有较多论述，内容要点如下。

（1）行前把握有利时机的思想。原文曰：其安易持，其未兆易谋；其脆易泮，其微易散；为之于未有，治之于未乱。

讲在做事的行动前要把握有利时机。形势安稳容易把握，事情未有征兆容易谋划，脆弱容易瓦解，微小容易消散，在未发生事端时做起，在未乱之前治理。

（2）行按秩序进行的思想。原文曰：合抱之木生于毫末，九层之台起于累土，千里之行始于足下；为者败之，执者失之；是以圣人无为故无败，无执故无失，民之从事常于几成而败之，慎终如始则无败事，是以圣人欲不欲，不贵难得之货；学不学，复众人之所过，以辅万物之自然而不敢为。

意思是说，合报之粗的大树生成长于微小的萌芽，九层高台起于泥土积累，千里之行始于脚下，急于求成就会失败，过于把持就会失去，圣人无求故不败，无过于把持而不失，百姓做事常在就要成功却失败了，从始至终谨慎作为就不会失败，圣人是无欲之求，不稀罕贵重财物，不学习重复众人所犯的过失，以促万物遵循道规而不妄为。

（3）行从小易做起的思想。原文曰：为无为，事无事，味无味；大小多少，报怨以德；图难于其易，为大于其细，天下难事必作于易，天下大事必作于细；是以圣人终不为大，故能成其大；夫轻诺必寡信，多易必多难，是以圣人犹难之，故终无难矣。

意思是说，做无为之为，行无事之事，品无为之味，大起于小，多来于少，用德对待抱怨，克难从易开始，做大从细开始，天下难事必从易处做起，天下大事必从细小做起；圣人始终不自为大，故能成其大；轻易承诺必然很少守信，把事情看得简单必多遭遇困难，所以圣人遇事总是把困难看得多些，所以就没有困难。

（4）行不过度的思想。原文曰：企者不立，跨者不行，自见者不明，自是者不彰，自伐者无功，自矜者不长；其在道也，曰馀食赘形，物或恶之，故有道者不处。

意思是说，踮起脚跟难以久立，跨越走路难以远行，自我表现的人不聪明，自以为是的人不彰显，自我夸耀的人没有功，妄自尊大的人不长久；从道的观点来看，叫作贪多的麻烦，灵物都厌恶，得道的人不这样。

· 21 ·

（5）行戒任性逐利的思想。原文曰：五色令人目盲，五音令人耳聋，五味令人口爽，驰骋畋猎令人心发狂，难得之货令人行妨；是以圣人，为腹不为目，故去彼取此。

从看、听、味、利多感官视角讲戒任性逐利的思想。五色绚丽令人眼花缭乱，五音纷乱听觉失聪，五味混杂味觉丧失，驰骋狩猎令人内心发狂；稀有的财宝令人行为不轨，圣人只求温饱生活而不纵情声色，去物欲求温饱。

（6）行持三宝的思想。原文曰：天下皆谓我道大，似不肖；夫唯大，故似不肖；若肖，久矣其细也夫。我有三宝持而保之：一曰慈，二曰俭，三曰不敢为天下先；慈故能勇，俭故能广，不敢为天下先故能成器长；今舍慈且勇，舍俭且广，舍后且先，死矣；夫慈以战则胜，以守则固，天将救之以慈卫之。

意思是说，天下的人都说我讲的道博大，好像难以具体掌握；正因为道博大，才不好具体掌握；若可以具体掌握的话，它早就琐碎不堪了；我存持有三宝，一是慈爱，二是俭约，三是不与天下人争名利；慈爱就能全力以赴，俭约就能广泛长久利用资源，不与天下人争名利就能成为万物之长；现舍弃慈爱而要勇敢，舍弃俭约而要挥霍，舍弃退让而要争先，那就是一条死路；秉持慈爱进攻就胜利，秉持慈爱坚守就稳固，天要救助就会用慈爱护佑。

11. 柔的思想

柔的思想是老子推崇的一种人生状态的思想，是道家思想的一个基本内容，在《道德经》中有专门的论述，内容要点如下。

（1）柔的强大的思想。原文曰：天下莫柔弱于水，而攻坚强者，莫之能胜，以其无以易之；弱之胜强，柔之胜刚；天下莫不知莫能行。天下之至柔，驰骋天下之至坚；无有入无间，吾是以知无为之有益；不言之教，无为之益，天下希及之。

从水的习性阐述柔的强大。天下没有什么比水更柔弱，但攻坚克强没有能胜过水的，其他无可替代；弱胜强，柔胜刚，天下没有不知却不能实行。

天下最柔弱的东西，能够征服天下天下最坚硬的东西，无形的东西可以进入无间隙之中，我因此知道无为的好处；不言的教诲，无为的好处，天下很少有人能够认识到和做到。

（2）柔的强性的思想。原文曰：人之生也柔弱，其死也坚强；草木之生也柔脆，其死也枯槁；故坚强者死之徒，柔弱者生之徒；是以兵强则灭，木强则折；强大处下，柔弱处上。

从生与死的状态比较阐述柔的强性思想。人活着，身体柔软，死后变得僵硬，草木活着也柔脆，死后变得干硬；所以坚强的东西属于死亡一类，柔弱的东西属于生的一类；所以军队逞强就要灭亡，树木长大就要砍伐；处于下位的表现强大，处于上位的表现柔弱。

（3）柔的法则的思想。原文曰：勇于敢则杀，勇于不敢则活，此两者或利或害，天之所恶孰知其故，天之道不争而善胜，不言而善应，不召而自来；绰然而善谋，天网恢恢疏而不失。

从勇猛逞强的害阐述柔的法则。勇猛逞强者亡，善于谦让安生，这两者一个有利，一个有害，谁知道上天所厌恶一方的缘故；自然的法则是不争而胜，不言而应，不召而来；宽缓安然而周全谋划，天网宽大无边，稀疏却无遗漏。

12. 缺的思想

缺的思想是老子推崇的一种辩证认识的思想，是道家思想的一个基本内容，在《道德经》中有专门的论述，内容要点如下。

原文曰：大成若缺，其用不弊；大盈若冲，其用不穷；大直若屈，大巧若拙，大辩若讷；静胜躁，寒胜热，清静为天下正。

阐述缺的辩证思想。①最美好的东西好像有残缺，但它的作用并无弊端；②最充实的东西好像空虚，但它的作用无穷尽；③最正直的东西好像弯曲，最灵巧的东西好像笨拙，最卓越的辩才好像木讷；④清净克制浮躁，寒冷克制炎热，清净循道安然和谐。

13. 修的思想

修的思想是老子的修身育人的教育思想，是道家思想的一个重要内容，在

《道德经》中有专门的论述，内容要点如下。

原文曰：善建者不拔，善抱者不脱，子孙以祭祀不辍；修之于身其德乃真，修之于家其德乃馀，修之于乡其德乃长，修之于邦其德乃丰，修之于天下其德乃普；故以身观身，以家观家，以乡观乡，以邦观邦，以天下观天下；吾何以知天下然哉，以此。

意思是说，善于建树的人坚韧不拔，善于抱持的人持之以恒，子孙崇敬传承不绝；修道于身其德纯真，修道于家其德充裕，修道于乡其德绵延，修道于国其德丰厚，修道于天下其德普照；所以，以自身情况观察他人情况，以自家情况观察他家情况，以本乡情况观察他乡情况，以本国情况观察他国情况，以现在天下情况观察观未来天下情况，我就是凭这种认识知道天下修道行德情况。

实际是从为子孙世代传承发展的视角讲修道行德，具体从为己、为家、为乡、为国、为天下修道，倡导德己、德家、德乡、德国、德天下的修大道行大德之意，是一种天人合一的道德理想的表达。

14. 善的思想

善的思想是老子关于宇宙自然本性的一种思想表达，是道家思想的一个基本内容，在《道德经》中有专门的论述，主要内容如下。

原文曰：上善若水，水善利万物而不争，处众人之所恶，故几于道；居善地，心善渊，与善仁，言善信，政善治，事善能，动善时；夫唯不争，故无尤。

阐述了从水的习性比拟善的思想。最善的人像水一样，水滋养万物而不相争，总是处于众人都不喜欢的低洼之地，最近乎道；最善的人居于最宜施善的地方，心善慈深，施善于人，诚实守信，施政善治，善于处事，善抓时机，与世无争，没有过失。

15. 美的思想

美的思想是老子道家思想的一个基本内容，在《道德经》中论述不多，但也有简明精致的表达，主要内容如下。

原文曰：道者万物之奥，善人之宝，不善人之所保；美言可以市尊，美行可以加人；人之不善，何弃之有；故立天子、置三公，虽有拱璧以先驷马，不如坐进此道；古之所以贵此道者何，不曰：求以得，有罪以免邪，故为天下贵。

意思是说，道是万物生存之奥妙，是懂得道的人的法宝，也为不懂得道的人有所保；美好的遵道语言可以得到人们的尊重，美好的遵道行为可以得到人们的信任，添人进口，增加朋友；即使不懂得道的人，也不能抛弃道；所以天子即位，三公就职，虽然前有拱璧、后有驷马的尊贵礼仪，还不如静坐深持此道。古时候之所以尊崇道，不就是有求必有得，有罪可以豁免，所以被天下所尊崇。

从言行遵道为美阐述美的思想，要点有三。①懂道之美，道为万事万物生存奥妙，人生法宝，美妙无极；②美言之美，美好的遵道交流方式，可以得到人们的尊重，大家愉悦；③美行之美，美好的遵道行为受益大家，可以得到人们的信任，增加朋友，是人生之美。

（二）先贤教育文化

几千年来，中华民族在神州大地上耕耘探索，生息繁衍，进行生产和生活，教育民众，产生了老子、孔子、荀子、韩愈、张之洞、蔡元培等著名先贤，积累了大量的教育思想财富，存储于典籍。特别是孔子一生主要从事教育活动，编著有《诗》《书》《礼》《易》《乐》《春秋》"六经"，包括文、行、忠、信"四教"，以及后者接续传承发展，如《学记》《劝学》《师说》等教育名篇，包括关于教育的作用、对象、内容、方法等，内容丰富，蕴含中华先贤的教育公式、教育体制模式的经典教育思想，独树一帜，值得探究，意义深远。

1. 中华先贤的教育公式的思想

教育公式是揭示教育存在的一般关系的认识提炼与定式表达，在同一状态下普遍存在，是对教育事理的一种基本认识。

从把教育对象培养成才而做好教育事业的定式来讲，中华先贤的教育思想文化中包含一个经典的教育公式，表达如公式（1-1），这可叫作中华先贤教育公式，由教育内容、教师职责、教育方式与培养人才四部分组成。其中，教育内容、教师职责与教育方式是三项基本教育要素，包含着培养什么样的人，集中体现在两个根本点上，一是立人，二是本事，立人在于"德"，本事在于"能"，中华先贤教育培养的目标人是"德能人才"，是有中华特质的道德人。

$$天人合一 + 传道、授业、解惑 + 授人以鱼不如授人以渔 = 培养德能人才$$

$$(1-1)$$

（1）教育内容。教育内容是"天人合一"的具体内容，是关于遵循天理、按照自然法规生活的思想认识与科技文化，是人类探索自然、认识自然和利用自然的文化成果，形成庞大的文化体系，包括大自然、天文、地理、人文、社会、政治、经济、教育、医疗、艺术与管理等诸方面所有思想认识与科学技术，内容从最初的采集狩猎、结绳记事、识文断字、道德培养、行为规范等内容，逐步拓展细化到农学、工学、商学、医学、数学、天文学等学科专业，实际分为"共同的"与"专业的"两大方面的内容，德与能贯穿其中。

（2）教师职责。教师职责即是"传道、授业、解惑"。"传道"是解读事物与传授做人做事的道理，使学生了解大自然、人类社会与国家及其关系和向往追求；"授业"是教授业务学问及其技能，使学生了解有关职业知识，培养理解认识、读写与操作等本领；"解惑"是解答"道"与"业"诸方面的疑惑问题，使学生遵道守德，掌握业务本事，将来从业有所作为，做好为人、为国和为社会的服务事宜，幸福生活。突出体现德与能。

（3）教学方式。教学方式是"授人以鱼不如授人以渔"，可以解读为"给人'鱼'，不如传授给人'捕鱼'的资本或本领"，包括传授关于"捕鱼"的知识、技术和方法。一般来说，要使学生能够从业为生，给予财物，不如授予或指导促进他们生成积累强化从业为生的资质或资本，细分道德、素质、知识、技术、经验、素养和能力等，其中学习能力是根本，培养德能人才。

2. 中华先贤的教育体制模式的思想

教育体制模式不同于教育公式，是指教育构架方式，包括教育的组织、构成与格局，是关于教育事形的认识表达。

（1）古代先贤的思想观点。有史以来，中华先贤在教育中一直进行不断的探索，沿习和发展中华教育，并在教育发展过程中，注意到了国外的长处，强调学习西方先进的东西，形成了特定的教育体制模式的思想。

到清末时期，形成了"中学为体"与"西学为用"的中华先贤教育体制模式的思想。"中体西用"是关于中西方教育结合发展中国教育的观点，集中于张之洞的《劝学篇》中有关主张，前后有林则徐、魏源等诸多先贤论及与认同。[1]

张之洞提出了"中学为体、西学为用"的基本教育思想，首先是要传授经史之学，这是一切学问的基础，要放在优先的地位，然后再学习西方的有用的东西，以补充中学的不足。其中，中学内容包括古代经典文化，西学包括西史、西艺等，西史是指西方国家的历史知识，西艺是指算、绘、矿、医、电等科学技术。

张之洞的"中学为体、西学为用"得到当时的仁人志士的普遍认同或进一步阐述，如林则徐的了解西方和学习西方的思想；魏源的"师夷之长以制夷"；冯桂芬提出"以中国之伦常名教为原本，辅以诸国富强之术"；郑观应指出，"中学其体也，西学为末也，主以中学，辅以西学"；孙家鼐提出，京师大学堂立学宗旨"应以中学为主，西学为辅；中学为体，西学为用、以中学包罗西学，不能以西学凌驾中学"。

实际上，"中学为体"与"西学为用"是在"天人合一 + 传道、授业、解惑 + 授人以鱼不如授人以渔"的基础上的教育主张，包括原有的主体内容，吸纳了国外的适宜内容，客观上形成一种教育体系的思想，这是在特定的历史条

① 王炳照，郭齐家，刘德华. 简明中国教育史 ［M］. 北京师范大学出版社，2008：271 - 277

件下，精简表达中国教育架构的思想，即可称为中华先贤教育体制模式的思想。

（2）毛泽东的思想观点。在 20 世纪 40 年代后，毛泽东多次谈到"古为今用、洋为中用"的主张。[①] 在 1942 年 5 月召开的延安文艺座谈会上，毛泽东阐明了"古为今用、洋为中用"的思想。1964 年 9 月 1 日，中央音乐学院学生陈莲给毛泽东写了一封信，反映该院教学和演出中存在的一些问题。毛泽东肯定此信，做了批示，指示解决她所提出的问题，其中，提出了"古为今用，洋为中用"的文艺方针。

可以说，毛泽东以更加开阔的思维，从"古今中外"的博大时空视角，以"我"为中心，从"古"与"洋"的两个维度，提出"古为今用"的纵向自我继承发展与"洋为中用"的横向博采众长的远见卓识，亦可说是"中华先贤教育体制模式思想"的一种不同时代的精化表达。

四、职业文化培养要点

职业文化培养要根据国家的职业人才培养要求，贯彻实施"以我为主、兼收并蓄、突出特色"的新时代中国教育体制模式，传承和发展中华优秀文化，把作为未来职业人的专业学生培养成职业人才，具体要点如有以下七个方面。

（一）秉持人天性的人力开发培养的教育观

教育的实质是开发和强化学生人力，目标是把学生培养成国家、社会和家庭需要的德能人才，目的是未来从业生活有所作为，有所贡献，满足多方面需要，幸福生活。为此，要从人的实际出发，尊重秉持人的天性，因势利导，顺势而为，开发培养，促进成才。

1. 学、问是人的天性

学、问是人的天赋禀性。人是高级动物，具有高级智慧与能动性，能认识包括自己的事物，并支配控制自己的行为，生来就是如此。

从婴儿开始，一片茫然无知，到学习爬行、走路，认人、识物，穿衣、吃喝等，再到认识事物等，主要以父母为师。

从会说话开始，总是问这是什么、那是什么，从认识自己的感官、肢体、手脚到食物、碗筷、玩具、衣服、床铺等，从认识父母、亲戚、朋友到花草树木、日月星辰等，从入托到入校上学等，从成家立业到对子女抚养、教育等，一直进行学和问或问和学，代代接续。

---

① 邓纯东，冯颜利. 深刻认识毛泽东"古为今用、洋为中用"思想的重要意义 ［N］. 光明日报，
2013 – 12 – 22

2. 探索是人认识的秉性

探索一般是为认识事物或为做好某种活动所进行的有关情况了解、分析研究、寻求正确的答案，是人的一种本性，由人的理智与能动性使然，是人的认识的必然指向。

探索是人具有一定的思维认识能力的条件下的知或做的追求与延伸，其结果必然是发现或创造或创新。对个人来说，一般的追求结果就是认识事物或做好某种活动的完成，如果其结果是先于他人发现或做出的就是原创，如果是在他人的结果基础上有所改进就是创新。

3. 学习是什么

学习是人的一种天性活动，是人生不断超越自我地获得知识和增强素质能力的实践活动，含有三个要点。①学习是学习当事人自己的学习活动，具有不可替代性；②学习内容是人生需要了解认识和掌握的知识、技法、规范等天人合一的知能内容；③学习效果是关于认知能力增强与知识、技术方法、经验等增多的自我超越。

4. 学和问是基本的学习方法

学习通过学和问实现。了解认识未知事物，学习掌握既定知识，做未曾做过的事情，就得问、学知、学做，问来问去，学来学去，就知就能，就有学问，就有能力，或成匠人或成家人。

5. 学得知识的路径是内容复原

学得既定的他人的知识就是把它转化给自己，实际就是对其解读认识的事物再现的了解和掌握，是对活动再现的实践，实质是自己复原知识与复原实践，经过复原的认知，做出判断认定，真正切实学得。

6. 指导是教师基本的培养方法

教师培养学生通过指导实现。教师指导通过语言文字、图片、影像、模拟、实地等方式把学生引到生活中，拉到自然、社会中，融入其中，回归本来。教师带领学生解读自然社会、工作生活的学问，探索新知，指导学生学习实践，增强素质能力，促进成才。

（二）职业文化培养内容

教育是为社会培养人才的事业，从人们就业从业的职业需求来讲，职业文化培养内容，不仅包括职业劳作本身方面的内容，还包括职业活动涉及的内容，有两个大方面，共同决定人们职业活动状态与效益成果。

1. 珍重传承中华优秀文化

中华先贤的经典文化，如同汉字一样，是中华民族的符号，是中华民族血脉相承与先人们智慧的凝结，成为深植神州大地的中国教育的根，传承经典，发扬光大，凝聚特色，是新时代我国教育发展大计。

（1）传承中华优秀文化符合天理世道。特别是道家文化从自然渊源探索认识人类生活，阐述了人与自然的关系，解释了天理世道，明晰世事。一如实行公有制符合天理。人与万物是大自然的产物，是自然母亲的德的施惠，无私奉献，生养万物不为己有，母德子传，社会就是人们共同生活的群体，社会的本性为公，公有制是维护大家共同生活利益的制度保障，符合天理公道。二如构建人类命运共同体符合世道。社会的实质是人与人和人为人的体系，[①] 主要是由家族血缘关系与职业劳作关系维系起来的人类群体，生来靠父母，离去靠他人，人为人是人生最基本的社会关系，特别是新时代的分工、合作、交易社会化和全球化，国际分工合作细化深化，大家互为、互益，共生、共存、共命运，构建人类命运共同体是因势利导。大道之行，天下为公。

（2）从天人合一的大视角认识传承中华优秀文化。①怀有敬母情怀爱护自然，通顺人与自然的关系，明晰天下有始、以为天下母、既知其子、复守其母、没身不殆的警言，尊重自然，爱护自然，与自然同生永续。②怀有尊人情怀善待社会，通顺人与人之间的关系，大家同是自然之子，复守其母是自然法规，德惠与人，善待他人，尊老爱幼，帮弱扶贫，分工互为，合作互利，效在多方，益在多处，和谐生活，美好社会。

（3）珍重秉承中华先贤教育公式与教育体制模式思想。坚持教育文化自信，应大兴认祖追宗之风，秉承中华先贤教育公式与教育体制模式的思想。真正扎根中国大地办教育，实施好"以我为主、兼收并蓄、突出特色"的中国教育体制模式。

①应在天人合一的思想框架下，保持根本，内外双优结合，设置共同内容与专门内容的课程，建立有中华文化特点的中国教育内容体系。

②传承"传道、授业、解惑"的师道，应用"授人以鱼不如授人以渔"的教学方法，借鉴国外的切合中国实际的教育思想方法，反对死搬硬套、照抄照搬外国的教育方式，提高教育质量和效率。

2. 职业文化培养内容细分

职业人才培养主要是通过专业院校教育实施的，为社会培养输送各行各业的各种职业人才，满足社会事业和人民生活需求。人的基本生活包括职业劳作与生活消费两个大方面，教育内容也大体分两个方面，正如有关研究指出，[②] 人类社会刚刚形成时，教育的内容主要是生产劳作经验，是创造和使用工具的知能，随着社会的发展，生产劳作经验日益增多，各种生活习惯、行为规范及原始宗教仪式也日益增多，是维持和发展社会生活不可缺少的因素，也

---

① 齐经民，郑涛等. 效在多方　益在多处——公民职业经济学［M］. 经济科学出版社，2016：4
② 王天一，夏之莲，朱美玉. 外国教育史（上册）［M］. 北京师范大学出版社，1984：5

就成了教育的一项重要内容与职能。事实上，教育的专业内容与共同内容很早就有了，职校、大专、本硕博专业教育院校的职业人才培养都包括这两部分。

（1）职业人才培养的双重内容。专业教育就是培养职业人才的教育，包括专门内容与共同内容的双重内容。专门内容就是职业劳作本身方面的内容，是指从事农、工、商等三百六十行各种具体不同的职业需要的职业文化，包括职业知识、技法、规范、经验等；共同内容是职业活动涉及的内容，是指从业与自然环境和家庭社会关联作用所需的相关文化，包括公共知识、技法、规范、经验等职业人才培养的双重内容体系（见图 1 - 1 所示）。①

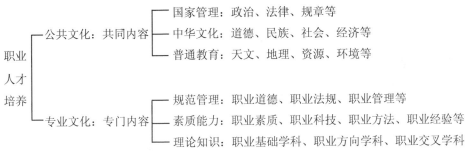

图 1 - 1 职业人才培养的双重内容体系

资料来源：笔者教育研究结果，在《高校教育的双重性及其双重教育研究》（2015）的基础上进一步研究整理。

①专门内容培养，即是对学生进行的与行业需求的专门的科学文化知识、技法、行为规范、经验等的教育培养，为种植、养殖、畜牧、纺织、建筑、制造、医疗、教育、管理等三百六十行输送不同层次的职业人才，适应国民经济运行和社会发展需要。

专业教育因职业不同而不同，各有特点，从专业内容及其培养成才去向的就业目标的要求上说，专业教育就是通常所说的职业教育。

②共同内容培养，即是对学生进行的共同的科学文化知识、技法、规范、经验等内容的教育培养，适应人们共同的社会生活的需要，不分专业，大家都需学习，包括中专的大专、本科、硕士与博士教育，均有不同程度的"两课"、外语等公共课程，是共同性的教育，笔者把这方面的共同内容教育，叫作"公共教育"。②

公共教育是教育的一个细分类别，是按照社会共同要求培养人的教育，其

① 齐经民.职业经济学项目教育专题（2017 - 5 - 28），于当年在燕山大学的秋学期经济学专业 2015 级学生的《职业经济学》课教教学中讲授，2017 年 9 月。
② 齐经民，李晓彤.高校教育的双重性及其双重教育研究 [N].淮海工学院学报，2015（2）

中，"社会共同要求"即是对人们的社会活动共有的要求，体现在人们生产和生活的各个共同方面要求，包括：对自然与社会的认知、对民族经典文化的了解、对从业为生的经济需求，对计算机等通用科技的掌握，以及社会交往的文明礼仪、公共场所的环境卫生、遵守国家法律政规等，教育培养的目标是造就具有中华元素而有中华民族的"根"与"魂"的高品质职业人才。

这里，不能不谈到相关的通识教育，它是公共教育中的公知部分的内容，而且不表达中国教育的"根"与"魂"，"神州大地铸就讲台，人类文明展开教案"①。

因此，专业院校教育的共同内容与专门内容表达，用"公共教育与职业教育"的提法符合教育实际，有利于深化专业教育认识，推动学生达成教育目标，促进培养具有专业与公共双重资质的职业人才（见图1-2）。

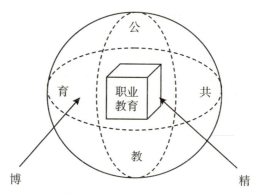

图1-2　双重教育结构

资料来源：笔者教育研究结果，原图手工绘制于兰州大学，内容略有差异，见《职业经济学》（第1版），兰州大学出版社，1992年，第238页，图9-4；整体完成于燕山大学教研实践；电子制作见专题研究《高校教育的双重性及其双重教育研究》，淮海工学院学报，2015年第2期，第123页，图1。

（三）职业文化培养路径秩序

任何活动都存在最佳的路径秩序，路径对就顺畅，职业文化教育培养上也是一样，教与学的路径秩序是个基本方面。

1. 学生素质能力增强的路径秩序

从根本上说，把学生培养成才的根本是使学生具有一定的素质能力，获得成才资质，要点有知识、素质、素养与能力，促进形成的方式有所不同。

---

① 齐经民，佟琦. 教师之歌《仰望着你》，冀作登字2015-B-0102号，2015年6月5日，歌曲视频发在搜狐视频栏目等。

（1）教师讲授给予的是有限的知识。知识是关于工作生活的学问，可他人教知，亦可自学掌握。教师在学校教授给学生的主要是知识，讲授可走捷径，可在既定的时间内增加知识了解和积累。

但它存在不足，一是助长学生的学习依赖性和惰性；二是抑制学习能力等培养。尤其是毕业离开学校后，知识等的获得主要靠自己自学。因此，教授是有限的，指导学习是基本的，自学是无限的和终生的。

（2）学生自行学得的不仅是知识，更重要的是素质、素养、能力。①素质，汉语的解释是人本来的、原有的身体状态，实际是指人体组织构成的体质或质地或先天条件，如脑想、眼看、耳听、嘴说、手动、脚行等基本状态，是先天的，后天可以改变。②素养，汉语的解释，是人的平日修养，在于养成习惯，形成定式。主要在于坚持，不仅在课堂，而是在整个生活中的坚持养成，习惯成自然。③能力，是人的机体活动素质做用的功力或效力，是人体组织的功能，生来就有生存基本能力，如婴儿出生就会呼吸、吸奶、排便等。伴随人的成长与自己的学与问或问与学，人的能力不断地全面提升，学习实践是能力生成和提升的根本路径。

素质的增强，素养的形成，能力的提高，主要在于学生自己的行动实现，教师等别人不能替代，一般由教师指导，靠学生实践学习修得。

2. 教与学 1~0 转换秩序

在学校教育中，教师的教授与学生的自学同时存在，互相转化，在学生入学进校开始接受教育与毕业离校结束教育时发生相反变化，在入口与出口的两个点上教授与自学呈现两个相反现象，即是学生在入学进校的开始接受教育时，主要通过教师的"入门"讲解等，了解掌握专业培养计划、课目与目标等，学生的学习主要是接受教师的教；而在学生毕业离校的结束教育时，教师的教结束，学生完成学业，而学生的学并没有结束，要根据社会工作生活的需要继续学习，这时的学主要靠自己。教授与自学在客观上存在着互相转化的一般关系（见图1-3）。①

用1、0分别表示教师的教与学生的学发生与否，1为发生，0为不发生，从总体上说，学生入学开始时，不计或忽略学生零星的自我了解的学习，教授为1，自学为0，学生毕业时相反，教授为0，自学为1，教与学1~0转换变化。

教与学1~0转换秩序是客观存在的，是教与学转化的自然秩序，学生从入学到毕业，教与学发生对应相反的变化，入学开始时，学生靠教师的教掌握学习内容；到毕业时，教师的教结束，学生的学习主要靠自己学习，学生能力应达到百分之百的学得即为1。

---

① 齐经民．创新人才的教授与自学1~0转换培养模式探讨，在教育部高教培训中心主办的全国公共事业教育改革学术研讨会做的专题发言，2005－4－20。

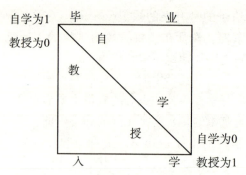

图 1 - 3 教授与自学转变关系

资料来源：笔者教育研究结果，完成于燕山大学教研实践；电子制作. 创新人才的教授与自学 1 ~ 0 转换培养模式探讨 [C]. 全国公共事业管理专业教育改革学术研讨会优秀论文汇编（优秀论文一等奖），2005 - 4 - 20。

教与学 1 ~ 0 转换秩序赋予了教育的特定要求，应因势利导，加强对学生学习创新能力培养，到毕业时把学生培养成创新人才，使其自学能力达到 1，能自学或创新和创造所需要的东西。

3. 教与学接合秩序

学习是人的天性，但人们理解认识能力存在差异，有的理解认识能力强，有的理解认识能力差，客观上存在着自我学习认知掌握的比例，教学上就要考虑这个实际，把握好教与学的接合。我们曾对 20 所 "211 与 985" 等重点高校学生调查，选择文、理、工等学科的兼有的几类课程，即外语、计算机基础、高等数学、专业基础课、专业课，为了便于从总体上了解情况，将自学掌握 50% 及以上内容的学生的比例加总，结果显示：能够自学掌握外语、计算机、高等数学、专业基础课、专业课 50% 及以上内容的学生比例，分别是 81%、71.5%、66.4%、75.9%、73.9%，结果见表 1 - 1。

表 1 - 1　　　　　　　学生自学能够掌握诸门课程内容的比例　　　　单位：%

能够自学掌握课程内容比例	能够自学掌握课程内容的学生比例				
	英语	计算机	高等数学	专业基础课	专业课
10	3.3	4.0	6.7	2.4	3.1
20	3.0	5.5	5.6	4.2	5.0
30	6.1	8.2	11.7	8.0	7.1
40	6.6	10.8	9.6	9.5	10.9
50	12.7	13.5	17.8	17.2	17.5
60	11.8	13.1	9.3	13.4	12.6

能够自学掌握课程内容比例	能够自学掌握课程内容的学生比例				
	英语	计算机	高等数学	专业基础课	专业课
70	13.7	11.7	11.6	15.7	13.9
80	22.9	16.9	17.9	19.0	20.4
90	13.4	10.2	6.3	7.9	7.7
100	6.5	6.1	3.5	2.7	1.8
50%及以上汇总	81.0	71.5	66.4	75.9	73.9

资料来源：笔者教育研究结果，见齐经民，于莎莎，杨小乐．基于学生的自学能力与社会需求的教育创新探讨［J］. 西北人口，2009（5）

这表明：有66.4%的多半以上的学生能够自学掌握50%及以上课程内容，这说明学生自学能力基础好，但是能够完全自学掌握的很少，专业课最少只有1.8%，英语最多只有6.5%。

当然，调查对象主要是教育部所属等重点高校的学生，比一般院校学生优秀，一般院校的学生自学能力要差一些，自学掌握比重要低一些。

教与学的接合秩序就是教与学适应，诱导启发，因势利导，促进学习，知事合一，学就成才。教师教的重点在学科引入、根本内容讲解、指导探究、解惑答疑、实践讲评、全面要求等，学生学的重点在个人的思考、分析、认识、讲答、操作、合作、公益、纪律等实践方式学习，促进学生提高学习能力，全面发展成才。

4. 梯度提升培养创新人才秩序①

根据教与学1~0教学转换秩序，梯度提升学生素质能力，扎实培养造就以创新人才为实质内容的高水准人才。以4年制的大学教育为例，应做好4年的创新教育的设计，与特定的教学内容做好衔接，逐步深入进行创新教育（如图1-4所示）。

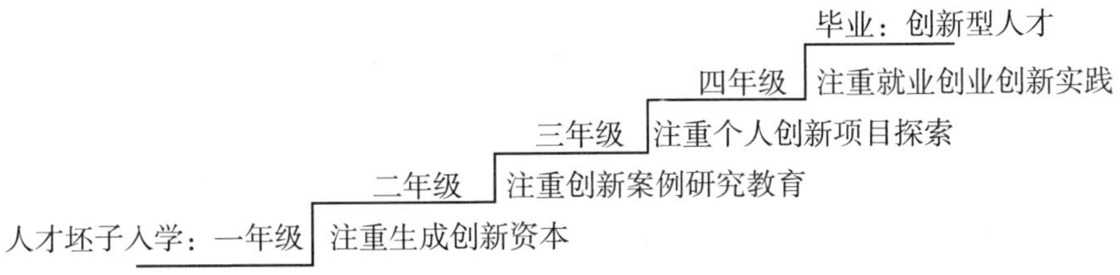

毕业：创新型人才
四年级｜注重就业创业创新实践
三年级｜注重个人创新项目探索
二年级｜注重创新案例研究教育
人才坯子入学：一年级｜注重生成创新资本

图1-4　梯度提升培养创新人才秩序

资料来源：笔者教育研究结果，完成于燕山大学教研实践，电子制作见《职业经济学项目教育专题》2017-5-28。

---

① 齐经民参加教育部在中国农业大学举办的"第五届全国大学生创新创业年会中的"创新方法教学研讨会"上的发言，2012-11-24。

（1）大一阶段，注重与高中基础衔接，在创新资本的积累和强化过程中，重点加强学生认知、讲解、操作、合作等自身素质强化提升的创新学习，获得增加创新资本。

（2）大二阶段，注重与专业特质衔接，重点加强学生学习本专业领域中的理论、技术等创新方法的掌握，同时，进行创新案例研究教育，领悟创新经验，鼓励个人创新活动。

（3）大三阶段，注重与实践教学衔接，在对学生进行论文或实习、专题教育等实践教学的同时，要求学生进行感兴趣的创新学习与实践，鼓励和支持探索创新。

（4）大四阶段，注重与就业创业衔接，在对学生进行毕业论文或毕业设计等教育同时，重点对学生进行就业创业的创新培养，取得创新成果，最终成为综合素质能力强的创新人才。

（四）转变不良人才培养做法

我国的学生不太重视自然资源，不太讲究环境卫生，不怎么善于提出问题，创新能力不强，这与违背人的天性的教育直接相关，教育存在缺失，突出表现在应试教育与轻内重外。应在转变应试教育与轻内重外的同时，挖掘提炼中华人才培养思想和实践财富。

1. 转变应试教育

我国的学生从小学就开始准备考大学，进入了应试教育的升学序列、考入好初中、好高中、好大学，围绕升学考试，实施应试考试教育模式，校内灌输教育，题海战术，校外补课强化，家里作业辅助，高分优胜，追求实现上好大学的目标。

在这一过程中，限制了人的好奇心，抑制人的学习天性；同时在一定范围内也弱化了自然、地理、人文等基本课程教学内容的学习，以及道德品性培养；并延续到大学的学习，习惯于教师讲授，教师讲完了，学生的思维就停止了，不善于提问和回答问题，创新能力不强。

必须转变这种泯灭人天性的教育弊端，尊重秉持人的天性施教，把开发人的素质能力作为核心内容，教师指导学生学习作为基本的教育培养方法，学生学问作为基本的学习方法，会学会问，学会做人，学会学习，学会做事，学会自律等。

2. 转变重外轻内

几十年来，我国优秀民族文化在教育领域中没有受到应有的重视和传承，相关课程在院校教育中凭教师兴趣，偶列选修，似有非有，中华先贤经典思想文化学生知之甚少。

与此相反，关注和重视外国教育，积极引入外国的教育思想与教育方法，如通识教育等。出现了明显的重外倾向，一如跟踪国外的研究或模仿学习，要比国内自立的研究或原创研究受到重视；二如未来发展研究的应用思想理论只知"可持续发展"，而很少知或不知"天人合一"。

应该指出，关注、重视和引入外国的先进教育成果，是必需的，有益的，但不能忘祖，亦不能不怀顾我国长期积累的教育思想和实践可传承和提炼的精髓，创新发展，而不顾我国国情实际照搬照抄，文化自信尤其是教育要自信，知己知彼、百战不殆。

3. 挖掘提炼中华人才培养思想和实践财富

历经千百年的中华教育思想与实践，尤其是近百年来的教育经历了内忧外患，有艰难，有发展，有失误，有成功。值得分析，值得甄别，值得总结经验，探索新时代人才培养模式。

特别是改革开放以来，我国教育快速发展，专业教育不断拓展和细化，比较全面，已经形成了与国民经济和社会发展人才需求的对应格局，有的专业经过有史以来的传承和发展，已经形成了适实良好的人才培养模式，如雕塑、声乐等专业教育，是全方位的素质能力培养，值得工程技术人才培养专业等借鉴。

普遍性存在于特殊性之中，可对具有典型性的不同专业教育的人才培养模式，进行比较研究，同时也借鉴外国的经验，探索我国的人才培养模式。

（五）探索德能人才培养模式

教育的基本目标是开发、培养和提高学生的素质，加强素养，提高能力，助力成家立业，做好为国家、社会、他人服务，幸福生活。人才培养方式必须有效促进这一目标的实现，应根据学生的基本素质条件，探索教师多指导学生实践学习的德能人才培养模式。

1. 德能人才培养模式概念

德能人才培养模式，就是造就具有德能素质能力的人才培养方式。"德"原本指宇宙生养万物的不求索取的大公品性，这里的德是指诚善、仁忍、慈爱而施惠于人的品性；"能"是指能力或本领，包括人的思考、眼看、耳听、嘴说等人体器官组织功能，以及综合运用机体组织的认知、做事、沟通、合作、协调、共益、自律等方面能力。

其中，德为人才的品质或质地；认知能力是首要能力或第一能力，工作和生活的多方面知识都来源于认知；做事能力就是做事本事或本领，是关于工作和生活的主要能力；沟通能力、合作能力、协调能力、共益能力、自律能力等是工作和生活的相关能力，是不可缺少的必需的配套能力，都是成事的充分必要条件。

2. 德能人才培养模式要点

（1）将德与能的具体内容作为教学内容要点。德的具体内容主要有对人态度、为人精神、助人状态等，能的具体内容主要有认知、做事、沟通、合作、协调、共益、自律等诸多方面的能力，把这些德与能的要点作为教育要点体现到每门课程的教学内容中。

（2）教师指导学生实践学习。教师在学科引入、重点讲解、解惑答疑的基础上，以开发学生的思想、眼看、耳听、嘴说、手动、脚行等人体组织功能为基本点，通过提问、回答、讨论等灵活方式培养强化学生基本素质；以认知、做事、沟通、合作、协调、共益、自律等诸多方面的本事为支撑点，通过专题、项目、团队等多种方式，培养提升学生能力。

教师主要引入教学，指导学生实践学习，答疑解惑，合理考核学生；学生多问、多学、多做，增德、多知、多能。

（3）将德与能的具体内容要点作为课程成绩考核评分内容。德的内容可通过教学中的礼让、帮助同学、协助教师等表现考核，能的内容可通过提出问题、回答问题、专题研究、团队分工合作、遵守纪律等表现考核。

（六）人才培养评价指标

人才培养是否达标，要有个合理的评价判断，这必然需要通过一定的指标作出评判。由于学生成才与否最主要的在于从业作为表现，在校主要评的是学生学习状态，而毕业后的评价主要是社会用人反馈。多年来，学校的人才培养评价一直主要是学生评老师，可以说人才培养评价是人才开发与管理的一个难点与薄弱环节。这里主要从教育职业效益的视角对人才培养评价作进一步探讨①。

1. 人才培养评价指标选择

教育职业效益，是指教师用较少的消耗取得较多的包括教师个人的有关人们获得的利益，这里有关人员主要包括学生、家长、用人方与国家，用人方主要是用人单位，学生是教育的对象，家长主要是学生的父母，国家是代表社会公共利益的管理者，这些有关人员都有利益所在及其要求，核心是把学生培养成才，在这一过程中实现各方利益。

其中，教师直接教育培养学生，是主要的教育当事人；家长作为学生的供养者关注对其子女的教育，希望把孩子培养成才，能成家立业；用人方即是用人单位，分属社会的各行各业各部门，要求把学生培养成他们需要的特定专业的职业人才；国家主要是从社会需求的视角，要求把学生培养成国家和社会需要的各种人才，包括具有比较好的思想、道德、科技、法规、公益等多方面的素质能力，能担当国家和社会赋予的重任，履行好社会责任，做好为人民服务。

教育服务对象是学生，教育职业效益的根本体现在于学生成才，国家受益，成为社会各个行业部门用人单位需要的人才，能够成家立业，不仅表现在学习感知的收益，更表现在实践应用效果，能够从业创造财富，满足社会生活

---

① 齐经民，郑涛等. 效在多方　益在多处——公民职业经济学［M］. 经济科学出版社，2016：250－251

需要，一句话就是把学生培养成为各方面都满意的人才。

实际上，把学生培养成才，是学生、家长、用人方、国家与教师的共同意愿，真正把学生培养成才了，大家的利益才能实现。因此，应从教育职业效益的内在关系和外在联系出发，以学生、家长、用人方、国家与教师几个方面作为主要指标，评价人才培养，这本身就是协调教育职业关系，帮助合理正确地讲求提高教育职业效益，满足各方面的要求，更好地发展教育事业，促进培养好人才。

2. 人才培养评价指标体系

表1－2中的学生、家长、用人方、国家与教师几个方面的指标，分别从不同的角度反映评价人才培养。

表1－2　　　　　　　职业人才培养评价指标体系

指标名称	一级指标	二级指标	指标内容
职业人才培养评价指标	学生	学习支出	学费、教材、资料、衣食费用等支出
		学习收入	增德、素质增强、能力提升、多知、成才
		学习收支比	价值收支比
		学习感受	学习感觉、满意度
		人生启迪	自然、社会、人类、民族、国家等认识感悟
	家长	希望	子女成才
		投入	财物等
		收入	能成家立业的人才
		结果	满意度
	用人方	思想	思想活跃，积极正向
		道德	公益心强，自觉为人
		能力	业务娴熟，合作作为
		敬业	自动自觉，精益求精
		创新	善于琢磨，勇于创新
		感受	满意度
	国家	教育方针	德、智、体、美、劳全面发展
		教育投入	资金
		教育收入	人才、事业发展
		创新	知识、技术等创新
		公益	公德、环保、法规、和谐等
	教师	教育追求	人才培养、知识创新等
		教育支出	电脑器件、书籍、备课等支出

续表

指标名称	一级指标	二级指标	指标内容
职业人才培养评价指标	教师	教育收入	工资、福利等收入
		教育收支比	价值收支比
		教育感受	从业感觉、满意度等

资料来源：笔者教育研究结果，见齐经民，郑涛等．效在多方　益在多处——公民职业经济学［M］.经济科学出版社，2016：251。在表9-2的基础上调整，补充用人方。

学生是直接的培养对象，学生的成才是直接的首要的评价指标，具体体现在学习支出、学习收入、学习收支比、学习感受和人生启迪等细化指标上，以及家长的希望和满意。用人方是使用人才的单位或部门，是从实践作为评价人才培养结果的根本指标，细分思想、道德、能力、敬业、创新等。国家是主要管理方，代表社会公共利益，对人才培养有明确要求，细分教育方针、教育投入、教育收入、创新、公益等。教师是人才培养的主要当事人，直接关系学生成才与否，教师的表率作用会成为学生的榜样，教师的施教作为也是人才培养的一个基本指标，细分教育追求、教育支出等。

这几个方面指标都很必要，但还有差异，权重有所不同，按重要性由大到小的次序排序为用人方、学生、国家、家长与教师，用人方的评价是主要的，权重应达50%，学生次之，国家、家长与教师大体差异不大，如权重大体依次设定为0.5、0.2、0.1、0.1、0.1。具体评价应通过对学生、家长、用人方、国家与教师几个方面的当事人的调查，采取问卷方式实施。

（七）加强对学生的学习要求与管理

1. 要求学生把学习当作工作来做[①]

根据学生从业和生活需要，应把"教、学、用"三者直接统一起来，即

[①] 笔者教育研究结果，笔者认为，应根据社会工作生活需要，针对大学生学习生活存在的不良状况，高校应全面培养学生，学生应把学习当作工作来做，提高教育的质量与效益。多年在教学中思考、探索和实施，得到学生们的认同，促进学生学习，效果好。

在2013年秋，为燕山大学本部与里仁学院的2011级公共事业管理专业的学生开《职业经济学》课程时，进行了专门的"把学习当作工作来做"的教学实践探索，以本部教学为例，教学组织实施分前言、总论、基础理论、随堂问答、专题研讨、事例讨论、论文研究写作几部分，学生分成8个学习小组。

同时强调按社会工作要求，包括道德公益、组织纪律、分析认识、讲解问答、设备使用、协作竞争、环境卫生、服从管理等诸方面，全面培养教育学生，激发了学生积极性和能动性。

把这些基本素质能力的培养贯彻到《职业经济学》教学内容中，并具体体现到成绩评定中。注重学生的课上课下的平时表现，平时成绩与期末考试成绩各占50%，结果3个班学生全部取得及格以上的较好成绩，未出现不及格掉队的，成效显著，其中，本部学生以小组为单位，学生合作在一般杂志发表文章8篇，每组1篇。

之后曾以"学生要把学习当作工作劳来做"为题，为里仁学院学生做专题报告，见里仁讲坛（第22讲），燕山大学网里仁新闻，2014-12-18。

是把教师的教、学生的学与社会工作生活的用几方面要求统一起来。要求学生把学习当作工作来做，把课堂作为工作的场所与工作的平台，把教学内容作为工作内容，把学习作为工作的一种体验和实践，到课学习视如上班工作，把组织纪律、道德公益、分工合作、爱护公物、维护环境卫生等，贯穿到学习中，按照工作要求学习教学内容，脚踏实地，了解社会工作生活的丰富内涵及其赋予当事人的要求，全面要求，全面提高，做好学生向社会职业人转变，这是培养造就适应国家、行业和个人要求的人才的直通路径，把学生培养成为有中华基因特质的综合素质能力强的高品质德能人才。

2. 全面管理学生

这里讲的全面管理学生是关于对学生教育培养过程中所进行的组织、实施、考核、奖惩等活动，凡是参与对学生进行这些施予活动的人都是学生管理人员，主要有教师、学生管理专职人员和后勤管理人员，对学生进行全方位的管理，这是学生成才的保障。

（1）教师是首要的学生管理人员。教师是对学生进行教育的主要当事人，既教学生，也应管学生，如果只教不管，教学组织实施及其目标就无法正常实现。

教与学的组织实施过程，这是个既教又管的过程。但是教师一般并没有把自己视为学生管理人员，在教学中未完全履行自己管理学生的职责，有的放任学生，应重视和强调教师的管理作用，这是学生成才的最基本的保障。

（2）学生管理专职人员应合理管理学生。即是主管学生工作的负责人、科员、导员等，对学生的学习生活进行全面管理，包括学生思想、政治、纪律、测评等，应严格要求，严格管理，严明公平成绩评定，提高管理效能和培养质量。

（3）后勤管理人员也是学生管理不可忽视的重要人员。主要是关于学生住宿、饮食、环境、安全等事宜的管理人员，保障学生的正常学习生活，与学生直接接触，对学生的生活状态比较了解，管理学生有所作为，如饮食节约、环境卫生、道德公益等，应对学生有所要求，实施监管，应具体体现在学生综合素质和素养的成绩评定上，激发学生重视和改进，加强生活培养，促进成才。

第二章 职业配置分析

职业配置是决定职业效益的一个重要变量。基于中观视角研究职业人力要素积累激励和基于一定技术条件和社会条件的配置机制与优化问题，既有别于宏观层面的劳动力资源配置，又区分于微观层面的企业等组织内部人力资源管理，有其独特的分析视角与研究意义。本章在厘清相关概念的基础上，坚持以人为中心的分析思想，构建偏好—技术—制度的职业配置逻辑分析框架，基于历史的视角进行演化阐释，并分析了中国改革开放 40 年来农民的职业变迁；发掘工效学的职业管理思想，基于人—机—环境的情境分析以职业人力为核心要素的资源规划与有效配置，探讨人工智能发展与职业配置选择的新时代课题。

一、职业配置分析框架

党的十九大报告指出，中国特色社会主义进入新时代，社会主要矛盾已经转化为人民日益增长的美好生活需要和不均衡不充分的发展之间的矛盾。在新时代背景下，分析职业配置，优化职业选择，目的在于有效发挥人力效能，更好地满足人民对美好生活的需要。

（一）职业概念解析

明晰职业概念是分析职业配置的基础工作。基于中文语境和西文语境的界定和比较，分析职业具有的历史性、动态性、结构性特征。

1. 中文语境中的职业界定

"职业"中的"职"繁体字"職"指处在打猎、采集阶段，听声辨兽是猎人趋吉避凶的头等大事。职，指的是耳听声音，持戈狩猎。现代汉语中"职"，在词义上对应于"工作""岗位"。"业"本义为将举（zhuó，丛生草）变成巾的过程，现代汉语的基本解释包括：国民经济中的部门，职务、工作岗位，从事，经营。

《中华人民共和国职业分类大典》（国家职业分类大典和职业资格工作委员会，1999 年）将职业定义为，从业人员为获取主要生活来源所从事的社会工作类别。职业须具备以下特征：一是目的性，即职业活动以获取现金或者实物等报酬为目的；二是社会性，职业是从业人员在特定社会生活环境中所从事的一种与其他社会成员相互关联、相互服务的社会活动；三是稳定性，职业是从业人员在一定的历史时期内形成，并具有较长生命周期；四是规范性，职业活动须符合国家法律和社会到达规范；五是群体性，职业必须具有一定的从业人数。

在《现代汉语词典》中，职业是指个人在社会中从事的作为主要生活来源的工作①，为开展职业分析提供了一个基本概念内涵。本书认为对职业的研究认识应动静相连，由表及里，全面综合地考察，从总体上加以认识。所谓职业，是以从业者个人为主体因素与劳作单位的为获得收益满足社会生活需要所从事的事业②。以上界定，皆体现了以人为中心的分析思想，也是本书分析的基本出发点。

2. 西文语境中的职业比较

在西文语境中，"工作""职业""职业生涯"等词语既相互区别又密切联系。

在英语中，"工作"（work）的词语意义，首先与"游戏"（play）或"娱乐"（recreation）相对而言，是指"为特定目的而耗费体力或脑力"（Use of bodily or mental powers with the purpose of doing or making something）；其次是指"一个人为谋生所做之事"（What a person does to earn a living），也就是现代社会通常说的"就业"（employment）。

而关于职业的一般西语词义，就是指"一个人所从事的行业或专业"（person's trade or profession），或"一个人长期从事的稳定性工作"（one's regular work）。具体地说，在英语里面关于职业主要有两种专门词语表达：一是vocation，强调一种内在的、心理上的使命感，即自觉受到昭示且具有适于做某种工作的特定"天赋"（special aptitude）或神召天职（social or religious work）；二是occupation，强调一种外在的、客观的占据状态，即由于社会制度安排或是外在分工环境约束，"使一个人所从事的需要永久性地耗用时间精力于其上的社会事务或工作"（business，trade，etc；any activity which occupies one's time，either permanently or as a hobby，etc）。在各类职业中，一些需要接受高深教育或训练的专门职业，如律师、建筑师、医师、教师或会计师等，则用"专业"（profession）一词来表达。另外。在体育娱乐界，按照习惯，一些为赚钱或谋生而全职从事某些专业技艺活动的人，称作"职业选手"（professional），与"业余爱好者"或"非职业选手"（amateur）相对。

---

① 中国社会科学院语言研究所词典编辑室. 现代汉语词典（第5版）［M］. 商务出版社，2009：1750
② 齐经民，郑涛等. 效在多方　益在多处——公民职业经济学［M］. 北京：经济科学出版社，2016：43

在英语中，career 的词语意义有二：一是指"生命历程或人生经历"（pro-gress through life），二是指"谋生之道"（way of making a living）或职业（pro-fession），合起来可译为"职业生涯"，即"与工作或职业有关的整个人生经历"①。

国际劳工组织（International Labour Organization，ILO）《国际标准职业分类（2008）》（ISCO－08）区分了两个基本概念："工作（job）"和"职业（occupation）"。"工作（job）"是"某人为雇主（或自雇）而被动（或主动）承担的任务和职责的总和"；"职业（occupation）"是"主要任务和职责高度相似的工作的总和"。

3. 职业特征分析

（1）历史性。职业意识的普遍形成，是由客观的社会分工体系中职业分化和职业分层所决定的。亚当·斯密（Adam Smith）指出："劳动生产力上最大的增进，以及运用劳动时所表现的最大的熟练、技巧和判断，似乎都是分工的结果。"有了分工，"第一，劳动者的技巧因业专而日进；第二，由一种工作转到另一种工作，通常须损失不少时间，有了分工，就可以避免这种损失；第三，许多简化劳动和缩减劳动的机械的发明，使一个人能够做许多人的工作"。在这种情况下，广大民众可以长期专注于某项具体工作，从而形成自己稳定的职业生涯，并且获得不断提升的社会地位和人生价值，因此，"在一个政治修明的社会里，造成普及最下层人民的那种普遍富裕情况的，是各行各业的产量由于分工而大增"。人们普遍的职业意识和职业精神，实际上就是一定的社会经济条件和历史背景下经过长期演变才逐渐形成的。

（2）动态性。职业是以社会化大生产为基础的市场经济发展的必然结果。专业化分工是市场交换的组织基础，市场是分工的社会实现形式；同时，分工又因于交换能力，专业化程度受市场范围的限制；而"资本"，实质上就是借助专业化分工和市场交换体系来进行的一种"迂回"生产方式，是一个人和组织在动态上实现"未来"预期目标而在"现在"或"过去"投资形成的一种迂回手段，因此马克思说，资本实质上是一种"社会力量"。借助这种社会力量，人们不仅获得了不断涌流的物质资本和物质财富积累，也不断地进行着自己专业化的人力资本积累，以及以此积累为基础形成不断丰富化、多元化的职业生涯发展格局。随着市场秩序的不断扩展，经济大规模发展和产业结构高级化演进，职业类别和结构也在不断变化，传统职业不断萎缩和消亡而新兴职业则层出不穷；在这种情况下，现代社会中人们的职业生涯从传统固化的、组织依附性的和单调的状态逐渐走出，呈现出更好自主性、丰富多样性、灵活变异性和长期曲折性的特点及趋势②。

---

① 李宝元. 现代职业生涯管理学 ［M］. 北京师范大学出版社，2017：8
② 李宝元. 现代职业生涯管理学 ［M］. 北京师范大学出版社，2017：12

（3）结构性。职业反映了现代社会分工的复杂性，具有极强的结构性，这在各种职业分类体系中体现得更加明显。国际劳工组织（ILO）《国际标准职业分类（2008）》（ISCO－08）是一个四层级的职业分类系统，将世界上所有工作分为10个大类，43个中类，130个小类和436个细类。英国职业分类（SOC2010）有9个大类，25个中类，90个小类和369个细类。美国标准职业分类（2010SOC），分为23个大类、97个中类、461个小类、840个细类。《中华人民共和国职业分类大典（2015年版）》按照"工作性质相似性为主、技能水平相似性为辅"的分类原则将职业分类体系划分为8个大类、75个中类、434个小类、1481个职业，并列出了2670个工种，标注了127个绿色职业。与1999年版《中华人民共和国职业分类大典》（含2005年版、2006年版、2007年版增补本）相比，维持8个大类不变，增加了9个中类和21个小类，减少了205个职业，取消了342个"其他"余类职业[①]。

（二）职业配置分析

1. 职业配置界定

配置，是指把缺少的补足并且设置好。不同语境下的"配置"有其不同的分析内容。如何理解职业配置性质，是本书展开的一个基本问题。在与常见概念的分析比较中，尝试界定职业配置问题。与职业配置相关的概念包括劳动力资源配置、员工配置、职业生涯管理等[②]，见表2－1。

表2－1　　　　　　　　　　职业相关配置界定的比较

层面	核心概念	内容	视角
劳动力资源配置	劳动力资源	劳动需求、劳动供给、劳动力市场	就业
职业配置	职业能力	配置秩序及其规则、配置因素、配置选择	产业
员工配置	员工	环境分析、人力资源规划、工作分析、测量评估	企业
职业生涯管理	职业生涯	职业生涯规划、开发和调控	职业

资料来源：笔者整理。

---

① 关于2015年版中国职业分类大典的介绍，可参阅文献：李黄珍，强音．《中华人民共和国职业分类大典（2015年版）》新在哪？［J］．职业，2015（34）

② 相关概念界定可参阅以下文献：孙文凯，宋扬，王湘红．劳动经济学［M］．清华大学出版社，2015．张德．人力资源开发与管理［M］．清华大学出版社，2016．李楠，朱琪．宏观劳动力资源配置［M］．科学出版社，2015．杨伟国，王子成．职业发展经济学［M］．复旦大学出版社，2015．王丽娟．员工招聘与配置［M］．复旦大学出版社，2012．李宝元．职业生涯管理：原理方法实践［M］．（第2版）．北京师范大学出版社，2017

　　职业配置问题，在经济学上属于劳动经济学的范畴。而劳动经济学是分析家庭及个人劳动供给和企业劳动需求，并进而分析劳动力市场均衡工资和收入分配、失业、劳动关系、劳动力流动和社会保障等劳动力市场结果，兼顾个体健康、幸福、婚姻匹配、生育决策等及企业内部劳动力管理机制等市场外结果，兼顾宏观、中观和微观的全面研究劳动者相关问题的学科。在管理学上，则属于人力资源管理的重要内容。人力资源管理的一个基本观念就是，企业既要最大限度地利用员工的能力，又要为每一位员工都提供一个不断成长以及挖掘个人最大潜力和建立成功职业的机会。职业生涯管理是一种专门化的管理，即从组织角度，对员工从事的职业所进行的一系列计划、组织、领导和控制等管理活动，以实现组织目标和个人发展的有机结合。职业生涯管理不是一项独立的人力资源管理职能，它跟人力资源管理的其他各项职能都有密不可分的联系。

　　（1）宏观劳动力配置。宏观劳动力配置作为劳动经济学学科的重要组成部分，其中心任务是研究劳动力资源的有效配置问题。从宏观的视角研究劳动力资源在产业间、行业间、地区间如何进行合理配置，研究劳动力在产业间、行业间、地区间的流动具有什么样的内在变化规律，是什么因素影响和决定劳动力在产业间、行业间、地区间的配置，侧重于从总量结构和宏观上研究劳动力资源的配置。

　　（2）职业发展。职业发展经济学专注于个人职业生涯发展，认为相对于特定工作而言，个体的工作兴趣、从事该工作的薪酬水平、社会地位以及工作目标和意义，是职业的本质。以职业的优化配置问题为核心，包括职业决策、职业选择、职业搜寻、职业投资、职业投入、职业流动、职业平衡、职业保障等职业发展链条上的各个环节。

　　（3）员工配置。员工配置是组织人力资源管理活动中的最基础的工作，是获取、运用和留任组织劳动力的组织功能。从企业等微观组织视角，研究员工的合理岗位配置问题，是为了创造组织效能的有利条件而从事的获取、运用和留任足够质量和数量劳动力队伍的过程。组织进行员工配置的总目标是使"匹配"最大化和避免"不匹配"，包括人与组织匹配、人与群体匹配、人与工作匹配、人与人匹配等类型，人与职业匹配是员工配置的前置条件。

　　（4）职业生涯管理。职业生涯管理，是关于职业生涯的核心价值取向、发展目标预期、战略阶段规划、实现路径设计和具体策略调整等一系列活动的总称。实施管理者，可以是个人，也可以是家庭、学校、从业单位或政府，按照一般管理学理论的逻辑分析，职业生涯管理大致包括职业生涯规划、职业生涯开发和职业生涯调控三项基本内容。

　　从公民职业经济学角度看，职业配置即是职业资源的组合定位，是职业资源转化为职业资本。职业配置关系到职业资源的使用、职业资本的生财增值。

合理进行职业配置是讲求提高公民职业效益的基本要求①。在此基础上，本书认为职业配置，是职业能力（供给）与职业类型（需求）的匹配问题。在经济学视阈下，职业供给是有限的，高质量的职业供给是稀缺的，由此职业配置研究的是职业需求导向下的职业有效供给问题。内容上，职业配置本质是求职者的选择问题；研究维度上，属于中观问题；研究层次上，是由商品市场需求引致的劳动力生产要素市场的派生问题。

2. 职业配置形式

职业配置的基本形式包括：自然配置、计划配置与市场配置。

（1）自然配置。自然配置是职业萌芽形态时期基于自然力量的选择匹配方式。人类由自然界发展而来，是自然界的一部分，人的体力成为劳动分工萌芽期的自然配置力量。如原始时代的男人狩猎、女人采集，封建时代农业分工中的男耕女织等职业的萌芽形态下的自然分工。在职业演进历史中，现代社会以传统手工为代表的非物质文化遗产传承从业者，通常选择以家庭或师徒制为形态的方式，也具有自然配置的色彩。

（2）计划配置。人类社会中，国家等社会制度建立以来，通过强力约束和制度执行直接配置职业的方式可以称之为计划配置，如古代的士、农、工、学、商等职业阶层的固化，而类似"学而优则仕"的职业流动渠道稀缺。计划经济体制下"统包统分"的人事管理制度、城乡二元分离的户籍管理制度，一定程度上适应了社会化大生产初创时期要素积累的需求，但随着生产力的发展，破除职业自由选择和自由流动的体制障碍是改革的必然要求。

（3）市场配置。在现代市场经济视域下，市场配置是职业配置的基础性方式，市场是职业配置的决定性因素，价格机制是引导调节职业配置的"看不见的手"。从人力资源角度看，职业供给是有限的，高质量的职业供给更是稀缺的，如何理解和解决职业需求导向下的职业有效供给问题，是市场配置的核心和配置效率的体现。随着经济学领域的扩展，在职业分析中心理、行为、制度等因素的引入，提高了市场配置职业现实问题的解释力。

在现代市场经济条件下，市场手段和计划手段（或者称之为规划）是资源配置的两种基本形式，其中市场在资源配置中发挥基础性决定作用，同时政府弥补市场失灵的有效行为也不可或缺。政府在职业配置中常用的调控手段包括：职业分类制定、职业资格认定清单管理、职业教育推进、职业人力资源市场规范及相关法律规范文件的出台等。在职业配置方面，职业教育是形成人力资本的重要途径，政府（含中央政府和地方政府）所开展的不同类型的人力资本投资具有不同的效应，包括短期效应和长期效应等，在空间配置上则反映

---

① 齐经民，郑涛等. 效在多方　益在多处——公民职业经济学 [M]. 经济科学出版社，2016：90

为区域效应。根据区域人力资本供给与人力资本需求的关系,将人力资本区分为适用性人力资本与非适用性人力资本①。适用性人力资本是指区域人力资本投资形成的人力资本供给与区域市场和产业结构的人力资本需求实现了动态均衡;非适用性人力资本是相对于区域人力资本需求而言,区域人力资本的供给持续滞后或过度超前,从而在较长时期内难以达到均衡状态。持续滞后的人力资本供给形成了人力资本的缺口,难以支撑经济增长及产业结构的升级;而过度超前的人力资本供给不利于现有经济潜能的充分发挥,人力资本的相对过剩部分构成人力资本跨区域流动的主要部分。

3. 职业配置内容

职业配置是社会变迁的缩影,其配置过程涉及多层面的资源流动,其内容是丰富而多样的。以进入社会分工体系的职业阶段划分,可以分为从业前、从业中、从业退出三个阶段。从业前阶段的资源配置以各类教育、技能培训为主要内容,以积累职业技能和素质;从业阶段的职业配置包含职业的产业间、区域间、城乡间等横向流动和职业收入、社会声望所显示的职业纵向流动。退出职业阶段,或后职业阶段也涉及职业再配置问题,尤其是在老龄化社会,老龄职业资源的稀缺性更加显著。

在职业配置分析中,通常以职业群为对象分析职业的代际配置、产业配置、城乡配置、区域配置乃至国际配置。以家庭为单位,职业的代际传承与异化即代际配置。三次产业划分以来,劳动力从生产率低的产业转向生产率更高的产业转移,依次经历了农业、工业、服务业职业群体的兴替。工业革命以来,农业生产力提高,农村剩余劳动力从事非农产业,实现了职业的城乡配置。中国改革开放以来,以农民工为代表的职业群体城市再配置,推动了中国的经济增长和城市化进程。同时,中国中部、西部、东北部劳动力向东部沿海地区的跨区域流动,呈现了职业的区域配置。全球化进程中,通过留学、劳务输出等形式,以跨国公司等组织形态实现了职业的国际配置。

4. 配置分析视角

在厘清职业配置概念、形式、内容的基础上,本书将从逻辑分析和情境分析两个角度构建分析框架。

(1)逻辑分析。通过对现实社会中丰富的职业配置现象进行分析综合、抽象概括,回归职业本身,从而揭示职业的形成、职业规模边界、职业结构治理规律。本书第二节将结合社会热点职业配置问题,围绕职业配置的关键因素:偏好、技术、制度②展开分析。

---

① 具体分析,可参阅文献:房俊峰,赵培红,谢姝琳. 人力资本投资收益的区际差异:指数化分析及实证——以我国东部沿海 6 个城市群为例 [J]. 城市发展研究,2010,17(12)

② 逻辑分析视角受到以下文献启发:黄凯南,何青松,程臻宇. 演化增长理论:基于技术、制度与偏好的共同演化 [J]. 东岳论丛,2014,35(2)

（2）情境分析。职业配置是在各种变量（包括宏观经济因素、产业结构因素）的综合影响下，在具有特定内容的经济状态或经济环境中实现的，如组织情境。本章第三节将运用工效学的管理思想和分析框架，把人机互动、人与环境的关系作为职业配置分析的情境内容，并结合人工智能时代背景进行具体分析。

二、职业配置逻辑的偏好—技术—制度分析

以职业效益为核心的职业配置逻辑分析内容包括：经济主体的自由选择是现代经济体系中职业配置分析的逻辑起点，技术与制度构成职业配置约束条件，并为提高职业效益提供了分析路径。

（一）偏好

1. 职业自由选择

从个体角度看，职业配置是以职业人力资源为主的职业资源的组合利用的定位，即职业选择。职业选择应考虑到个人的志趣、性格、体能、知识、技术、方法和经验等因素，进行合理的职业配置。经济学是关于选择的学问。个人自由选择，是经济学最基本最重要的理念；从个人的需求及价值判断出发，以个人行为为思考原点，是经济学最基本最重要的思维方式。职业的基本属性是谋生性的劳动，正如劳动力市场上著名的"向后弯曲的劳动力供给曲线"所揭示的，职业收入作为劳动力市场上职业劳动价格的体现，是调节职业配置和职业选择的基本变量。没有个人的选择就不会有准确反映资源稀缺性的市场价格，市场价格的本质在于发现、传递和储存关于资源稀缺性的信息。无数经济主体创造的信息是海量的，是不断变化甚至是瞬时变化的，只能通过市场价格去发现这种信息的变化，从而引导市场主体顺应这种变化，满足市场的不同需求①。这也是个体职业选择的基础。

2. 职业选择动机

经济学历来有"经济人"和"道德人"两种基于人性的动机假设。最早可追溯至亚当·斯密的《国富论》（*The Wealth of Nation*，1776）和《道德情操论》（*The Theory of Moral Sentiments*，1759）。

亚当·斯密（Adam Smith）在《国富论》中揭示，每个经济主体的逐利行为使得经济秩序服从一种内在的逻辑，使人们在一只"看不见的手"的指引下达到某种确定的目标状态。后来的主流经济学家们只强调了人的利己一面，进而演化为主流经济学对人性的简单化假设。经济人假定是将每一个从事

· 47 ·

---

① 关于选择的经济学阐释，可参阅文献：杨星佑. 经济学是关于选择的学问［N］. 学习时报，2015－3－23（6）

经济活动的人的本性限定为力图以最小的经济代价去获取最大的经济利益，这实际上是将个体的行为动机处理为单一的自利动机。

亚当·斯密在《道德情操论》中揭示，支配人类行为的动机除自利之外，还有派生于同情心的利他动机——人类与生俱来的对群体中其他个体的同情倾向，使得人们对其他个体具有天然的认同感，并且也渴望得到来自他人的认同，这驱使人们的行为合乎利他的社会规范。无可否认，自利与利他构成了人类本性的两个基本方面。行为经济学重设了经济主体具有自利与利他的双重行为动机[①]，即人是利己与利他、理性与非理性的统一体。

劳动力市场上职业选择具有多样性和不确定性，具有自利与利他的双重行为动机。诚如中学时代的卡尔·马克思（K. H. Marx）就在《青年在选择职业时的考虑》（*Reflections of a Young Man on the Choice of a Profession*）中写道：如果我们选择了最能为人类幸福而劳动的职业，那么，重担就不能把我们压倒，因为这是为了人类而献身。那时，我们所感到的就不是可怜的、有限的、自私的乐趣，我们的幸福将属于千百万人。马克思坚信，未来社会"将是这样一个联合体，在那里，每个人的自由发展是一切人的自由发展的条件"[②]。

3. 职业偏好演化

职业选择主体具有双重动机，而职业偏好决定着具体的选择行为。偏好是经济学最基础的概念之一，是选择行为的重要分析工具。主流经济学建立在偏好自涉、偏好外生给定、偏好同质且稳定不变的偏好假定基础上，偏好理论经历了基数效用论、序数效用论与显示偏好理论的三大发展阶段之后陷入理论困惑和现实问题解释的困境。近年来行为经济学、实验经济学、生物学与心理学等学科的最新研究成果，在新古典的效用理论及现代主流偏好理论基础上，纳入制度的、社会的、生物的以及心理的因素，分析偏好的形成、决定及偏好的演化。经融合后的偏好理论认为个体偏好是自涉偏好与他涉偏好的统一，是情景依存的、内生于社会制度之中，是异质的、演化的[③]。

现实世界中个体行为具有多样性，如同为北京大学马克思主义学院2018届博士毕业生，11人中8人选择到知名高校任教，1人就职于国家重点事业单位，而2人到基层做选调干部。职业选择行为中个体偏好可理解为部分地由基因遗传决定、部分地由经济主体在一定的社会文化环境中，或从实践活动中通过学习而逐渐形成的一种存在于记忆中的主观与客观概念，它指导经济主体在社会活动中做出选择。职业偏好是一个社会的、历史的、动态的范畴，是经济

---

① 关于经济主体双重动机论的讨论，可参阅文献：贺京同，那艺. 经济主体"双重动机论"及其经济学意义——基于行为经济学的讨论 [N]. 光明日报，2009 – 5 – 26（10）
② 邓清柯. 马克思主义的时代意义和现实意义 [N]. 经济日报，2018 – 7 – 26（13）
③ 关于偏好的融合发展，可以参阅文献：周小亮，笪贤流. 偏好的争论、拓展与融合：理论假说与初步探讨 [J]. 经济评论，2009（6）

社会中制度、财产、价格等的复合函数，职业偏好受道德、传统、信仰、习惯、习俗、价值观等文化因素的影响。比如，本土情境下国内个体职业偏好倾向于风险厌恶型，偏好于低风险的职业；而西方盎格鲁—萨克逊人有着更多的冒险精神，倾向于风险爱好型，职业选择中创业型群体基础庞大。此外，民风民俗、家教家风等文化因素对社会个体的心理和行为影响颇大，职业偏好与选择行为也表现为区域和家庭的差异性。

4. 学术职业取向分析

博士学位持有者是一国人力资本中的高端人才，科学研究和创造发明的主体，其职业发展状况和生存状况体现了一国对智力资源的重视程度和职业配置水平。受教育程度是影响职业偏好的重要因素，而位居高等教育系统顶端的博士教育毕业生学术职业与非学术职业的选择趋向多元化，成为全球普遍现象。长期以来，学术职业被视为博士生在获得学位之后的毋庸置疑的职业发展选择，而随着知识经济的发展和产业部门科研需求的上升，博士毕业生的就业领域向非学术部门溢出显然不可避免。这一现象的生成因素既有宏观的学术职业、非学术职业劳动力市场因素，又有微观的个体特征所形成的职业偏好因素。

（1）学术职业的选择。近百年前，面对慕尼黑大学的青年学生，马克斯·韦伯（Max Weber）在著名的演说——《以学术为业》（*Wissen schaft als Beruf*，1919）中将选择学术生涯比拟为"内心受天职召唤（berf）"，但他同时也犀利地揭示了以学术为志业的年轻人所需直面的"一场鲁莽的赌博"："一个有志于献身科学研究的年轻人，要从没有薪水的编外讲师开始做起；并无钱财以抵御任何风险的年轻学者，在金钱支配前提的学术职业的条件下，处境是极其危险的；他一点也不知道自己将来能否谋得一个收入可观的职位……，他有被解雇的危险……"[①]。

（2）博士学位持有者职业调查。为在全球范围内建立广泛可比统计基础，经济合作与发展组织（Organization for Economic Co-operation and Development，OECD）在"科学技术人力资本调查活动"的统计框架下设计和开展了针对博士学位持有者的调查活动，于 2007 年和 2010 年完成两轮较大规模的数据调查，并在 2012 年推出《博士学位持有者职业调查手册》的第 3 版[②]。在博士学位持有者职业调查表分类特征中分为个人特征、教育特征、劳动力状况与就业特点、国际流动性、科学产出 5 个方面，具体内容分为：个人特征包括年龄、性别、居住国家和出生国家等数据信息；教育特征包括受教育国、学位授予国、博士学位领域和完成博士学位的资金来源；获得博士学位的年龄、攻读博士学位所用时间等信息；劳动力状况与就业特点包括：就业状况（就业合同

---

① ［美］马克斯·韦伯. 冯克利, 译. 学术与政治：韦伯的两篇演说［M］. 生活·读书·新知三联书店, 2005：17－19
② 王鹏. 话说"博士学位持有者职业调查手册"［J］. 中国统计, 2016（7）

类型、工作时间等）、所在研究机构、研究部门、平均年收入、年收入的中位数、就业流动性和工作能力等；国际流动性包括：曾居住地、转移居住地的理由、返回祖国的频率和路程距离、迁出国家的意图和理由等；科学产出包括：过去三年中的科研产出总数，包括文章、书籍、专利、创业公司和商业化专利等。国际经合组织较早的研究发现，美国、加拿大、阿根廷等很多国家的博士毕业生中获得高校职位的比例均低于40%，其中德国仅为13%，甚至有11个国家的博士毕业生中约有10%从事与专业不相关甚至只需要较低学历的工作①。在中国，无论是博士生的职业预期，还是实际就业流向，选择学术职业的比例均只在55%左右。见表2-2，样本为清华大学2005~2015年已落实去向的非定向博士毕业生初次毕业去向数据。2005~2015年清华大学工科、理科、经管、文科博士毕业生初次职业选择中，选择学术职业的比例分别53.5%、70.5%、47.5%、76.3%，平均值为57.7%。

表2-2　　　清华大学不同学科博士生毕业方向的描述性统计
(2005~2015年)

毕业去向		工科		理科		经管		文科		总体	
		人数（人）	比例（%）	人数（人）	比例（%）	人数（人）	比例（%）	人数（人）	比例（%）	人数（人）	比例（%）
学术职业	留学博士后	462	7.4	383	25.6	13	2.4	9	1.4	867	9.7
	国内博士后	857	13.7	243	16.2	60	11.2	86	13.0	1246	14.0
	高等院校	1063	17.0	285	19.1	149	27.9	374	56.6	1871	20.9
	科研单位	959	15.4	144	9.6	32	6.0	35	5.3	1170	13.1
	小计	3341	53.5	1055	70.5	254	47.5	504	76.3	5154	57.7
非学术职业	国有企业	1443	23.1	130	8.7	129	24.1	36	5.4	1738	19.5
	民营企业	382	6.1	54	3.6	33	6.2	4	0.6	473	5.3
	三资企业	349	5.6	52	3.5	12	2.2	1	0.2	414	4.6
	党政机关	304	4.9	78	5.2	48	9.0	47	7.1	477	5.3
	其他事业单位	126	2.0	51	3.4	18	3.4	26	3.9	221	2.5
	部队	22	0.4	2	0.1	1	0.2	0	0.0	25	0.3
	灵活就业	252	4.0	70	4.7	34	6.4	38	5.7	394	4.4
	自主创业	20	0.3	4	0.3	6	1.1	5	0.8	35	0.4
	小计	2898	46.5	441	29.5	281	52.5	157	23.7	3777	42.3
合计		6239	100.0	1496	100.0	535	100.0	661	100.0	8931	100.0

资料来源：胡德鑫，金蕾莅，林成涛，王轶玮. 我国顶尖研究型大学工科博士职业选择多元化及其应对策略——以清华大学为例 [J]. 中国高教研究，2017（4）

---

① AURIOL L. Labour Market Characteristics and International Mobility of Doctorate Holders: Results for Seven Countries. OECD [R]. Science, Technology and Industry Working Papers, 2007: 1-37

（3）学术职业偏好的影响因素。针对博士研究生的学术职业取向问题，北京大学教育学院鲍威等[1]利用学术型博士生的调查数据，从个体特质和学术劳动力市场两个视角，阐释博士生学术从业意向的影响因素。研究发现：①博士就业呈现多元化趋势，近1/3的学术型博士向非学术部门溢出；②女性博士更偏好稳定的学术职业，农村、低收入博士群体更倾向选择学术部门就业，成为学术精英，实现向上层社会流动；③拥有学界专业认同的博士倾向于选择学术职业，但相当一部分素质优异的博士人才外流非学术部门；④学术志趣和热情对立志学术为业具有重要影响；⑤学术机构的从业环境恶化和职业吸引力减弱对博士的学术就业取向形成冷却效应。

（二）技术

职业的形成源于社会分工，而技术进步是促进社会分工的源泉。技术[2]有狭义和广义之分，狭义的技术是指用于改造自然的各种生产工具、装备、工艺等物质手段的总和，即物化形态的"硬技术"，它具体表现为：①技术是技巧、技能或操作方法的总称；②技术是劳动手段的总和；③技术是客观的自然规律在生产实践中有意识地运用，是根据生产实践经验和科学原理而发展成的各种工艺操作方法与技能。狭义技术的基础和核心是劳动工具，是职业形成、规模边界的基础条件。

1. 产业结构层面分析

产业结构层面，技术条件作用于职业配置的逻辑主线在于技术进步—产业更替—职业分工。技术变革对就业的影响涉及国计民生，备受关注。20世纪30年代，英国经济学家约翰·梅纳德·凯恩斯（John Maynard Keynes）就曾提出过"技术革命所导致的失业"理论。前三次工业革命带来的技术进步（见表2-3），对就业既有负向的破坏效应，也有正向的创造效应。长期的创造效应平抑了短期的破坏效应，并实现了产业更替中的职业群体变迁。第一次工业革命以蒸汽机为代表的关键性技术创新开始取代人力、畜力、自然力和手工劳动，由以农业为主逐步向工业社会转型；第二次工业革命促成了三次产业划分形成，工业取代农业成为主导产业；第三次工业革命中，第一产业比重下降，第二产业结构调整，第三产业快速发展并逐渐占据主导地位。以大数据和人工智能技术为代表的第四次工业革命对就业的影响和职业配置效应将在下一节进行深入讨论。总之，技术发展的引入、成长、成熟、衰退的周期性引致职业群

---

[1]　鲍威，杜嬛，麻嘉玲. 是否以学术为业：博士研究生的学术职业取向及其影响因素［J］. 高等教育研究，2017，38（4）

[2]　关于狭义技术和广义技术的区分，可参见文献：郎宏文，陈晓华，张佳洁. 技术经济学［M］. 人民邮电出版社，2016：1

周期更迭。

表2-3 技术变革与产业体系的演变

产业革命	源技术	技术衍生	产业体系
第一次	纺织机	1733年飞梭—1764年珍妮机—1769年水力纺纱机—1799年骡机—1785年水力自动纺织机—净化机、梳棉机、自动卷扬机、漂白机、整染机—蒸汽动力	纺织+蒸汽机—煤炭业—1735年焦炭炼铁法—1750~1788年密封坩埚、鼓风机、搅拌炼铁法、轧钢机—1760~1830年运河—1807年富尔敦蒸汽轮船—轨条的改进和蒸汽机车—18世纪切割机械化—1835年车床及其他一系列金属加工机—19世纪前半期车床、铣床、水瓶平面刨床、钻床（悬臂钻床）、旋制外螺纹车床、蒸汽锤灯工作母机、带车刀和导轨的车床—19世纪中叶机器制造业
	蒸汽机	1690年大气蒸汽水泵—1698年吸入压力水泵—1717年"火力机械"—1765~1788年瓦特蒸汽机	
第二次	电力	蒸汽动力的局限要求新动力—1831年法拉第电磁感应电流—发电机、电动机—1867年西门子大功效自馈式发电机—变压器、三相交流电动机—水电站、热电站、高压电线、电力网—1881年电灯投入市场—光控开关、保险装置、电表	电力—1833年有线电报—1837年打字电报—1847年无缝橡胶绝缘包线—1876年电话—1880年交换机装置、自动拨号机—20世纪前10年无线电通信技术—1936年纽约和费城高频电话电缆石油—19世纪中叶染料业、化肥工业—1850年焦油燃料厂—1865年苯胺和苏打工厂—中间化学产品、精密制剂—20世纪初结核菌素、普鲁卡因、胰岛素、阿司匹林、"666"等产品相继问世—1884年人造丝厂—1899年贝纶—1908年酚醛塑料—人造树脂—油漆、胶水—1925年薄膜内燃机—上游产业如钢材、有色金属、机械、橡胶、玻璃、石油—下游领域如城市建设、公路网建设、商业、销售服务、汽车修理、保险等工业化—1824年水泥—1867年钢筋混凝土—1900年自动电梯—瓷砖、油毛毡、铝、塑料、玻璃
	石油	机械化润滑油、照明要求新的能源—19世纪50年代勘探—钻探技术—1862年炼油厂—采油设备油罐、油车、油桶、贮油装置泵、炼油设备、输油管道等—1910年左右用途主要是照明—1913年石油热裂变方法—汽油	
	内燃机	电动机、电力工业需要高效动力—19世纪60年代起尝试—1885年封闭发动机—摩托车、四轮汽车、摩托船	

产业革命	源技术	技术衍生	产业体系
第三次	微电子	20世纪40年代电视、雷达—第二次世界大战中雷达、声呐、远程导航系统、测高计、夜视仪、自动操控仪—50年代晶体管、集成电路—电子计算机—1964年数控机床—工业机器人—70年代微型计算机—数字式程控交换机	第三次产业革命是在第二次产业革命形成的产业体系基础上的补充和完善
	新材料	①金属材料—合金钢、钛；②非金属材料—高分子合成材料：合成橡胶、塑料、合成纤维；③符合材料—玻璃钢系纤维复合材料、铝塑薄膜系选复合材料、金属陶瓷系细粒复合材料、飞机蜂窝夹层结构骨架复合材料等	
	新能源	核能、太阳能、生物能、风能、海洋能、地热能	
	航天技术	空间通信技术、遥测遥感技术、空间军事技术、空间运输和空间工业技术—1957年、1958年苏、美人造卫星—1959年苏、美人造太阳行星—1961年苏、美载人宇宙飞船—1969年"阿波罗"登月—20世纪80年代初哥伦比亚航天飞机飞行成功—1983年太空实验室	
	生物工程	①遗传工程；②细胞工程；③生物转化工程（酶工程）；④发酵工程	
	海洋技术	海底能源、资源开发、海洋空间利用、海洋环境保护、水产资源开发、海洋救捞、潜水技术、海底施工技术等	

产业革命	源技术	技术衍生	产业体系
第四次	可持续发展需求	改变人与自然的关系 电动车、新材料、新能源技术	对第二次工业革命时期形成的产业体系的替代，产业创新形成新产业体系
	人类自身发展的需要	以生物技术为核心，扩展到大健康产业等相关领域	
	改变生产过程的需要	以智能制造为核心、重点推进产业机器人、柔性生产体系建设，农业机械的智能化也在其列	
	改变市场模式的需要	信息对称，从供给改变需求向需求改变供给转变：定制工业、电子商务、物联网、VR 产业等	

资料来源：赵儒煜. 智人时代：预期支配的市场原理［M］. 吉林大学出版社，2017：53－56. 根据需求与产业体系的演变进行调整。

2. 产业组织层面分析

在微观层面，技术进步对劳动力市场上的职业需求与供给双方产生影响，进而作用于职业配置。在职业需求层面，随着三次工业革命的演进，职业劳动的组织形式发生变化，依次产生了单件小批量机械化生产的工厂制、批量流水线生产的公司制、大规模生产的巨型公司、跨国公司等企业组织形式，职业配置形态不断演变。企业基于成本——效益的绩效评估出发，产生技术采纳意愿和技术采纳行为，基于技术任务匹配产生新的技能需求。在职业供给方面，技术进步对职业技能需求的层次提高，对从业者和潜在从业者的职业预期产生影响，进而对职业教育、职业培训、职业迁移等人力资本投资需求产生引致效应。这在下一节关于人工智能技术对就业影响和职业配置效应的讨论中体现得更加显著。

（三）制度

职业配置是人的技能潜力不断释放与最大化的过程，其中制度是影响职业人力积累和优化配置的重要社会因素。一个社会的制度有正式制度和非正式制度两种，有关经济基础和上层建筑的法律、法规和制度属于正式制度范畴，社会上自发存在的观念、习惯、风俗、价值观等属于非正式制度范畴。正式制度和非正式制度组成了一个完整的社会制度①，前者具有强制性，后者具有非强制性，但两者在促进社会的发展，推动社会变革中都起到了重要的作用。职业配置受正式制度和非正式制度的深刻影响。

1. 正式制度对职业配置的影响

职业教育是职业配置的重要途径。20 世纪初期是西方各国职业教育系统形成的关键时期。通过分析西方各国不同类型职业教育系统起源的政治及社会因素，发现不同国家的政治制度与产业关系决定了各国不同职业教育系统的建立和发展②。多党的单一制国家容易形成国家层面统合，即大法团主义，建立起以学校为主、培养产业特定技能的职业教育系统；多党的联邦制国家易形成行业层面统合，即行业法团主义，建立起培养企业特定技能的、以公司内部培训为主的学徒制系统；两党制国家易于形成多元主义的产业关系，职业教育以培养通用技能为主，并被纳入在普通中学教育中。近年来的"去工业化"也给西方国家职业教育的发展带来了挑战。具有强大企业与工会组织及国家层面统合的国家能较好地适应并改革职业教育，而组织程度较低，及只存在行业层面统合，或多元主义的国家，不能很好地改革目前的职业教育系统。

2. 非正式制度对职业配置的影响

社会网络形成社会资本，是一种重要的非正式制度。社会网络在个人职业地位获得过程中提供两种重要资源：信息和人情。人情是一个复杂概念，在求职者求职过程中③，人情有两种作用机制，一类是按照"给予—回报"运作的社会机制，可称为资源贷记；另一类是按照"投资—收益"运作的经济机制，可称为资源交换。两类机制对于职业地位获得均有显著影响，但是随着年代变化，人们对于两类机制的选择却呈现出不同的趋势：资源交换的作用随市场发展逐步衰弱，资源贷记的作用始终显著，且有逐步增强的趋势。

3. 制度对职业配置的影响机制

制度对职业配置的影响机制，集中体现为制度对个体职业准备和选择行为的影响，主要包括：制度对个体的外在激励和约束，以及对其内在的偏好、认知和习惯等的影响和塑造，职业型组织内部的制度安排④。

· 55 ·

---

① 关于正式制度和非正式制度的关系，可参见文献：陈昭华，刘跃前. 论正式制度和非正式制度的关系 [J]. 科技进步与对策，2003，20（5）
② 具体分析可参见文献：马凯慈，陈昊. 政治制度、产业关系与职业教育的起源与发展——基于西方国家的比较研究 [J]. 北京大学教育评论，2016，14（3）
③ 具体分析可参见文献：孙宇，边燕杰. 职业地位获得中的人情作用机制 [J]. 社会科学战线，2017（5）
④ 具体分析可参见文献：[1] 黄凯南. 制度演化经济学的理论发展与建构 [J]. 中国社会科学，2016（5）[2] 梁强，徐二明. 从本体认知到战略行为偏向—制度逻辑理论评述与展望 [J]. 经济管理，2018，40（2）

（1）制度对个体的外在激励和约束的影响。制度通过界定个体行动的成本和收益，构成对个体行为的激励和约束机制。制度因而能够在一定程度上实现外部性的内部化，矫正由于外部性引起的无效激励。在这个意义上，制度类似于一种由个体间协商形成的定价机制，界定行动的成本与收益。

（2）制度对个体偏好的塑造和影响。大量有关内生性偏好的实证研究表明，社会政治制度、社会文化制度影响并塑造个体的偏好。显性激励制度通过四种机制影响社会性偏好，包括：提供有关激励实施者的信息，塑造决策场景，缓解外在控制对个体自主性的损害，以及对个体搜寻新偏好过程的影响等。

（3）职业型组织内部的制度安排。组织是一种特殊的制度，职业型组织，如医疗机构、教育机构。与混合型组织不同，职业型组织是泾渭分明的不同职业群体间的结合，组织内部代表不同群体、不同身份认同的多元制度逻辑会试图争夺话语权以确保其自身信念的实现、利益的保障。

4. 中国农民职业变迁

中国改革开放 40 年来，社会经历了深刻的制度变革，其中农业职业变迁是社会制度变革的一个缩影。从传统农民到农民工，再到新型职业农民，经历了从"以粮为纲"到多种经营，从单一的种植业到农林牧副渔全面发展，从农业到乡镇企业，从"离土不离乡"到进入小城镇直至大中城市非农产业的重新配置，从传统农民到乡村振兴国家战略实施下的新型职业农民培育。见表 2-4，中国改革开放 40 年，农民职业变迁在制度层面经历了激励改善与约束削减的变革历程。

表 2-4 　　　　　　　中国改革开放 40 年农民职业变迁

制度变革	内容描述	职业变迁
微观激励的改善：确认劳动成果的支配权	1982 年全面实施家庭联产承包责任制，按照人口和劳动力数量把土地承包到户，规定必须完成的农业税、统购数量和集体提留，增产部分完全归农户所有并自由支配	传统农民：以家庭为从业单位
剩余劳动力转移：从计划经济向市场经济体制转型	1983 年获准从事农产品的长途贩运和自销，第一次突破了就业的地域限制	第一代农民工：产业间转移的职业群体
	1988 年政府开始允许农民自带口粮到邻近城镇就业，第一次打破了城乡就业藩篱	
	20 世纪 90 年代初粮票等票证制度取消，农村劳动力进入各级城镇居住、就业不再遭遇有形的障碍	

制度变革	内容描述	职业变迁
回归职业本身：户籍制度改革土地三权分置乡村振兴战略	《国务院办公厅关于积极稳妥推进户籍管理制度改革的通知》（2012 年）、《关于进一步推进户籍制度改革的意见》（2014 年）	农民工市民化：职业纵向流动
	土地所有权、承包权、经营权三权分置、经营权流转（2014 年）《"十三五"全国新型职业农民培育发展规划》（2017 年）、《乡村振兴战略规划（2018～2022 年)》（2018 年）	新型职业农民培育：新型经营组织

资料来源：根据蔡昉．通过改革释放潜在增长能力 ［N］．北京日报，2018.8.6（14）等系列文献内容整理而得。

《"十三五"全国新型职业农民培育发展规划》指出，新型职业农民是以农业为职业、具有相应的专业技能、收入主要来自农业生产经营并达到相当水平的现代农业从业者。从传统农民身份的破除，到回归职业本身，培育新型职业农民以及特色农场、农业合作社、现代农业公司等新型职业组织形态，将贯穿于乡村振兴战略实施过程。努力让农业成为有奔头的产业，让农民成为有吸引力的职业，让农村成为安居乐业的美丽家园，离不开正式制度的持续变革，也离不开非正式制度的良性治理。其中社会网络作为政府、市场以外的第三种力量影响着农民工的职业选择。实证研究结果表明①，教育经历、村干部经历、名义强度、实际强度、地区异质对外出劳动力的合同签订有影响显著；性别、婚姻、教育经历、村干部经历、实际强度、区域差异对农民工成为雇主有影响显著。政府可以通过相关公共政策引导，鼓励和支持各种非政府组织对迁移网络进行指导，加强相邻区域地理距离互动和文化相通互动产生的宏观社会网络建设，发挥其信息传递、权益保护的作用，进而形成农民工更广泛沟通的社会网络。

三、职业配置情境的人—机—环境分析

职业配置是从业人员进行职业选择的过程，人、物、事的合理组合和有效配置是讲求提高职业效益的一个基本保障。基于工效学管理思想的人—机—环境情境分析，为有效应对人工智能时代对职业管理的挑战提供了思路和借鉴。

---

① 具体实证过程参见文献：胡金华，应瑞瑶．社会网络对农民工职业类别影响机制及多元 Logistic 验证 ［J］．求索，2010（10）

（一）工效学

人类工效学（ergonomics）是近来引起关注的边缘学科，作为一门独立的学科已有 40 多年的历史。"ergonomics" 一词由两个希腊词根组成。ergo 的意思是出力、工作，nomics 的意思是正常化、规律，因此 ergonomics 的含义是研究人在生产和工作中如何合理和适度地劳动的问题。国际工效学会给人类工效学下的定义为："研究人在某种工作环境中的解剖学，生理学和心理学等方面的各种因素，研究人和机器及环境的相互作用条件下，在工作中，家庭中和休假时，怎样统一考虑工作效率，人的健康，安全和舒适等达到最优化问题的学科。"在我国，这门学科尚处于初创阶段，所用名称也不一致，除 "人类工效学"外，也用 "工效学" "人机工程" "管理工效学" 等名称，本书采用 "工效学"的称谓①。

工效学应用生理学、心理学、卫生学、人体测量学、社会学、工程技术学和管理科学等领域的知识，研究人、机器、环境这三者的相互关系，如何设计和改进，使系统得到最佳工作效果，同时保证人的安全、健康和舒适。这个系统中的人是指作为主体工作的人；机器是指人所控制的一切对象的总称；环境是指人与机共处的特殊条件，它既包括物理因素的工作环境，也包括社会因素的外在环境。工效学的研究内容主要包括：①人的能力；②人—机交互；③环境对人的影响。工效学的目的有三个：第一，使人工作得更有效；第二，使人工作得更安全；第三，使人工作得更舒适。本书将运用工效学的管理思想和分析框架，把人机互动、人与环境的关系作为职业配置分析的情境内容，并结合人工智能时代背景进行分析。

（二）职业人力

职业人力即从事职业劳作活动的从业人的人力，它的实质是从业人的职业劳作或创造财富的生物力，包括从业人的脑想、眼看、耳听、嘴说、手动、脚行等能力，可分为脑力、眼力、听力、说力、手力、脚力以及创新力等。职业人力存在于从业人体中，它是从业人体组织具有的能力，从业人的职业劳作活动就是职业人力利用的活动。职业人力本质上是人生命机体的高级生物力，作为一种力，它既具有与低级生物力的畜力和人造的机器的机械力相同或相似的一般特点，又具有与畜力和机械力不同的个性特点。一般特点包括：有限性、

---

① 关于工效学介绍的期刊文献可以参阅：方蕙（1987）；陈立（1988）；杨学函（1991）；郭伟（1993）；廖建桥，沈荣芳（1993）；杨学涵，宋文杰（1996）；杭轶涛（1999）；许为（2003）；胡建屏（2008）等。关于工效学与人力资源管理的期刊文献可以参阅：杨倚奇（1999）；赵曙明，朱久华，等（2006）；娄之歆，张洁云（2006）；张其娟（2013）；廖光继，易树平，等（2016）；孙瑞杰，曹琳（2017）等

再生性、递减性、自耗性，个性特点包括：高智性、能动性[①]。

（三）人机互动

工效学的"人机互动"从人的自然性角度出发，在充分理解和肯定人在生理和心理上缺陷的存在会给工作效率带来影响的同时，也强调了机器、环境对人工作效率的影响作用。需要了解工作者身体的生理数据，例如，身高，体重，视力等，可以通过身体测量得知；对工作者心理特质，例如，耐心，细心，果断等素质的要求则可以通过心理测评实现。见表2-5，站坐姿势中职业劳作最大作业区限。高度重视人体的生理负荷能力和供能能力对员工的工作效率和工作安全约束，应研究从业人的职业人力及其利用限度，探讨职业人力的合理利用与科学管理问题。

表2-5　　　　　　站坐姿势中职业劳作最大作业区限　　　　单位：cm

姿势	区	限	男	女
站式	上界限	手向上伸直至手腕的长度	190	170
	下界限	手向下伸直手心至地面的高度	82	77
坐式	上界限	座位上方从肩到手臂的长度	112	106
	下界限	座位下方手臂下伸的长度	4	3

资料来源：何杏青．工效学［M］．中国劳动出版社，1995

讲求科学职业劳作。在人类的历史上，人机互动经历了不同时代的演进：手工工具时代的人机互动——人绝对主导的弱互动、机器时代的人机互动——机器高度独立甚至"反控"的弱互动、网络时代的人机互动——人机高度融合的强互动[②]。在合理范围和限度内职业人力可以正常发挥作用，这是科学合理使用职业人力的生理界限。无论从事种植、养殖、纺织、建筑、加工、商贸、运输等三百六十行的哪种职业，都有既定的科学要求，主要包括两个方面，一是劳作资料的科学要求，尤其是复杂的机器设备，凝结着复杂的科学技术，它限定人的使用，必须严格按照它的使用说明要求操作，为此要了解它的机理，掌握它的操作方法，按照它的科学要求操作使用；二是劳作业务秩序的科学要求，即是先做什么？后做什么？怎样做？以及如何与他人衔接配合，要明确按规范要求做，并且应主动钻研业务，探索最合理的方式和方法，讲求少

---

① 关于职业人力概念与特点的分析，参阅文献：齐经民，刘翠娟．职业人力及其适用限度与利用管理探讨［J］．西北人口，2002（4）
② 关于人工互动演进的技术哲学分析，可参见文献：谢玉进．人机互动演进的哲学解读［J］．学术论坛，2009，32（7）

花费多收入，争取获得最佳的职业效益。

（四）人—环境互动

工效学的最终目标是改善具体的工作场景，产生最大的效益。工作环境包括外在环境和内在环境，如果将职业配置视为一个系统工程，"环境"要素既包括系统内人工作、生活的特定环境，更包括系统所处的生态、社会、文化环境。

高层次科技人才是我国人才队伍的重要组成部分，是科技进步和社会发展的重要贡献者。科技人才的成长环境越来越得到重视，国家相继出台了一系列政策为科技人才创造良好的科研环境。环境因素究竟对科技人才的能力成长有着怎样的作用，可运用实证研究的方法进行相关研究①。

高层次科技人才的能力与所处的环境因素之间具有密切的关系。根据以往文献中对于高层次人才能力与环境因素的相关表述设计了调查问卷，问卷主要分为三个部分，第一部分：基本信息，包括 4 个题项，内容涵盖性别、年龄、教育经历、是否获过省部级以上基金支持等，用以了解被调查对象的基本特征。第二部分：能力部分，包括 12 个题项，内容如表 2-6 中 Y 项所示，用以了解高层次科技人才的能力构成情况。第三部分：环境因素部分，包括 14 个题项，内容见表 2-6 中 X 项，用以了解高层次科技人才的成长环境因素构成情况。

表 2-6　　　　　高层次人才能力与环境因素关系调查题项

编号	题项
Y1	针对新的事物和新的理论，我能够较快地消化吸收
Y2	我能够不断学习，充实提高自己
Y3	对于工作中出现的问题，我可以提出有创意的解决方案并付诸实施
Y4	我能够没有障碍地阅读外文学术文献并选取所需研究信息
Y5	我对专业问题有敏锐的洞察力，能够捕捉热点问题
Y6	我有较强的研究能力，能够选择正确的研究方法
Y7	我能够有效地了解团队成员的工作情况
Y8	我能够与团队成员之间通过不同方式交流、分享经验教训
Y9	我能够根据团队成员的个人特点创造相应条件，让其发挥自己的特长
Y10	我能够经常关心团队成员，合理地安排工作

---

① 具体分析内容，参阅文献：闫国兴，齐经民. 高层次科技人才能力与环境因素关系研究 [J]. 企业经济，2014（5）

编号	题项
Y11	我能够正确分配人才群体的知识结构、年龄层次、专业类型、性格特点
Y12	我拥有丰富的决策经验，并坚定对决策直觉的信念
X1	我能够获得单位给予的发展机遇
X2	我认为单位的薪水制度能够做到基本公平
X3	我认为自己的能力与特长在工作中能够得到发挥
X4	我认为领导对我的岗位调动符合我的个人期望
X5	在工作中，我可以得到非常多的培训机会
X6	我能够很好地驾驭现在的家庭生活
X7	每天下班回家，我都能感受到家庭的温暖并得到相应的休息
X8	在家庭中，家务劳动分配比较合理，我能够将部分精力投入在工作中
X9	我能够协调好家务劳动与工作任务之间的关系
X10	我国的市场经济环境给我带来了更多的机遇和挑战
X11	社会舆论在我们单位处理日常事务中起着非常重要的作用
X12	和谐的社会文化环境，令我们摆脱了传统思想的束缚
X13	国家的科研政策为我提供了心理上的支持
X14	我认为国家的劳动政策和保险政策能够满足我的需求

资料来源：闫国兴，齐经民. 高层次科技人才能力与环境因素关系研究［J］. 企业经济，2014（5）

高层次科技人才与环境相互作用的过程同时，也是其能力形成的过程，问卷能力部分和环境因素部分采用李克特五点量表，选项内容分为非常同意、比较同意、不确定、不太同意、非常不同意五项。运用统计分析软件进行调研数据分析得出以下结论：高层次科技人才能力与环境因素总体显著相关；工作环境因素、社会环境因素与家庭环境因素都与沟通协作能力显著相关；工作环境因素和家庭环境因素都与学习创新能力显著相关；社会环境因素与研究决策能力显著相关等。

（五）人工智能时代的职业配置

同历史上历次工业革命的影响类似，人工智能对就业的影响、工作的替代、职业的重塑成为时下社会各界讨论的热点问题。

1. 人工智能的发展

人工智能（artificial intelligence，AI），是一门新兴的研究、开发用于模拟、延伸和扩展人的智能的理论、方法、技术及应用系统的技术科学①。经过60余年的发展，人工智能经历了三个发展阶段。一是会计算，这是人工智能的0.1版本，始于阿兰·麦席森·图灵（Alan Mathison Turing）。二是会推理，这是人工智能的1.0版本，1956年约翰·麦卡锡（John McCarthy）提出了人工智能的概念，并发明了人工智能程序设计语言，主要解决符号逻辑问题。三是会学习。21世纪初，大数据和机器学习的迅速发展带动了新一轮人工智能热，出现了人工智能2.0。未来会不会有人工智能3.0？现在有很多设想，譬如，把人的智能和人工智能结合在一起，或者拥有更高智能的机器人。根据智能发展水平，人工智能或分为弱人工智能、强人工智能、超人工智能。

人工智能相对于人类智能而言，人工智能的最终目的是探讨智能形成的基本机理，研究利用自动机模拟人的思维过程。近期目标是研究如何使用计算机去做那些靠人的智力才能做的工作。当前人工智能和大数据尚处于初步发展和布局起步阶段，主要应用有三类：一是"人工智能＋场景"，比如智能服务，或者叫个性化主动服务；二是"人工智能＋硬件"，比如说智能驾驶、智能机器人；三是"人工智能＋制造"，也就是智能制造。当前世界各国纷纷抢占以人工智能和大数据为代表的新科技革命窗口期，陆续发布相关战略规划。2017年7月20日，中国正式印发了《新一代人工智能发展规划》，提出人工智能发展的"三步走"战略目标，标志着人工智能发展已被上升为国家战略。人工智能对经济社会发展的效应初步显现，对就业和职业发展的影响成为一个重要方面。

2. 职业的兴替演化

人工智能技术催生新行业新技能，促进职业深化、广化、细化，部分职业逐渐被取代，部分职业因为工种的变化而改变职业类型和结构，同时会因产业需求而产生新职业。

（1）新职业需求。人工智能基础研究、技术研发及应用所需的芯片、机器学习应用、自然语言处理、智能无人机、计算机视觉与图像等领域人才匮乏，说明人工智能及衍生行业的职业容量大，职业供给远未达到市场需求。

对人才的争夺和培养是各国发展人工智能的重要策略。在各国发布的人工智能战略中，人才都是重要组成部分。美国白宫发布的《为人工智能的未来作好准备》以及《国家人工智能研发战略规划》中，对如何吸引人才着墨甚多。英国政府科学办公室发布的《人工智能、未来决策面临的机会和影响》也对如何保持英国的人工智能人才优势有特别说明；英国下议院科学技术委员会发布的《机器人技术与人工智能》调查报告中，对英国政府能否吸引人才从而保证英国在人工智能领域的领导力提出了敦促和质询。加拿大启动"泛加拿大

---

① 吴中海. 中国新经济驱动力之大数据与人工智能［J］. 政治经济学评论，2018，9（4）

人工智能战略"，重点提出增加加拿大人工智能领域的卓越学者和学生数量。中国《新一代人工智能发展规划》把高端人才队伍建设作为人工智能发展的重中之重，坚持培养和引进相结合，完善人工智能教育体系，加强人才储备和梯队建设，特别是加快引进全球顶尖人才和青年人才，形成人工智能人才高地。

（2）工作替代。国际上影响广泛的是英国牛津大学调查预测的能够被人工智能及机器取代的工种。牛津大学 2013 年的论文——《未来 10 年"即将消失的职业"》引发人类焦虑。根据牛津大学对 702 个工种的全面调查，白领以及将近一半的手艺人有可能会被机器取代。

从事人工智能领域研究的牛津大学副教授迈克尔·A.奥斯本（Michael A. Osborne）与卡尔·本尼迪克特·弗雷（Carl Benedikt Frey）合著的论文《未来的雇佣状况——计算机时代的到来是否会导致失业》（*The Employment Situation in the Future—Whether the Arrival of the Computer Age Leads to Unemployment?*）中，列举说明了一些有可能被计算机代替的工作，其中一部分有 98% ~ 99% 的可能性将被代替，工作种类及被电脑替代的概率见表 2 - 7。金融、会计、法律业务（如司法代书人等）的大量上榜十分引人注目。这些职业对专业性以及个人应对能力（酌情判断以及表里如一）要求不高，比较容易被机器人取代。该论文把可能性为 0 ~ 99% 的总计 702 个职业加以排序。其中概率在 90% 以上的职业有 171 种，80% ~ 89% 有 93 种，70% ~ 79% 有 52 种，60% ~ 69% 有 56 种，50% ~ 59% 有 32 种。但是被代替的概率不足 1% 的职业也有 49 种，包括通过创造性思维来解决问题的工程师、社会工作者、职业（人生）指导老师、分子生物学家之类的研究人员、婚姻咨询师、护士、康复治疗师、应急总指挥之类。

表 2 - 7　　　　　　　容易被电脑替代的工作种类（部分）

名称	概率（%）	名称	概率（%）
电话销售员	99	信贷员	98
文档管理和搜索	99	保险理赔核保员	98
裁缝（手工缝制）	99	金融机构出纳	98
数学技术员	99	采购员	98
保险背书人	99	物流管理员	98
纳税申报代理	99	银行信贷分析师	98
开户柜员	99	零件零售	98
图书馆辅助人员	99	申请审批核查人员	98

名称	概率（%）	名称	概率（%）
数据输入员	99	司机和销售人员	98
保险申请合同审核员	98	法律秘书、律师助理	98
经纪业务员（数据处理员）	98	预约前台、会计、会计文员	98
订单管理员	98	—	—

资料来源：AI商业时代：人工智能如何改变商业、就业和社会［M］.日经大数据编，杨玲等译.机械工业出版社，2017：123－124

总之，工作替代与职业创造并存，基本共识在于人工智能将主要替代规则性较强的劳动，劳动力需求结构将发生变化。在人工智能时代，人—技术—环境分析视角下职业配置将呈现新的特征。

3. 职业人力的拓展

相比于人类历史上的技术进步，人工智能对人类职业的影响是全面的、深刻的甚至是颠覆性的。近代工业化以来，机器是技术的载体，人与机器的关系是职业配置的重要内容。机器工业时代，机器只是人的身体或四肢的替代、拓展，而随着大数据和人工智能的发展，用于模拟、延伸和扩展人的智能的机器，部分的具有了类似于人的"大脑"，已经根本区别于机器和一般机器人的机械力。"阿尔法狗"（Alpha－Go）与李世石、柯洁的人机大战，震撼人类的认知。工效学视角下传统职业人力以体力为主要分析内容，人工智能时代的人机关系将拓展为脑力和智力的替代和互补。这一拓展是革命性的，深刻触及人类的本质，涉及职业伦理，甚至法律规范。

4. 人机交互的改变

人机关系，可以分为替代关系和互补关系。人工智能的发展，会在适用的工作领域替代人的工作任务，而非替代整体职业；人机互补将成为人机关系的主要内容，通过人机交互实现和谐的人机互动，将成为职业发展图景中的新现象。如在医疗领域，人工智能收集的大量数据有助于帮助医生提高判断的准确率，但不会取代医生。在教育领域，人工智能可以帮助减轻教师的工作量，比如分析学生的行为表现、优化课程、修改作业、回答问题，但不是取代教师职业；因为人工智能必须依靠人类的程序员设计，而教与学过程中的激励等情感支持与交流是人工智能所难以替代的。

工作任务中非规则性劳动尤其是创造性劳动的比重趋于提高，人机协同工作将逐渐成为一种重要工作模式。《人工智能、自动化与经济报告》（*Artificial Intelligence, Automation, and the Economy*）指出，未来可能出现直接由人工智能驱动的工作，包括人类与现有人工智能技术合作、开发新的人工智能技术，在实践中监督人工智能技术以及由新的人工智能技术所引发的社会范式变革①。这种劳动分工的改变，将促使人类和机器之间的合作不断加强与深化，未来的劳动者应该学会与人工智能系统进行有效沟通，才能完成"人—机"的协作活动，而该种能力实际上完全取决于人类对机器的了解、判断和互动等认知②。

人工语言与人类语言交互是人机交互的重要内容。目前，机器人的主要工作领域，是在人类不能到达，或不便到达的一些特殊岗位，如探险、救灾、高空无人监测等。近来，随着人工智能、特别是语言智能的发展，机器人具有了一些与人类交流的语言能力，逐渐进入到一些生活领域和生产行业，例如机器翻译、新闻写作、机器作诗、儿童社交机器人、商贸后台服务等。国内学者李宇明基于语言交际难度③，将机器人进入人类生活、生产领域的顺序虚拟为：①博物馆、展览会等的讲解员；②导医、导购、指路等导引行业岗位；③商贸等的后台客服；④咨询活动，高级的咨询活动是经济咨询、法律咨询、学术咨询等；⑤陪聊、陪玩等娱乐伴侣；⑥一般翻译工作；⑦秘书、记者等助手，做一些简单写作和数据整理等工作；⑧家政、医护及老年人、儿童、家庭宠物等照看工作；⑨学习的帮助者，由机器人家教发展到机器人教师等；⑩其他。在人机交互过程中，从业者能否理解人工智能机器人的行为，将成为从业者必须学习和掌握的技能。

5. 人与环境关系的改善

（1）工作环境趋于改善。由于规则性较强的劳动被人工智能大量替代，再加上人工智能还能完成超过人类体力或脑力负荷的任务，所以对很多劳动者而言，人工智能将辅助或支持其更好地工作，或是减轻劳动强度和工作压力，或是提高劳动效率与工作水平，或是增强工作安全性。如自动感应、智能控制系统在农业灌溉、家居生活、公共场所的运用，能在节省人力、提高效率的同时，极大改善人们的主观体验，享受到便捷而低廉的个性化服务，从而产生强烈的幸福感和经济发展的获得感。

（2）工作场所日趋智能。智能技术的运用使得原有工作环境在硬件方面趋于智能、软件方面更加精准，智慧工作空间与环境、工作与任务、智慧组织与管理成为人与环境关系的新情境。如在教师职业发展中，人工智能技术的应用将深刻改变学校教育基础设施和教师发展职业环境。中国教育部办公厅印发《关于开展人工智能助推教师队伍建设行动试点工作的通知》（2018年8月31日），将在宁夏和北京外国语大学开展人工智能助推教师队伍建设行动试点工

---

① Kristin Lee. Artificial Intelligence, Automation, and the Economy［EB/OL］.［2018. 9. 10］https//obam-awhitehouse. archives. gov/blog/2016/12/20/artificial-intelligence-automation-and-economy
② 潘天君，欧阳忠明. 人工智能时代的工作与职业培训：发展趋势与应对思考——基于《工作与职业培训的未来》及"云劳动"的解读［J］. 远程教育杂志，2018，36（1）
③ 李宇明. 迎接与机器人共处的时代［N］. 光明日报，2017 – 8 – 7

作。具体行动包括：教师智能助手应用、未来教师培养创新、教师智能研修行动、智能教育素养提升等，在语音识别、自然语言处理等人工智能应用领域，建设一批智能教室、高校教师发展智能实验室，实现教育教学的智能测评和诊断，采集教师教学、科研、管理等方面的信息，形成高校教师大数据，建立教师数字画像等。

6. 职业配置选择行为应对

（1）政府层面。从现代化治理的高度，把握人工智能技术属性和社会属性高度融合的特征，系统布局，实施引领。按照我国国务院印发的《新一代人工智能发展规划》，将加快培养聚集人工智能高端人才列为重点任务之一，并妥善应对人工智能可能带来的挑战，提出大力加强人工智能劳动力培训的保障措施。加快研究人工智能带来的就业结构、就业方式转变以及新型职业和工作岗位的技能需求，建立适应智能经济和智能社会需要的终身学习和就业培训体系，支持高等院校、职业学校和社会化培训机构等开展人工智能技能培训，大幅提升就业人员专业技能，满足我国人工智能发展带来的高技能高质量就业岗位需要。加强职工再就业培训和指导，确保从事简单重复性工作的劳动力和因人工智能失业的人员顺利转岗。

（2）组织层面。各类企业及教育、医疗等职业活动组织，从人—机和谐共生角度，构建职业发展的良好微观环境，为人工智能技术的运用与职业更迭创造积极条件。随着企业在设计、生产、管理、物流和营销等核心业务环节应用人工智能新技术，企业智能化升级步伐加快，新型企业组织结构和运营方式涌现，制造与服务、金融智能化融合的新业态迭出，要求企业和各类机构为员工提供人工智能技能培训。在教育领域，推广智能技术加快推动人才培养模式、教学方法改革，构建包含智能学习、交互式学习的新型教育体系，助推教师队伍建设。清华大学、南京大学、西安交通大学、北京航空航天大学等国内26所高校联合建议科学设置人工智能的专业类，强调学校应该根据自己的条件与优势，制订有特色的培养方案和课程体系，与国家规划建设人工智能学科形成良好互动。

（3）个体层面。从个人职业生涯规划角度，立足自身职业发展阶段，适应人工智能发展趋势，做到学会学习、持续学习、终身学习，重视培养和拥有难以传授的无形技能，如情商、好奇心、创造力、适应性、韧性和批判性思维等。正如美国拉斯维加斯内华达大学社会学系教授西蒙·戈特沙克（Simon Ge.）表示，"未来的工作者需要更高层次的技能，尤其包括高效联网、公共关系处理、跨文化敏感性、市场营销以及社会、情感型智力等的能力。当然，传统技能之外的创造力和批判性思维也在其中"[1]。这些无形技能决定着组织

---

[1] Lee Rainie, Janna Anderson. The Future of Jobs and Jobs Training [R]. Washington DC: Pew Research Center, 2017

运行的有效性。为此，人工智能时代的从业者或潜在从业者要掌握"人—人""人—机"以及"人—世界"的沟通能力，提高面对瞬间出现的突发性问题的处理能力，提升面对新认识产生批判性认知和思考的能力，以为在人工智能时代成功实现职业获取和工作转换做好技能准备。

第三章 商贸职业经营

商贸是指从事销售，购销，批发，零售，国外贸易，国内商业等经济活动，并自愿以货品或服务交换。商贸业是与居民日常生活联系十分紧密的行业，也是城市的主导产业，对满足与引导消费、完善市场体系、促进整个国民经济发展具有重要作用。新常态下我国经济发展速度放缓，重点着眼于经济结构调整，实现可持续发展，这给我国商贸业发展带来了新的挑战。同时我国居民消费层次、消费结构、消费方式和消费理念均发生了深刻变化，对商贸业从业者提出了更高要求。

一、商贸职业及其作用

商贸职业十分重要，是整个社会分工与合作体系中的一个枢纽，关联三百六十行，联通生产劳作与生活消费。首先，明晰商贸职业的概念和功能，其次，进一步阐述商贸业在国民经济中的重要作用。

（一）商贸职业的概念和功能

国际标准产业分类中并没有商贸业，本研究在界定商贸职业概念的基础上，从产品流通过程出发，探析商贸职业经营人的各项功能。

1. 商贸职业的概念

商贸职业即是商品交易职业，是指人从事的以货币为媒介的商品买卖交易活动的事业，从主体上讲，包括从事单一商品交易的个体经营单位，从事多种商品交易的综合经营商家，以及从事商品买卖活动的商品生产者等；从活动空间上讲，包括本地贸易、国内贸易和国际贸易。

2. 商贸职业的功能

流通是市场经济的关键环节，商贸业是商品流通的枢纽，商贸从业者连接着生产和消费，是调节商品生产和需求的蓄水池；连接着国内市场和国外市场，是资源配置的天然润滑剂。保证了商品流通的起点、中间阶段和最终阶段的有效畅通。

（1）提高销售活动的效率。在全球经济快速发展的时代，各种商品琳琅满目，充斥着各个市场。如果由生产厂商直接销售给消费者，将是一件非常庞大和费时的工作，消费者除了要在众多生产者之间挑选外，还要考虑联系厂家、运输、保险和仓储等一系列问题。商贸职业者通过各种线上和线下形式的销售，无疑降低了销售活动的时间成本和资金成本，提高了销售活动的效率。

（2）监督和检查产品。商贸职业者在订购产品时，可以依托专业人员、相关机构和行业经验考察生产厂家的产品设计、工艺、生产、服务等质量保证体系。根据厂商的信誉和品牌选择商品、根据国家或行业相关标准检验商品、销售时也会将商品划分等级。这些监督和检查的环节，为消费者购买到合格产品提供了保障。

（3）分销和储存产品。在国内外市场上从不同的生产厂家购买产品，再将产品通过不同的分销方式销售到消费者手中。在整个流通过程中需要运输、储存和保护商品，还涉及购、销、调、分包、加工和拆零。

（4）传递信息。商贸职业人是沟通产需的重要桥梁，在向生产厂家购买商品和向消费者销售产品的过程中，向厂家介绍消费者需求和市场信息及同类产品厂家的相关情况；也会向消费者传递各类产品和厂家的信息；是供求信息反馈的最直接、最有效的途径，促进了厂家间竞争，提高了产品的质量，实现了资源更有效配置。

（二）商贸业的作用

商贸业在三次产业划分中，属于第三产业，与居民日常生活联系十分紧密，也是城市的主导产业，对促进生产要素流动、优化资源配置、提高工业化质量和促进城市化进程具有重要作用。

1. 优化资源配置

我国 2017 年国内生产总值 827122 亿元，比上年增长 6.9%，其中社会消费品零售总额 366262 亿元，比上年增长 10.2%。欧美经济危机爆发以来，投资和净出口在拉动经济增长的三驾马车中贡献率有所下降；国内消费对经济增长的拉动作用越来越大，商贸业的重要作用逐渐凸显。市场经济条件下资源供给约束已不是区域经济发展的主要约束，商贸业具有跨越行政区划、优化资源配置及生产要素配置的优势，促进商品市场体系进一步完善；依靠强大的商贸业和日益专业化的细分市场可大大降低优化产业结构的成本；依靠商贸业和市场可以解决许多结构调整难题。

2. 带动区域经济发展

从微笑价值曲线理论可以看出，整条商品供应链上制造业是最低端的，最具有赚钱效应的是产品研发和流通服务，商贸业可以成为决定一个区域经济发展的先导产业和主导产业，商贸业与市场有效的融合可以增加一个区域的经济能量，形成"良性循环"；依靠商贸业和市场可以使一个区域形成"商贸带动型经济体系"。如义乌国际商贸城通过小商品市场的现代化延伸，现拥有营业面积400多万平方米，商位7万个，从业人员达20多万人，日客流量20多万人次，是国际性的小商品流通、信息、展示中心。

3. 提高工业化发展质量

在市场经济条件下，决定流通的因素是市场供求，其中需求是构成市场的基础，商贸业通过其对消费需求的高度敏感性，向生产市场及时反馈信息，引导生产和消费，在全面建成小康社会的过程中，人们的消费需求日益多样化和高层次化，消费需求最终实现靠流通，这对作为供给侧的工业提出更高的要求，促进市场有效供给结构进一步优化，提高消费质量，为工业化提供动力与导向，促进工业规模扩大和结构改革，促进工业生产的良性循环，提高工业产业竞争力。

4. 促进城市化发展进程

商贸业是集购物、休闲、娱乐和商务为一体的大市场，对上下游产业链条整合功能极强，是城市具有活力的基础，没有商贸业发展，城市是"孤城"和"死城"；商贸业是城市化进程中吸纳大量劳动者就业的主渠道之一；增强城市功能、构成城市核心竞争力的决定性因素；商业文化影响城市文化的发展；现代商贸业能进一步启动和激活最终消费需求，提高边际消费倾向。

二、我国商贸业现状和发展趋势

近年来我国商贸业发展出现许多新情况、新问题和新趋势。例如，社会消费品零售总额和进出口贸易总额保持增长但增幅趋缓；商贸业对经济增长贡献度持续增加；互联网快速发展而带来的线上销售对传统的销售手段的巨大冲击，"90后"成为消费主力，消费的个性化和多样化趋势明显；线上线下销售方式融合发展；以及社区商业快速发展。这些新的变化和趋势，在繁荣了我国商贸业的同时，也带来很大的挑战，急需创新型商贸领军人物和各种专门技术人才，商贸职业经营模式也需要不断地创新。

（一）我国商贸业现状

商贸业泛指销售，购销，批发，零售，国外贸易，国内商业等经济活动，其发展状况可以通过社会消费品零售总额、国际贸易、吸纳就业情况、跨境电商和对经济增长的拉动等指标显现。

1. 社会消费品零售总额增幅趋缓

见图3-1，2017年全年，社会消费品零售总额366262亿元，比上年增长

10.2%。其中，限额以上单位消费品零售额 160613 亿元，增长 8.1%。按经营单位所在地分，城镇消费品零售额 314290 亿元，比上年增长 10.0%；乡村消费品零售额 51972 亿元，增长 11.8%。按消费类型分，餐饮收入 39644 亿元，比上年增长 10.7%；商品零售 326618 亿元，增长 10.2%。在商品零售中，限额以上单位商品零售 150861 亿元，比上年增长 8.2%。2017 年全年，全国网上零售额 71751 亿元，比上年增长 32.2%。其中，实物商品网上零售额 54806 亿元，增长 28.0%，占社会消费品零售总额的比重为 15.0%；在实物商品网上零售额中，吃、穿和用类商品分别增长 28.6%、20.3% 和 30.8%。

近十年来，我国社会消费品零售总额不断增加，但是增速却一直呈现减缓的趋势，2008 年是增长的峰值，增速高达 22.72%，此后各年均未达到 20%，近三年的增速基本维持在 10% 左右。

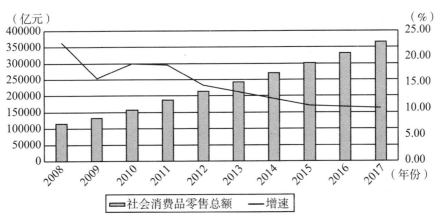

图 3-1　2008~2017 年我国社会消费品零售总额

资料来源：国家统计局。

2. 进出口贸易总额波动中回升

见图 3-2，2017 年世界经济温和复苏，国内经济稳中向好，推动我国外贸进出口持续增长。2017 年，我国货物贸易进出口总值为 27.79 万亿元人民币，比 2016 年增长 14.2%，扭转了此前连续两年下降的局面。其中，出口 15.33 万亿元，增长 10.8%；进口 12.46 万亿元，增长 18.7%；贸易顺差 2.87 万亿元，收窄 14.2%。从贸易伙伴上来看，我国对前三大贸易伙伴进出口同步增长，与部分"一带一路"倡议沿线国家进出口增势较好。同时，从出口企业比重上来看，民营企业进出口增长比重提升，进出口总额 10.7 万亿元，增长 15.3%，占我国进出口总值的 38.5%。另外，从地域分布上看中、西部和东北三省出口增速高于全国整体。

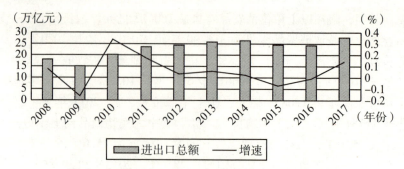

图 3-2　2008~2017 年我国进出口贸易总额

资料来源：国家统计局。

受国际经济形势变动影响，十年来，我国进出口贸易总额的增长有一定的波动，除了 2009 年、2015 年和 2016 年有小幅回落外，其余年份均处于增长状态，但增幅减缓。

3. 对经济贡献度增加

2016 年，我国国内生产总值 743585.5 亿元，比上年增长 6.7%，其中第三产业增加值 383365.0 亿元，同比增长 7.7%，在国内生产总值中占比 51.6%，商贸业（批发零售业）增加值约 7 万亿元，对国内生产总值的贡献率高达 9.6%，在第三产业中的比重约 18.6%。见图 3-3，2007~2016 年，批发零售业的发展基本和经济增长同周期，历来增长稳定、波动性小，且增速快于同期国内生产总值增速。

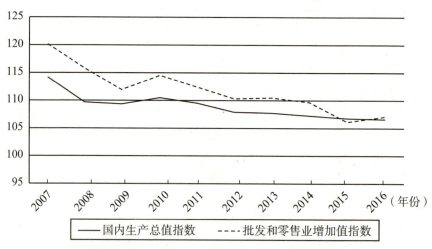

图 3-3　2007~2016 年商贸业增长情况

资料来源：国家统计局。

4. 跨境电商企业发展迅猛

在我国尚未进入大数据环境的发展时期，每年的出口贸易增长速度不到10%，在进入大数据环境后，出口贸易额不断增长，其中跨境电子商务的贸易额出现成倍上涨的状态。在大数据形势下，跨境电商企业的发展愈加迅速，根据国家统计，2015 年跨境电商企业的出口贸易占比与 2016 年相比，增加132%。同时，我国国内的跨境电子商务平台逐渐建立起来，随着其商务领域的市场越加庞大，自 2015 年起，阿里巴巴、亚马逊、网易海淘等跨境电子平台的数量逐渐增多，每家平台的订单成交量也逐渐增多，致使跨境电商企业的经济、规模等方面的发展也越加迅速①。

5. 商贸从业人员不断增加

商贸业是吸纳劳动力较多的服务行业，2016 年全国规模以上批发零售企业就业总人口达 1193.6 万人，比 2007 年增加了 590 万人，十年间增长了近 1倍。个体和私营企业数的从业人口在商贸业中占据很高比例，在我国 3 亿多的个体和私营企业就业人员中有 1.2 亿人是商贸职业经营者，占比高达 40%，是我国现代服务业中吸纳劳动力最多的行业。

（二）我国商贸业发展新趋势

随着经济全球化的快速发展，"一带一路"倡议的提出，互联网、轨道交通等技术的快速发展；以及人们消费习惯和消费方式的个性化及多样化变化，商贸业的发展也出现的一些新的趋势。

1. 业态多元化和空间跨国化

截至 2016 年，我国商品批发零售亿元以上商品交易市场个数达 4861 个，限额以上批发业法人企业单位数为 95066 个，零售业法人企业单位数为 98305个，在居民消费结构不断升级背景下，单纯依靠商品销售的粗放型发展模式已无法适应市场需求，未来的商贸行业将朝多业态方向转型，围绕多样化、个性化的消费需求展开，各类商业综合体将聚合教育、亲子、医疗、健身、旅游、商务等更加多样的服务业态，从以往单纯的购物中心逐渐转型为体验中心，为消费者提供全方位一站式的服务体验。如天虹百货逐步开始推动自身转型升级，将旗下门店统一采取主题场景布局，零售、餐饮与娱乐三大板块按照2：1：1 的比例布局，为消费者营造出舒适的购物环境，同时也满足了不同消费群体的购物、休闲、娱乐需求②。

经济全球化的特征之一是生产要素的跨国流动和消费的全球化，我国居民的境外消费和跨境购买量迅速增长。2015 年中国出境游客达到 1.2 亿人次，

---

① 张玮玮. 大数据下跨境电商人才培养的机遇与挑战［J］. 现代营销，2018（2）
② 《中国零售行业发展报告（2017 年)》

海外购物消费达到 8000 亿元，过去 10 年保持了 25% 以上的年复合增长，再加上进口零售电商约 1200 亿元的市场规模以及无法统计的海外代购，中国消费者的整体境外消费已经超过 9200 亿元，占国内社会消费品零售总额的 3% 以上，对境内消费的挤出效应明显。

2. 线上销售线下销售相融合

近年来，实体店受到网络零售巨大冲击，销量和利润空间都在不断缩减，经营陷入困难，而电商企业在经过几年的快速发展后，流量红利消退，发展也遇到瓶颈，缺少客户体验，品质和售后缺乏保障等，实体零售与网络电商正逐步从独立、对抗走向协作和融合。二者的融合是优势互补、实现共赢的未来之路。如苏宁电器打造苏宁易购平台，线上、线下同价销售；阿里巴巴牵手三江购物、银泰百货、百联集团；沃尔玛和永辉超市引入京东集团。这种模式将线下物流、服务、体验等优势，与线上商流、资金流、信息流融合，有助于实体零售企业提高信息化水平，也有助于网络电商增加客户满意度。

据支付宝数据显示，2016 年全国有近 1000 家大型购物中心、5 万家超市便利店、55 万家餐厅参加了"双十二"活动。在未来零售市场中，以互联网、物联网、人工智能及大数据等领先技术为驱动，数字化技术将虚拟与现实深度融合，传统零售在物理空间和时间维度上将获得极大延展，消费者不再受区域、时段和店面等因素限制，零售行业终将发展成面向线上线下全客群，提供全渠道、全品类、全时段、全体验的新型零售模式。

3. "一带一路" 倡议沿线国家商贸空间大

见图 3 - 4，2016 年中国与"一带一路"倡议沿线国家进出口贸易总额约为 9535.9 亿美元，占中国与全球贸易总额的 25.7%，与 2015 年的 25.3% 相比上升了 0.4%。从 2011 年以来，中国向沿线国家出口额总体上呈现上升态势，2016 年向"一带一路"倡议沿线国家出口额为 5874.8 亿美元。从进出口贸易结构来看，中国与"一带一路"倡议沿线国家的贸易顺差额自 2011 年到 2015 年逐渐增大，2015 年贸易顺差额约为 2262.4 亿美元，与 2014 年相比增加 47.2%，是 2011 年的 16 倍；2016 年贸易顺差额为 2213.7 亿美元，与 2015 年相比降低 48.7 亿美元，但这也是近年来首次下降。总的来说，从贸易规模来看，中国与"一带一路"倡议沿线国家贸易比重有所上升且保持较大顺差额。

4. 社区商业进入黄金发展期

宏观经济增速不断放缓，我国实体零售仍将延续平缓发展态势。在场地租金攀升、人工成本增加、企业利润下降的大环境下，门店越开越小俨然已成为我国实体零售不可阻挡的发展趋势，便利店、精品超市、社区型购物中心等社区商业将成为零售企业寻求转型升级的重要方向。2016 年 11 月，阿里巴巴集团

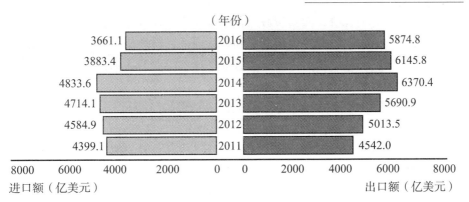

图 3-4 2011~2016 年中国与"一带一路"倡议沿线国家贸易额

资料来源：国家信息中心。

入股三江购物公司，其旗下的淘宝便利店先后进驻杭州市、上海市、宁波市。2017 年 2 月，京东集团宣布年内将在全国开设 1 万家家电专卖店。伴随着我国社区零售整合化、全渠道发展进程逐步加快，投资成本低，成熟周期短的社区零售必将成为支撑行业发展的重要推手。从长期的发展来看，"小而美"的社区化零售业态将更符合新形势下消费市场的客观需求①。

三、商贸职业经营的机遇与挑战

商贸业发展的现状和新趋势，给商贸职业经营者带来机遇的同时也带来了巨大的挑战，在能源资源和生态环境约束强化，商贸成本费用刚性增长的情况下，商贸职业经营者需乘城镇化、"一带一路"倡议等之东风，不再墨守传统单一的商贸模式。

（一）商贸职业经营面临的机遇

1. 新型城镇化增加了消费需求

随着城镇化进程的不断加快，农村人口向城市的转移，城镇的数量将不断地增加、城镇人口集聚，带来城镇消费能力的提升，进而活跃现代商贸业。另外城镇化会提高农产品的商品率。农产品自给率的降低，也会促进商贸物流业的发展。信息技术在新型城镇化进程中发挥着重要的作用。新型城镇化利用信息技术可以提高公共服务的水平，提高其在交易、物流、配送、供应链、再生资源回收、交易环境和结算中的应用，因此为现代商贸业提供者很好的技术支持。同时传统的城镇化片面追求城市空间的扩大，规模的扩张，以牺牲农业、

① 《中国零售行业发展报告（2017 年）》

粮食和生态环境为代价，而新型城镇化则以人为本，统筹城乡发展的同时，注重生态环境的保护，因此产业体系必须是环保的，循环使用资源的。商贸业作为第三产业中的服务领域，其发展将会提高绿色产业的比重，促进产业结构的合理化和经济的可持续发展[1]。

2. "一带一路"倡议拓展了沿线市场

"一带一路"倡议是商贸流通之路，据商务部数据显示，2015 年，我国和美国、欧洲等国家或地区贸易额增长不大，与"一带一路"倡议沿线国家的贸易额却增长约 1/2。2016 年我国与沿线国家的贸易额达 9539.9 亿美元，占我国对外贸易总额的 25%。另外，截至 2016 年底，我国与沿线国家共建设 56 个经贸合作区，其中，中国企业有 1000 多家，产值 506.9 亿美元。尤其为我国西北内陆地区商贸发展带来新的契机。以陕西省为例，其外贸依存度一直远低于全国平均水平。随着西部大开发战略的实施，出台了一系列经济振兴战略，如设立关中—天水经济区，来拓展区域经济发展空间。但由于缺乏支撑，一直增长乏力。直到"一带一路"倡议的实施，陕西省开始成为贯通欧亚两大市场的枢纽，区位优势地位得以充分发挥。通过把已有的地区发展战略同"一带一路"倡议对接，以西咸新区为核心的关天经济区开始成为西北内陆的经济中心，对当地经济发展起到巨大推动作用[2]。

3. 大数据时代顺畅了营销渠道

在大数据时代，商贸企业可通过数据分析公司或者建立自己的市场分析部门，借用大数据的分析系统，从海量的数据中，整理出对自己公司经营有帮助的部分，通过精准的预测与定位，为顾客提供个性化的服务，还可以给企业的客户服务部门带去更为完善的客户服务体系。对顾客的消费习惯进行统计的基础上，更加深层次的挖掘，并利用这些习惯的分析，进行商品的优化组合。在满足某一客户需求的基础上，从他身上挖掘出更多的客户，进行更大市场的开拓。

4. 物流业集聚发展加速了商贸业集聚

在商贸物流产业聚集的发展过程中，物流企业之间的关联就会显著提升，这样就会形成产业供应链，进而带动了商贸产业知识、供需、技术和信息的集中发展以及规模效应。在这种关系的带动之下推动了商贸业的聚集发展，形成了一个良性的供应链系统。

（二）商贸职业经营面临的挑战

1. 外贸专门人才缺口较大

随着近几年商贸业的蓬勃发展，它也逐步呈现出传统国际贸易所不具备的

---

① 张磊．新型城镇化视角下现代商贸业发展的机遇与对策 [J]．商场现代化，2014（2）
② 罗二芳，柳思维．新背景下我国商贸流通发展面临的机遇、挑战及变革 [J]．商学研究，2018（4）

"多边化、直接化、小批量、高频度、数字化"五大新的特征。对人才的需求也呈现出"宽口径""多技能""高复合"的新特点，具体表现为：商贸人员不仅需要具备商贸知识，还应掌握电子商务、金融、数据分析、物流和法律等相关知识，同时更需要具备良好的外语水平、沟通能力、跨文化交际能力以及必要的人文素养。商贸类创业人才还需要具备创业策划技能、品牌推广技能、产品推广策划技能、创业管理职业综合素养等。涉猎的专业包含了国际经济、市场营销、电子商务、商务英语、计算机技术、工业设计、艺术设计等①。

2. 互联网时代带来的技术和安全挑战

2015 年 5 月，我国商务部印发了《"互联网＋流通"行动计划》，截至 2016 年 12 月，我国网民规模达 7.31 亿人，其中手机网民规模达 6.95 亿人，手机网上的支付用户年增长率为 31%。云计算、大数据、物联网等互联网技术的迅速发展，对商贸企业的组织形式和经营模式提出新要求。数据分析需要极高的信息技术水平，商贸企业可以从专业的咨询公司获取服务，或者建立自己的数据分析部门，这就对工作人员的信息技术水平提出了更高的要求。并且随着信息科技的发展，我们在日常生活中的各种数据无所遁藏，不仅是购物记录，还有各种个人信息的数据，都成了大数据分析的来源。一旦这些数据被不法分子利用，通过各种方式进行利用，进行犯罪，就会使得商贸企业在获取顾客信息时更加困难，顾客会出于对自己信息的保护，而选择不透露自己的信息，为企业对顾客的消费习惯、消费喜好的分析带来了障碍。特别是在对外贸易中，很多单据采用无纸化交易，商贸职业经营者可能遭遇恶意伪造电子单据的诈骗。

3. 我国商贸企业组织规模效益低

美国商业的连锁程度极高，不仅超市和大型百货店基本上实行连锁，就连专业店、旅店、餐馆及主要生活服务业等也大量实行连锁。而我国连锁经营占社会消费品零售额的比重不到 5%。单打独斗的大店和小本经营的小店都是"散兵游勇"，商业资金周转慢、费用高、利润低成了普遍顽疾。流通业对国民经济的贡献率不足 10%，而发达国家早在 20 世纪 90 年代中期就已经达到 15% 以上，我国社会物流成本约 17% 到 20%，而发达国家仅 10%。

4. 与"一带一路"倡议沿线国家竞争激烈

国际商务往来一般是通过流通企业来承载。由于我国流通企业自身商业模式上缺乏创新，物流成本下降缓慢，产品质量较低端，导致我国流通企业在跨境交流中，整体缺乏竞争力。并且我国流通企业在走出国门时，碰到诸多贸易壁垒。例如我国企业进入印度市场时，就被限制只能在人口过百万的城市开设

· 77 ·

---

① 刘灿亮."互联网＋"背景下高职国际贸易专业"双创"人才培养路径探析［J］. 南方职业教育学刊，2018（5）

零售网点，且被要求最低 FDI 为 1 亿美元，其中至少一半的投资要在三年内用于后续的基础设施的建设①。

见表 3-1，近十年，"一带一路"倡议沿线国家贸易竞争在日趋加剧。2005 年，贸易竞争指数（CS）大于 0.3 的贸易关系占总贸易关系数的比例是 12.3%，2009 年这一比例上升为 16.9%，到 2014 年已经达到 17.0%，而 2014 年 CS 大于 0.2 的贸易关系占总贸易关系数量的 25.9%。这也就意味着，当前"一带一路"倡议沿线国家中有超过 1/4 的国家间存在较强的贸易竞争，近 1/5 的国家之间存在激烈的贸易竞争。

表 3-1 2005~2014 年"一带一路"倡议相关国家贸易竞争指数

年份	CS	中国		俄罗斯		印度		新加坡		"一带一路"倡议总体	
		关系数	占比（%）	关系数	占比（%）	关系数	占比（%）	关系数	占比（%）	关系数	占比（%）
2005	CS > 0.1	18	34.0	29	54.7	28	52.8	27	50.9	966	35.1
	CS > 0.2	8	15.1	16	30.2	14	26.4	18	34.0	524	19.0
	CS > 0.3	6	11.3	14	26.4	7	13.2	9	17.0	340	12.3
2014	CS > 0.1	17	37.8	24	53.3	27	60.0	24	53.3	764	38.6
	CS > 0.2	8	17.8	18	40.0	19	42.2	19	42.2	512	25.9
	CS > 0.3	3	6.7	14	31.1	16	35.6	14	31.1	336	17.0

资料来源：联合国商品贸易数据统计库。

四、商贸职业经营发展探索

商贸职业经营发展面对新形势和新环境，需要不断与时俱进，探索发现，顺势而为，创新发展，争取主动，扩大经营，发展商贸事业。

（一）加强与"一带一路"倡议沿线国家的战略合作

"一带一路"倡议沿线有许多多边合作机制，我们可以充分发挥上海合作组织（SCO）、中国—东盟"10 + 1"、亚太经合组织（APEC）、亚欧会议（ASEM）、亚洲合作对话（ACD）、亚信（CICA）、中阿合作论坛、中国—海合会战略对话、大湄公河次区域（GMS）经济合作、中亚区域经济合作（CAREC）

① 罗二芳，柳思维. 新背景下我国商贸流通发展面临的机遇、挑战及变革方向 [J]. 商学研究，2018（4）

等现有多边合作机制作用，开展经贸合作。这不仅给我国企业的发展带来便利，同时也促进了国家间的友好往来。"贸易畅通"是"一带一路"倡议的五通之一，努力推进与沿线国家的贸易合作，形成经贸合作大格局，对打破贸易壁垒有重大现实意义。努力推进国际商贸中心城市的建设，譬如西安市作为目前"一带一路"倡议沿线在我国境内西北地区的商贸中心，其商业发展规模和辐射范围仍然有限，通过推进该商贸中心城市的国际化水平，促进其与沿线国家的贸易便利化。对于现阶段的我国流通企业而言，可以通过大力提升其流通效率，来参与"一带一路"倡议区域范围内竞争。未来，电子商务将扩展到"一带一路"倡议沿线更远的地方，为全球贸易服务。

（二）探索移动互联网时代的商贸新模式

要努力借助互联网转型，创新商业发展模式。随着信息技术的发展，电子商务平台的出现促使货物贸易信息更流畅。阿里巴巴董事局主席马云向全世界呼吁建立 eWTP（世界电子贸易平台），并开始积极推进 eWTP 的试点建设。2017 年 3 月，阿里巴巴集团在马来西亚宣布建设"数字自由贸易区"——中国以外的第一个 eWTP 数字中枢，它的建成将促进马来西亚等一系列沿线国家和地区的中小企业和新兴高新技术产业加入全球贸易中来。马来西亚"数字自由贸易区"和杭州"跨境电子商务综合试验区"已正式开启互联互通，菜鸟网络将和马来西亚邮政共同启动建设这一辐射东南亚的物流枢纽。

（三）借助运输和物流业发展重塑商贸空间格局

· 79 ·

高铁、地铁等运输工具的出现和快速发展，通过提速拉动人们的出行需求，并且加速了本地与周边城市群之间的生产要素流动，可以吸引更多人流到该城市消费、旅游、公务，同时他是把"双刃剑"具有聚集作用的同时，也有发散效应。打造便利的出行方式，营造良好的商圈业态，提供优质的商贸服务，在这个要素高度自由流动的时代极为重要。同时根据商贸业产业结构特点以及各细分部门与物流业联动差异，制定批发零售物流、住宿餐饮物流、居民物流、租赁物流等商贸物流细分市场发展专项规划，培育商贸物流发展新动能。推动物流企业的专业化、集约化发展，提高物流社会化服务程度，特别鼓励批发零售、住宿餐饮等商贸企业采用第三方物流、社会化物流模式，解决社会物流有效需求不足问题。加强商贸服务供给，为物流企业提供物流采购、批发、零售、代理、咨询等商务服务，实现社会物流资源优化配置和物流服务供需有效匹配，提高物流企业运营水平和效率。

（四）拓展农村商贸市场和需求

加强农村商贸业的服务意识和服务水平，我国的城镇化率目前为 57%，随着农民生活水平的不断提高，农村消费市场巨大，因此商贸从业者应充分挖掘农村消费者的诉求，以此为导向，加强对员工的服务意识培训，提升其服务水平。同时农村消费者要积极参与农村商贸服务体系中，也可以作为农产品销售的当事人和服务的提供者，转化服务意识、提升服务能力，更好地促进农村商贸发展。

创建农村连锁商贸企业模式，我国农村信息化和网络化的程度较低，物流配送体系不健全，线上销售存在着一定的障碍。因此不同于城镇的线上线下融合商业营销模式，农村连锁商贸企业模式更适合，在该模式中，农户不仅是连锁企业和超市的供货方，同时还是连锁超市和农资产品的消费方。通过该模式，农村连锁企业和农户之间存在着双向的信息流。农业连锁企业或者农资企业通过电子商务了解农民的生活需求，把适合农民需求的产品配送到零售终端，同时向农户发布市场信息，让其农产品快速进入消费市场。

（五）校企联合培养专业人才

面对我国跨境电商进出口贸易人员稀缺问题，学校作为人才输出的主要力量，应积极制定跨境电子商务外贸复合型人才养成策略，稳健实施复合型电商进出口人才养成方案。建立"政府引导、高校主管、企业参与"的合作机制，校、政、企三方协同培养跨境电商人才。努力挖掘既对跨境电商感兴趣又对进出口贸易有想法的人、并对其进行整合训练，让他们不仅能熟悉跨境电子商务，还了解外贸专业相关知识，逐步成长为我国现今缺少的综合型跨境电商外贸人才。扩大跨境电商进出口贸易人才培养基数，从根本上解决综合型人才少的问题。学校加强与相关企业交流合作，建立跨境电商外贸人才招聘平台。通过学校与企业及时的交流合作与反馈，使学校能培养出符合企业要求的综合型人才[1]。

·80·

---

① 金贵朝，黄玉峰. 基于校政企合作的杭州跨境电商人才培养模式研究［J］. 电子商务，2016（10）

第四章 员工职业效益影响因素

现实称谓的员工，不仅指企业组织的成员，也可以是学校等其他社会职能组织的成员，从事经济、教育等不同职业。员工的作为直接决定社会职能组织的作为及其效益，说到底员工的职业效益决定社会职能组织的效益。做好组织事业，提高组织效益，服务好社会，就必须要讲求提高员工职业效益，因此研究认清员工职业效益影响因素，是员工自我管理与组织管理的一个基本问题。企业生产作业员工具有基础性和典型性，本章以企业生产作业员工为例，调研历时月余完成于 2017 年 1 月，对员工职业效益影响因素进行系统分析。

一、员工职业效益影响因素分析及其初选

人们的从业是在多方面的关系中进行和实现的，必然受到多方面的相关因素影响，直接影响从业人的职业效益，生产作业员工职业效益影响因素分析选择，必然从相关方面的因素入手考虑。

（一）员工职业效益影响因素选择分析

职业效益是一个变量，受到多种因素的影响，比如职业资本、职业组织等，这些影响因素与职业效益间有一定的关系。其表达式见式（4-1）。[①]

$$Z_{xy} = f(x)(f \neq 0) \qquad (4-1)$$

式（4-1）中，Z_{xy} 表示职业效益，x 表示对职业效益产生影响的各种因素，用 f 代表作用率，其中 f 不等于 0。

存在决定认识，影响企业员工职业效益的因素，必然是关系企业员工职业活动的因素，无非是与活动的场所和环境的相关因素，大体可分个人、组织、家庭和社会四个方面。

参考有关文献资料，以及与企业中的职工进行访谈，最终确定了员工职业效益影响因素构成，形成一个影响因素体系，包括 27 个影响因素，分别是性格特点、知识与文化水平、专业技能水平、对组织忠诚度、成就追求、工作责

[①] 齐经民. 职业经济学（第 2 版）[M]. 经济科学出版社，2004：13

任感、工作满意度、职场满足感、组织文化、组织制度、激励方式、管理者影响、人际关系、生产资料、物理环境、工作自主性、榜样作用、家庭地位、家庭人口数量、家庭支持、家庭压力、成员关系、国家政策法规、可持续发展观念、社会地位感、社会氛围和亲朋认同感。见表4-1。

表4-1　　企业生产作业员工职业效益影响因素体系

目标层	因素
	性格特点
	知识与文化水平
	专业技能水平
	对组织忠诚度
	成就追求
	工作责任感
	工作满意度
	职场满足感
	组织文化
	组织制度
	激励方式
	管理者影响
生产作业员工职业效益影响因素	人际关系
	生产资料
	物理环境
	工作自主性
	榜样作用
	家庭地位
	家庭人口数量
	家庭支持
	家庭压力
	成员关系
	国家政策法规
	可持续发展观念
	社会地位感
	社会氛围
	亲朋认同感

资料来源：笔者整理。

（二）员工职业效益影响因素阐释

1. 个人方面

员工个体方面的因素可整理归纳为工作能力（知识、技能等）和态度两方面。在《管理学》（*Management Science*）中，斯蒂芬·罗宾斯（Stephen P. Robbins）将员工态度分为工作满意度、工作投入、组织承诺三种，并认为影响员工绩效的因素中员工态度发挥着关键的作用。

（1）性格特点。个性特征会对绩效造成一定的影响，通过实证研究发现关系绩效会更多地受到个体特征的影响[1]。后来，有学者通过多年研究提出了个体差异理论，认为个性变量可以通过性格习惯等对关系绩效产生影响，从该理论模型能够看出，一些与个性相关的变量，比如开朗、内向、乐观、消极、细心、马虎等，能够相对正确地对职工的关系绩效进行一定程度的预测[2]。

（2）知识与文化水平以及专业技能水平。员工自身知识和工作技能与工作绩效间存在一定联系，员工知识和企业工作环境间存在相互作用机制。在个体差异理论中，技能和知识等会对认知能力造成一定的作用，从而对任务绩效产生一定的影响。王舟浩在激励理论的基础之上，提出决定绩效的因素之一就是能力，能力包括技能和知识维度。付亚和与许玉林认为，技能、知识等个人素质是导致绩效好坏的主要因素[3]。

（3）对组织忠诚度。早期的组织公民学说中认为，员工的组织忠诚度对员工的工作绩效有正向作用。很多学者对此观点给予了支持。凌文辁等基于中国特殊的文化条件，利用问卷进行研究也得出相似的结论。陈志霞与廖建桥对组织支持和忠诚影响因素进行了研究，发现员工的组织忠诚和支持感对员工绩效产生正向的作用。有学者采用了回归分析的方法对不同形式的组织承诺对绩效的影响情况进行了验证[4]。

（4）成就追求。有学者以军队工作人员为研究对象，调查发现人格中的成就动机对适应性绩效预测能力影响最显著。王仙雅等人利用结构方程实证研究发现，成就动机对科研绩效可以产生正向的影响，并且发现成就动机在科研压力源和科研绩效之间起到的是中介作用[5]。渠彩霞和王忠通过对 266 份问卷进行多元回归等多种方法的分析，最终得出的结论是员工的成就动机对适应绩

· 83 ·

---

[1] Salgado J F. The Five Factor Model of Personality and Job Performance in The European Community ［J］. Journal of Applied Psychology，1997，82（1）

[2] Borman W C，Motowidlo S J. Task and Contextual Performance：the Meaning for Personnel Selection Research ［J］. Human Performance，1997，10（2）

[3] 付亚和，许玉林. 绩效管理 ［M］. 复旦大学出版社，2003：22 – 24

[4] 韩翼. 组织承诺对雇员工作绩效的影响研究 ［J］. 中南财经大学学报，2007，162（3）

[5] 王仙雅，林盛，陈立芸. 挑战—阻碍性科研压力源对科研绩效的总用机理—科研焦虑与成就动机的中介作用 ［J］. 科学与科学技术管理，2014，35（3）

效产生明显的正向影响。

（5）工作责任感。有学者通过调查得出，在预测绩效和关系绩效提高的准确性方面，员工的工作责任感要远优于认知能力①。责任感是一个对员工职业效益有预测力的个性指标，能有效地预测员工工作中的职业效益。

（6）工作满意度。由于员工的外在满意度会受到多种情境因素的作用，比如上下级关系、管理制度、公司福利、公司环境等，所以，外在满意度对关系绩效存在重要影响作用。

2. 组织方面

员工在组织中进行工作，所以员工的职业效益会受到组织中的管理制度、文化以及价值观等的影响。系统因素是渗透在组织各个层面中，对员工的职业效益可发挥正负两方面作用。组织系统方面的因素主要有四个方面：工作特征、管理体系、管理者和组织环境。

（1）组织文化。员工绩效的产生需要组织文化提供的软环境，组织文化影响的主要是关系绩效。通过研究发现，不同类型的组织文化对员工的绩效的影响有所不同，如果组织文化主要关注于市场的需求和外部竞争方面，则与员工绩效的相关性更加明显，支持性、参与性的领导方式会通过开放性和竞争性的文化对员工绩效间接地产生正向的作用。在组织文化与个人价值的契合观理论中指出，组织文化对员工行为产生一定的作用②。

（2）组织制度。赫茨伯格通过调查，提出了包含激励因素和保障因素的"双因素理论"。其中公司的政策制度是保障因素的重要表现形式之一。赫茨伯格认为，保障因素可以对员工的不满情绪加以减弱甚至使其完全消失，但是却不能使员工的满意度有所上升。

（3）激励方式。员工的工作报酬、员工的工作性质等激励因素都会对员工的工作绩效产生影响。研究发现，个体在内在薪酬的影响下会有相对较高的工作成就感、自我效能感以及工作满意度③。有效的激励措施可以提升员工的绩效，贺伟等提出了三种激励的方法：推动式、牵引式和权变式。冯绍红与李东研究发现，对于绩效水平较低的员工，管理者除了能够对管理方式加以改变外，还能够采取一些激励性的手段使其与组织文化相匹配从而改善其绩效。

（4）管理者影响。领导成员的交换理论认为，领导对员工给予更多的

---

① 李贵卿，井润田，吴继红. 工作—生活多角色责任感的测量及影响研究 [J]. 中国工业经济, 2010 (4)

② 刘琰，黎金荣. CHCP 模型：人力资源管理与组织文化的一个跨层次分析 [J]. 企业经济, 2014 (10)

③ Burton K D, Lydon J E, D'Alessandro D U, et al. The Differential Effects of Intrinsic and Identified Motivation on Well – Being and Performance：Prospective, Experimental, and Implicit Approaches to Self – Determination Theory [J]. Journal of Personality & Social Psychology, 2006, 91 (4)

关心和爱护，可以使员工的绩效得到提高；员工为了不让领导对自己失望，往往会拼命工作，让领导能够对自己努力的结果表示满意，所以，员工的行为会受到领导行为的作用。韩大勇详细地对员工离职的原因进行了研究，他主要是对知识型员工进行研究，发现在对员工离职产生影响的各种因素中组织因素是一个直接原因，其中企业领导的管理风格对于员工有着很大的影响，高层缺乏战略眼光、不能合理任用人才、忽视员工个人培训与成长等都会造成员工离职行为产生。在张伶与张正堂的研究中认为，上级支持可以通过工作满意度、组织承诺的方式来对员工工作绩效产生积极影响①。有学者利用结构方程建模分析数据，在印度高等教育的背景下，发现组织支持感对员工的绩效和感情承诺有着积极的影响，此外，还发现产生影响是以员工敬业度作为中介变量，所以管理者应对员工工作生活上给予更多的支持和关心。

（5）人际关系。G. E. 梅奥（George Elton Mayo）从霍桑试验从中得出了人的社会性，人们为了更好地进行社会交往，得到社会尊重，个人的行为在群体的压力之下会偏向与组织其他成员的行为相同。所以员工的工作绩效会受到周围环境和同事言行的影响。工作的人际关系等属于工作特性的范畴，员工的工作会受到工作特性比较大的影响。同时杨春江等人认为，组织内的联系是提高员工对组织依附感的重要途径②。

（6）生产资料。员工对工作环境比较关心一方面是因为个人的舒适，另一方面也是考虑到可以将自身工作更好地完成。研究表明，很多员工对工作场所的要求都是离家距离相对较近，环境整洁，设备相对先进，生产装备和工具等比较充足③。

（7）物理环境。沈捷在关于工作满意度的论述中，认为，工作场所的温度、通风等物理条件及企业所处地区环境等工作空间质量对于员工绩效有影响④。适宜的工作环境带给员工轻松和愉快，员工可以充满激情，更有效率地将自己的工作完成。员工工作的安全需要一个良好的工作环境加以保障，同时良好的工作环境也有利于员工工作情绪的提高。

（8）工作自主性。有学者提出工作自主权高的知识型员工，其绩效相对也比较高⑤。有学者通过对空军技工的研究发现，工作自主性与绩效之间存

① 张伶，张正堂. 内在激励因素、工作态度与知识员工工作绩效 [J]. 经济管理，2008（16）
② 杨春江，马钦海，曾先峰. 从留职视角预测离职：工作嵌入研究述评 [J]. 南开管理评论，2010，13（2）
③ 张俊之. 涉农企业工作环境与员工创新行为关系研究 [D]. 长沙：湖南农业大学，2014：9 – 10
④ 沈捷. 知识型员工工作压力及其与工作满意度、工作绩效的关系研究 [D]. 杭州：浙江大学，2003：44 – 45
⑤ Kristof – Brown A L, Zimmerman R D, Johnson E C. Consequences of Individuals'Fit at Work：a Meta – Analysis of Person – Job, Person – Organization, Person – Group, and Person – Supervisor Fit [J]. Personnel Psychology, 2005, 58（2）

在一定的关系，当工作自主性比较低时，总绩效能够被工作绩效加以解释。有学者通过对多名市政管理人员的研究发现，工作自主性与关系绩效正相关。还有榜样作用，是不言而喻的。

3. 家庭方面

员工职业效益还会受到家庭因素的影响。每个人都需要家庭，与家庭成员相互作用，受家庭条件制约。

在社会发展过程中，由于我国的国策，导致目前独生子女一代人面临着照顾四个父母及子女的责任，进而使其家庭角色压力增大，家庭负担比较严重，这会对员工的绩效造成一定的影响①。

有学者在研究中发现家庭支持对员工工作满意度具有重要影响，当员工的另一半对其工作给予更多的支持，员工对于工作更加满意，同时会感觉工作可以更多地带给其成就感。严标宾、侯敏、欧海燕等人实证分析表明家庭因素在对工作的促进中发挥着举足轻重的作用。

家庭压力对员工的健康会造成一定的影响。国外曾经报道过很多人由于压力过大而产生一些不适，比如骨骼肌的不适，心血管疾病，神经性疾病等。当今社会，压力已成为最为普遍的医学心理问题之一，且已有资料表明，在同等压力条件下，健康问题更容易在女性中发生，所以，心理因素对员工的影响不容忽视，我们应该给予足够的重视，减少心理因素对员工健康造成的不良影响②。

4. 社会方面

耿梅娟通过对后备技术军官的调查研究发现，社会的地位会对技术军官的绩效产生影响，他发现在同等条件下，技术军官对于社会地位感知影响作用较强，其绩效相较于感知较弱的更易产生高绩效③。李超海和夏磊通过对多位女私营企业家的研究发现，个人工资收入、家庭情况、企业的规模和地位等都会对个人的社会地位评价产生积极的作用。过去的事实表明对一个人地位的评价会明显地受到其自身经济成就的影响。

美国现代社会学者乔治·赫伯特·米德（George Herbert Mead）认为，每个人从出生开始就会有一种模仿学习他人的意愿。人们自己的心理体系中时常会受到其他人或者文化本身具有的方式的影响，他们会将其作为一种反映和预备。法国社会学家 G. 塔尔德（G. Tarde）提出在大众的心理中有一种模仿的特质，模仿可以促进社会的发展，对人们的社会生活会产生重要的作用。意大

---

① 朱婷. 工作与家庭冲突对个人绩效的影响研究［J］. 金田，2014（6）
② 孙金艳，张瑞成. 职业紧张对职业人群健康影响的研究进展［J］. 职业卫生与应急救援，2005，23（2）
③ 耿梅娟. 后备技术军官胜任特征与绩效关系研究［J］. 现代管理科学，2011（6）

利的学者西格列提出，社会上的人虽然各有不同，但都会具有这样一种本能，对自己看到、听到、意识到的东西进行模仿①。

20 世纪 40 年代初，为研究社会地位，提出了参照群体的概念。本书参照群体指的是其观点或价值被个体用来作为其价值、态度或行为基准的参照的任何个体或群体。其中的群体除了有家人、同事、同学、朋友，还有没有直接联系，没有成员资格的渴望群体或某些社会阶层。参照群体给每个个体带来影响，具体包括三个方面：一是信息性影响；二是规范性影响；三是价值表现影响②。

二、员工职业效益影响因素预调研

以上员工职业效益影响因素选择，是分析判断初步的结果，具有一定的主观性，需要调查实证，通过实证做出最终的取舍和认定，本节通过预调研做进一步分析选择。

（一）问卷设计

考虑企业生产作业员工的基础性和典型性，这里以企业生产作业员工为例，研究员工职业效益影响因素，调查对象是生产企业。

数据主要采用问卷调查法获得，问卷包括两部分，第一部分是被调查员工的一些个人信息；第二部分是影响企业生产作业员工职业效益的因素，每个因素又进行具体的解释，所有项目均采取随机排列方式。第二部分的测量全部应用里克特五点量表，具体为"非常不重要""不太重要""一般""比较重要""非常重要"，五个级别代表的分值分别是 1 ~ 5 分，要求被调查按照自身理解与实际情况进行勾选，我们进行统计时，把它们转换为相应的数值。

第一部分，人口统计变量的测量。调查了员工的性别、年龄、受教育程度等基本信息。第二部分测量了 27 个项目对企业生产作业员工职业效益的影响程度，包括：性格特点、组织文化、家庭地位、国家政策法规、知识与文化水平、家庭人口数量、组织制度、可持续发展观念、专业技能水平、社会氛围、激励方式、人际关系、对组织忠诚度、社会地位感、家庭压力、成就追求、物理环境、成员关系、职场满足感、管理者影响、家庭支持、工作自主性、榜样作用、生产资料、亲朋认同感、工作责任感以及工作满意度。问卷在每个项目后进行了简单的解释，如性格特点的具体表现为"个体性格，如外向、内向

· 87 ·

---

① 姜晓东. 论榜样教育 [J]. 青年研究，1983（10）
② 聂中超. 知识型员工绩效影响因素及实证研究 [D]. 北京邮电人学，2010：34 – 37

等"；组织文化的具体表现为"认同企业的理念和价值观"；家庭地位的具体表现为"家庭的主要成员，是家庭收入的重要来源等"；国家政策法规的具体表现为"国家法律法规对劳动者的权力与义务要求"等，以上共有 27 个影响员工职业效益的因素，要求被调查者按照自身理解与实际情况参照"1 = 非常不重要""2 = 不太重要""3 = 一般""4 = 比较重要""5 = 非常重要"进行答案勾选。

调查对象主要是生产制造型企业，其中预调研主要是在中外合资企业展开了调查，选择了国有企业、中外合资企业以及私营企业进行了正式调研，涉及行业有化肥行业、煤炭行业、机械行业等。被调查样本主要是企业中生产车间的工人，即操作型员工。调查方法采取判断抽样的方式，在总体中选择最具有代表性的样本进行调查。

在预调研之前先进行了访谈，访谈的对象是有关的专家学者和调查企业相关的管理人员，探讨根据相关理论文献确定的职业效益影响因素的测量题目是否科学合理。依据他们的建议对问卷进行调整修改，对缺乏代表性的题目进行舍弃，同时保证文字叙述简单清晰，易于理解，对表达不够清楚明确的进行修改，保证调查数据的真实可靠。

（二）试测问卷统计分析

对问卷的数据处理可以应用如下的统计分析方法：①描述性统计分析方法，分析数据的各种特征情况，通过数据的中心值、离散程度、变异程度等信息来展示样本分布情况，同时发现该样本数据所代表的总体的大致特征；②独立样本 T 检验，检验两个相对独立的样本的平均数是否有显著性差异，但是检验的数据应满足正态分布；③因子分析法与主成分分析法，可以理解为在样本的所有特征中，提取可以尽可能代表所有特征的主要因子，达到减少特征变量的降维目的。

通过专家访谈、预调研设计了生产作业员工职业效益影响因素调查问卷，对正式问卷进行结果分析，确定影响生产作业员工职业效益的因素及影响程度。

预调研采用问卷调查的形式，调查对象为企业中生产部门的生产作业员工，共在秦皇岛当地两个企业进行问卷的发放，共发放 150 份问卷，回收 137 份，其中无效问卷 21 份，有效问卷共 116 份，回收率为 91.3%，回收有效率为 84.7%。预调研结果分析包括信度分析、效度分析、描述性统计分析、项目分析以及因子分析。

1. 信度检验

一份好的问卷应具有较高的信度，本书采用科隆巴赫 α 系数对本研究的问卷进行检验，结果见表 4 - 2，从表 4 - 2 中可以看出，问卷的整体 α 系数为

0.924，远远大于 0.70，表示调查问卷可以比较好地对变量进行测量，结果可靠性较高。

表 4 -2　　　　　　　　　　　　信度检验

科隆巴赫 α 系数	项目数（个）
0.924	27

资料来源：笔者整理。

2. 效度检验

采用结构效度来检测调查问卷的具体效度，预调研利用 KMO 值（Kaiser - Meyer - Olkin，KMO）和巴特利特球体检验来对测试的有效性进行验证，见表 4 -3。

表 4 -3　　　　　　　　　KMO 和 Bartlett 的检验

KMO 和 Bartlett 的检验		
取样足够度的 Kaiser - Meyer - Olkin 度量	0.826	
Bartlett 的球形度检验	近似卡方	1659.321
	自由度	351
	显著性	0.000

资料来源：笔者整理。

从表 4 - 3 可以明显发现，KMO 取值为 0.826，明显大于 0.5，同时，Bartlett 的球形度检验的 Sig 值小于 0.01。因此，可以说明该问卷具有良好的效度，可以尝试因子分析方法。

3. 描述性统计分析

描述性统计方法通过均值、离差、比率等指标反映研究对象的数量特征。

（1）样本的基本情况描述。在此次调查的生产作业员工中，男职工比女职工多；年龄主要集中在 25 ~ 44 岁，这个年龄段的员工达到了调查员工的 69.0%；学历主要集中在大专和本科，本科所占比例最高，达到 41.4%，说明被调查的员工的学历水平相对较高，不排除工作后接受的再教育；工作年限主要集中在 10 年以上，达到 58.6%；收入集中在 3000 ~ 4000 元，达到 36.2%，相对较高，这可能与被调查员工的工作年限较长有关（见表 4 -4 和图 4 -1）。

表 4 - 4 　　　　　　　　　样本的基本情况分析

		员工所占比例（%）
性别	男	83.6
	女	16.4
年龄	18～24 岁	6.0
	25～34 岁	28.5
	35～44 岁	40.5
	45～55 岁	22.4
	55 周岁以上	2.6
学历	高中及以下	8.6
	中专	18.1
	大专	31.9
	本科	41.4
	硕士及以上	0
工作年限	1 年以下	4.3
	1～5 年	19.8
	6～10 年	17.3
	10 年以上	58.6
收入	2000 元以下	3.5
	2000～3000 元	25.0
	3000～4000 元	36.2
	4000 元以上	35.3

资料来源：笔者整理。

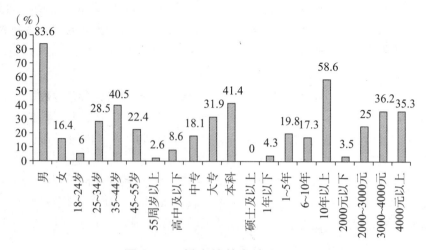

图 4 - 1　样本的基本情况分析

资料来源：笔者整理。

（2）变量的基本情况描述。对调查问卷的各个指标进行描述性统计分析，见表4-5，可以明显看出：首先，统计单位数共计116，各项指标的极大值为5，极小值为1，说明所有被访问者的信息比较分散，数据较为平均，无出现特别极端的现象。其次，均值主要集中在4附近，说明整体问卷作答情况比较稳定。最后，标准差的取值能反映出样本数据集的离散程度，经统计软件计算出本次问卷调查中指标的标准差在1左右，相对比较高，因此可以说明收集到的数据具有一定差异性，拥有一定的离散程度，这说明被访问者对这些指标下的各种问题的看法评价还是有差异性的。另外，各个指标的偏度绝对值小于2，而峰度绝对值是小于5的，因此，它大体上符合正态分布，接下来的步骤能够继续。

表4-5　　　　　　　　　　描述性统计分析

	N	极小值	极大值	均值	标准差	方差	偏度	峰度
性格特点	116	1	5	3.68	0.983	0.967	-0.436	-0.080
组织文化	116	2	5	3.81	0.833	0.694	-0.180	-0.614
家庭地位	116	2	5	4.23	0.806	0.650	-0.653	-0.555
国家政策法规	116	2	5	4.21	0.818	0.670	-0.498	-1.048
知识与文化水平	116	2	5	3.90	0.806	0.650	-0.315	-0.403
家庭人口数量	116	2	5	3.99	0.870	0.756	-0.306	-0.932
组织制度	116	2	5	4.16	0.780	0.608	-0.408	-0.897
可持续发展观念	116	1	5	4.17	0.837	0.700	-0.879	0.761
专业技能水平	116	1	5	4.28	0.809	0.654	-1.250	2.052
社会氛围	116	1	5	3.97	0.844	0.712	-0.641	0.453
激励方式	116	1	5	4.42	0.736	0.542	-1.391	2.868
人际关系	116	2	5	4.14	0.843	0.711	-.0710	-0.161
对组织忠诚度	116	3	5	4.29	0.746	0.557	-0.537	-1.020
社会地位感	116	1	5	3.96	0.879	0.772	-0.385	-0.330
家庭压力	116	1	5	3.91	0.928	0.862	-0.622	0.226
成就追求	116	2	5	4.26	0.793	0.628	-1.032	0.880
物理环境	116	1	5	3.96	0.859	0.737	-0.504	0.052
成员关系	116	2	5	4.25	0.812	0.659	-0.689	-0.551
职场满足感	116	1	5	4.09	0.913	0.834	-0.748	0.029
管理者影响	116	2	5	4.12	0.782	0.611	-0.549	-0.233
家庭支持	116	2	5	3.93	0.831	0.691	-0.424	-0.352

续表

	N	极小值	极大值	均值	标准差	方差	偏度	峰度
工作自主性	116	1	5	4.14	0.874	0.763	-1.308	2.616
榜样作用	116	1	5	3.92	0.896	0.803	-0.584	0.034
生产资料	116	2	5	4.05	0.811	0.658	-0.394	-0.633
亲朋认同感	116	1	5	4.05	0.977	0.954	-0.732	-0.259
工作责任感	116	1	5	4.26	0.896	0.802	-1.276	1.386
工作满意度	116	2	5	4.20	0.815	0.665	-0.773	-0.003

资料来源：笔者整理。

4. 项目分析

对问卷进行项目分析的目的是考察所选的各个因素对研究对象的区分力，主要采用项目分与总分相关法和鉴别指数两种方式。

（1）项目分与总分相关法。此法也可以用来测量问卷的内容效度。具体做法是算出每个项目分数与总分的相关系数，如果不显著则表示此项目缺乏鉴别力，应删除。结果见表4-6。

表4-6　　　　　　　　　　项目与总分相关结果

项目	相关性	总分	项目	相关性	总分
性格特点	Pearson 相关性	0.496	家庭压力	Pearson 相关性	0.462
	显著性（双侧）	0.000		显著性（双侧）	0.000
	N	116		N	116
组织文化	Pearson 相关性	0.523	成就追求	Pearson 相关性	0.612
	显著性（双侧）	0.000		显著性（双侧）	0.000
	N	116		N	116
家庭地位	Pearson 相关性	0.546	物理环境	Pearson 相关性	0.519
	显著性（双侧）	0.000		显著性（双侧）	0.000
	N	116		N	116
国家政策法规	Pearson 相关性	0.545	成员关系	Pearson 相关性	0.584
	显著性（双侧）	0.000		显著性（双侧）	0.000
	N	116		N	116
知识与文化水平	Pearson 相关性	0.448	职场满足感	Pearson 相关性	0.518
	显著性（双侧）	0.000		显著性（双侧）	0.000
	N	116		N	116

项目	相关性	总分	项目	相关性	总分
家庭人口数量	Pearson 相关性	0.585	管理者影响	Pearson 相关性	0.594
	显著性（双侧）	0.000		显著性（双侧）	0.000
	N	116		N	116
组织制度	Pearson 相关性	0.623	家庭支持	Pearson 相关性	0.567
	显著性（双侧）	0.000		显著性（双侧）	0.000
	N	116		N	116
可持续发展观念	Pearson 相关性	0.691	工作自主性	Pearson 相关性	0.635
	显著性（双侧）	0.000		显著性（双侧）	0.000
	N	116		N	116
专业技能水平	Pearson 相关性	0.584	榜样作用	Pearson 相关性	0.559
	显著性（双侧）	0.000		显著性（双侧）	0.000
	N	116		N	116
社会氛围	Pearson 相关性	0.618	生产资料	Pearson 相关性	0.546
	显著性（双侧）	0.000		显著性（双侧）	0.000
	N	116		N	116
激励方式	Pearson 相关性	0.491	榜样作用	Pearson 相关性	0.559
	显著性（双侧）	0.000		显著性（双侧）	0.000
	N	116		N	116
人际关系	Pearson 相关性	0.702	亲朋认同感	Pearson 相关性	0.685
	显著性（双侧）	0.000		显著性（双侧）	0.000
	N	116		N	116
对组织忠诚度	Pearson 相关性	0.557	工作责任感	Pearson 相关性	0.759
	显著性（双侧）	0.000		显著性（双侧）	0.000
	N	116		N	116
社会地位感	Pearson 相关性	0.538	工作满意度	Pearson 相关性	0.664
	显著性（双侧）	0.000		显著性（双侧）	0.000
	N	116		N	116

资料来源：笔者整理。

由表4-6可知，预试调查中各项目得分与总分的相关系数都显著，且均在0.01水平下显著，相关系数的显著程度比较高，说明各个项目的鉴别力大，内容效度也比较高，因此各个项目均应保留。

（2）鉴别指数。以独立样本 T 检验检验以 27% 为界的高低分组在每个题项上的差异。如果 t 值不显著表明项目缺乏鉴别性，按照这个原则筛选项目。结果见表 4 - 7。

表 4 -7　　　　　　　　　　鉴别指数分析结果

		方差方程的 Levene 检验		均值方程的 t 检验		
		F	显著性	t	自由度	显著性（双侧）
性格特点	假设方差相等	2.346	0.131	−5.168	61	0.000
	假设方差不相等	—	—	−5.140	54.070	0.000
组织文化	假设方差相等	0.643	0.426	−5.059	61	0.000
	假设方差不相等	—	—	−5.049	59.578	0.000
家庭地位	假设方差相等	2.409	0.126	−5.467	61	0.000
	假设方差不相等	—	—	−5.456	59.409	0.000
国家政策法规	假设方差相等	0.022	0.883	−5.976	61	0.000
	假设方差不相等	—	—	−5.976	60.900	0.000
知识与文化水平	假设方差相等	6.775	0.012	−3.706	61	0.000
	假设方差不相等	—	—	−3.685	52.952	0.001
家庭人口数量	假设方差相等	0.321	0.573	−6.393	61	0.000
	假设方差不相等	—	—	−6.373	57.856	0.000
组织制度	假设方差相等	13.138	0.001	−6.851	61	0.000
	假设方差不相等	—	—	−6.797	47.898	0.000
可持续发展观念	假设方差相等	2.153	0.147	−8.228	61	0.000
	假设方差不相等	—	—	−8.178	52.448	0.000
专业技能水平	假设方差相等	9.507	0.003	−5.429	61	0.000
	假设方差不相等	—	—	−5.380	45.339	0.000
社会氛围	假设方差相等	0.193	0.662	−8.494	61	0.000
	假设方差不相等	—	—	−8.453	55.203	0.000
激励方式	假设方差相等	1.262	0.266	−3.717	61	0.000
	假设方差不相等	—	—	−3.695	52.262	0.001
人际关系	假设方差相等	15.062	0.000	−9.118	61	0.000
	假设方差不相等	—	—	−9.048	48.592	0.000

		方差方程的 Levene 检验		均值方程的 t 检验		
		F	显著性	t	自由度	显著性（双侧）
对组织忠诚度	假设方差相等	0.253	0.617	−5.689	61	0.000
	假设方差不相等	—	—	−5.683	60.426	0.000
社会地位感	假设方差相等	0.329	0.568	−7.168	61	0.000
	假设方差不相等	—	—	−7.137	55.970	0.000
家庭压力	假设方差相等	2.492	0.120	−4.360	61	0.000
	假设方差不相等	—	—	−4.335	53.326	0.000
成就追求	假设方差相等	9.167	0.004	−6.569	61	0.000
	假设方差不相等	—	—	−6.523	50.214	0.000
物理环境	假设方差相等	7.216	0.009	−7.117	61	0.000
	假设方差不相等	—	—	−7.057	46.845	0.000
成员关系	假设方差相等	15.805	0.000	−6.578	61	0.000
	假设方差不相等	—	—	−6.518	45.032	0.000
职场满足感	假设方差相等	0.791	0.377	−6.320	61	0.000
	假设方差不相等	—	—	−6.307	59.383	0.000
管理者影响	假设方差相等	3.441	0.068	−6.566	61	0.000
	假设方差不相等	—	—	−6.540	56.796	0.000
家庭支持	假设方差相等	0.464	0.498	−5.188	61	0.000
	假设方差不相等	—	—	−5.175	59.117	0.000
工作自主性	假设方差相等	3.729	0.058	−7.380	61	0.000
	假设方差不相等	—	—	−7.325	48.809	0.000
榜样作用	假设方差相等	0.403	0.528	−5.708	61	0.000
	假设方差不相等	—	—	−5.703	60.589	0.000
生产资料	假设方差相等	8.544	0.005	−7.482	61	0.000
	假设方差不相等	—	—	−7.430	50.241	0.000
亲朋认同感	假设方差相等	3.617	0.062	−8.727	61	0.000
	假设方差不相等	—	—	−8.657	47.618	0.000
工作责任感	假设方差相等	19.700	0.000	−7.500	61	0.000
	假设方差不相等	—	—	−7.418	40.782	0.000
工作满意度	假设方差相等	10.600	0.002	−8.708	61	0.000
	假设方差不相等	—	—	−8.643	49.081	0.000

资料来源：笔者整理。

由表 4-7 可知，在置信度 95% 区间下，问卷的全部题项的 t 值都达到了显著性水平，即问卷的全部题项均有鉴别性。因此，保留问卷的全部题目。

（三）问卷统计的因子分析

1. 因子分析简介

因子分析是对自然选择出的因素进行统计分析，从中解析出具有相互独立性的公共因子的数据分析方法。该方法可以从复杂关系的经济变量中找出少数主要的影响因素，从而简化复杂的问题。本章将首先运用因子分析对 27 个因素再次筛选，然后针对新因素集合再次进行问卷调查，最后再进行正式的因子分析。下面先对因子分析做简单介绍。

（1）进行因子分析的有效性。通过分析解析出公共因子是因子分析的主要意义所在。存在公共因子说明原始因素间彼此有比较强的相关性。如果原始因素间本就相互独立，则无须进行因子分析。通常使用巴特利特球体检验和 KMO 检验进行判断。KMO 检验值越接近 1，则越适合进行因子分析，而巴特利特球体检验的 P 值小于给定的显著性水平，适合做因子分析。

（2）构造因子变量。由于因子分析中数据信息的缺乏，无法严格解析出公共因子参数，所以，一般都采用一定的近似方法构造公共因子。常用公共因子构造方法有主轴因子法、极大似然法和主成分分析法等。主成分分析法相对简便一些。

主成分分析法利用线性变换首先将原来关联性较强的因素变量转化为一组不相关的变量。设一组原始因素变量是 x_1，x_2，x_3，$\cdots$，x_p，其变换模型是：

$$y_1 = \beta_{11}x_1 + \beta_{12}x_2 + \cdots + \beta_{1p}x_p$$
$$y_2 = \beta_{21}x_1 + \beta_{22}x_2 + \cdots + \beta_{2p}x_p$$
$$\cdots\cdots$$
$$y_p = \beta_{p1}x_1 + \beta_{p2}x_2 + \cdots + \beta_{pp}x_p \tag{4-2}$$

式（4-2）中，y_1，y_2，y_3，$\cdots$，y_p 为对原有变量提取的第一、第二、第三、$\cdots$、第 p 个主成分。然后，按照特征值大于 1 或累积方差贡献率 80% 以上等条件提取主成分。这样既做到了降维，原变量集合的主要差异影响信息也得到了保存。设选取的主成分数是 m。

（3）因子命名。运用主成分分析得到的 m 个因子是对原始变量的综合，其内含意义一般是混合的。对 m 个主成分进行正交旋转，能够使原始因子载荷矩阵趋于一种比较理想的结构状态，使新因子变量具有非常单纯的经济或物理意义，从而可以给因子合理命名。

（4）计算因子得分。因子得分是因子分析的最后一步。因子得分的计算其实就是把各因子变量用原始变量的线性方程来代表。

2. 应用因子分析对初步因素集进行筛选

利用统计软件对数据进行处理，根据下列条件进行题项的删除：当题项变量的因子负荷较小（一般小于 0.40）；一个项目变量包含在不同的公共因素中，也就是具有双重负荷。

调查数据经过第一次因子分析共得到 7 个因子，见表 4 - 8。由于生产资料、家庭压力两个指标在两个公因子中均有高载荷量，予以删除。删除这两个指标是为了尊重客观分析结果，并不是因为生产资料和家庭压力这两个指标对于生产作业员工的职业效益不重要。对剩下指标进行分析可以发现，物理环境与生产资料两个指标有一定的交叉，广义的物理环境包括工作条件等，其中工作条件也涉及生产资料的情况；而家庭地位、家庭人口数量、成员关系等都涉及员工的家庭压力，因此删除生产资料、家庭压力两个题项后用剩下的 25 个题项进行后续调研分析。

表 4 - 8　　　　　　　　　　因子载荷矩阵

	成分						
	1	2	3	4	5	6	7
专业技能水平	0.830	0.077	0.000	0.217	0.011	0.163	0.127
工作满意度	0.727	0.185	0.251	- 0.245	0.218	- 0.042	0.041
知识与文化水平	0.706	0.100	- 0.042	0.081	- 0.077	0.262	0.331
性格特点	0.671	0.009	0.339	0.132	- 0.047	0.101	0.212
生产资料	0.561	0.293	0.506	- 0.032	0.190	- 0.124	- 0.220
职场满足感	- 0.079	0.804	0.158	0.057	0.036	0.140	0.114
成就追求	0.115	0.770	0.082	0.113	0.153	0.093	- 0.004
对组织忠诚度	0.193	0.701	0.086	0.103	0.153	0.217	0.291
工作责任感	0.360	0.544	0.126	0.102	0.218	0.102	0.139
激励方式	0.109	0.166	0.727	0.102	- 0.011	0.220	0.267
管理者影响	0.210	0.020	0.671	0.283	0.234	0.060	0.077
组织文化	0.163	0.001	0.649	0.248	0.353	0.062	0.061
组织制度	0.229	0.172	0.587	0.361	0.138	- 0.073	0.286
人际关系	0.488	0.071	0.544	0.044	0.437	0.154	0.046
工作自主性	- 0.013	0.475	0.544	0.245	- 0.188	0.106	0.109
物理环境	0.079	0.394	0.510	- 0.027	0.251	0.449	0.066
家庭地位	- 0.035	0.045	0.070	0.778	0.344	0.097	0.094

	成分						
	1	2	3	4	5	6	7
成员关系	-0.064	0.228	0.219	0.703	0.125	0.183	0.035
家庭压力	0.502	0.000	0.059	0.573	0.158	-0.134	0.042
家庭人口数量	0.073	0.176	0.119	0.566	0.467	0.150	0.163
家庭支持	0.499	0.012	0.095	0.537	-0.072	0.280	0.178
亲朋认同感	0.097	0.182	0.122	0.006	0.776	0.142	0.259
社会氛围	0.073	0.265	0.086	-0.049	0.713	0.134	0.134
榜样作用	0.199	0.258	0.173	0.331	0.103	0.708	-0.090
社会地位	0.185	0.260	0.312	0.285	0.351	0.486	0.230
国家政策法规	0.182	0.410	0.079	-0.181	0.009	0.248	0.674
可持续发展观念	0.220	0.265	0.444	-0.002	0.070	0.288	0.536

资料来源：笔者整理。

三、员工职业效益影响因素及模型

通过预调研对问卷进行修改，删除生产资料和家庭压力两个题项，形成新的调查问卷，进行正式调研。调查企业的类型主要是生产制造型企业，具体有国有企业、中外合资企业、私营企业等，涉及行业有化肥行业、煤炭行业、机械行业等。调查对象为企业中的生产作业员工，对调查部门和员工进行抽样，发放调查问卷。

（一）数据收集与样本描述性统计分析

调研选取的企业类型有国有企业、中外合资企业以及私营企业，涉及行业有化肥行业、煤炭行业、机械行业等，共发放 690 份问卷，其中有 667 位员工回复了问卷，样本回收率为 96.7%，去除回答不完整等无效问卷后，共获得有效问卷 587 份，有效率 88.0%。对调查问卷的信息进行描述性统计分析。

1. 样本的基本情况

调查的生产作业员工，男职工比女职工多；年龄主要集中在 25～44 岁，这个年龄段的员工达到了调查员工的 74.8%；学历主要集中在本科和高中及以下，本科所占比例最高，达到 32.0%，说明被调查的员工的学历水平相对较高，不排除工作后接受的再教育；工作年限主要集中在 10 年以上，达到 35.5%；收入集中在 3000～4000 元，相对较高，这可能与被调查员工的工作年限较长有关。如表 4-9 和图 4-2 所示。

表 4 -9 样本的基本情况分析

项目	分类	员工所占比例（%）
性别	男	75.1
	女	24.9
年龄	18～24 岁	5.1
	25～34 岁	37.7
	35～44 岁	37.1
	45～55 岁	19.1
	55 周岁以上	1.0
学历	高中及以下	23.5
	中专	21.7
	大专	22.8
	本科	32.0
	硕士及以上	0
工作年限	1 年以下	3.2
	1～5 年	31.5
	6～10 年	29.8
	10 年以上	35.5
收入	2000 元以下	1.9
	2000～3000 元	34.2
	3000～4000 元	37.7
	4000 元以上	26.2

资料来源：笔者整理。

2. 变量的基本情况

对调查问卷的各个指标进行描述性统计分析，结果见表 4 - 10。可以明显地看出：首先，样本点共计 587，各项指标的极大值为 5，极小值为 1，说明所有被访问者的信息比较分散，数据较为平均，无出现特别极端的现象。其次，均值主要集中在 4 处，说明整体问卷作答情况比较稳定。再次，标准差的取值能反映出样本数据集的离散程度，经统计软件计算出本次问卷调查中指标的标准差在 1 左右，相对比较高，因此可以说明收集到的数据具有一定差异性，拥有一定的离散程度，这说明被访问者对这些指标下的各种问题的看法评价还是有差异性的。另外，各个指标的偏度绝对值小于 2，而峰度绝对值是小于 5 的，因此，它大体上符合正态分布，接下来的步骤能够继续（见表 4 - 10）。

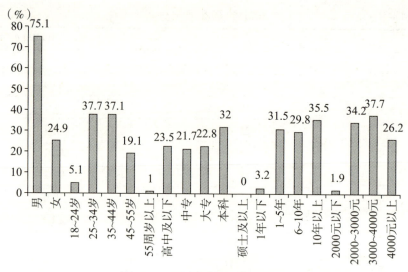

图4-2　样本基本情况分析

资料来源：笔者整理。

表4-10　　　　　　　　　描述性统计分析

项目	N	极小值	极大值	均值	标准差	方差	偏度	峰度
性格特点	587	1	5	3.84	0.837	0.701	-0.794	1.135
组织文化	587	1	5	3.82	0.792	0.627	-0.708	0.887
家庭地位	587	1	5	4.07	0.814	0.662	-0.891	1.331
国家政策法规	587	1	5	3.99	0.784	0.614	0.659	0.776
知识与文化水平	587	1	5	3.98	0.768	0.590	-0.872	1.691
家庭人口数量	587	2	5	4.34	0.766	0.587	-0.825	-0.292
组织制度	587	1	5	3.97	0.745	0.555	-0.670	1.167
可持续发展观念	587	1	5	4.02	0.766	0.587	-0.629	0.695
专业技能水平	587	1	5	4.19	0.751	0.564	-0.959	1.686
社会氛围	587	1	5	3.99	0.794	0.630	-0.711	0.814
激励方式	587	1	5	4.18	0.776	0.602	-0.852	0.933
人际关系	587	1	5	4.18	0.761	0.579	-0.808	0.798
对组织忠诚度	587	1	5	4.11	0.796	0.633	-0.911	1.528
社会地位感	587	1	5	4.03	0.805	0.648	-0.680	0.703
成就追求	587	1	5	4.14	0.823	0.677	-1.113	1.907
物理环境	587	1	5	4.07	0.802	0.644	-0.681	0.651

项目	N	极小值	极大值	均值	标准差	方差	偏度	峰度
成员关系	587	1	5	4.41	0.799	0.639	-1.508	2.717
职场满足感	587	1	5	4.11	0.841	0.707	-1.000	1.419
管理者影响	587	1	5	4.16	0.764	0.583	-0.813	1.102
家庭支持	587	1	5	4.35	0.786	0.617	-1.173	1.438
工作自主性	587	1	5	4.07	0.814	0.662	-0.891	1.331
榜样作用	587	1	5	3.95	0.841	0.708	-0.652	0.521
亲朋认同感	587	1	5	4.08	0.839	0.704	-0.897	1.015
工作责任感	587	1	5	4.21	0.788	0.621	-1.263	2.742
工作满意度	587	1	5	4.13	0.799	0.639	-1.011	1.861

资料来源：笔者整理。

（二）新数据的因子分析

再次运用因子分析法对问卷调查获得的数据进行分析，从众多影响职业效益的因素中构造主要影响因子。

1. 相关性检验

KMO 值为 0.936，满足因子分析的条件；而 Bartlett 球形检验统计量的显著性水平小于 0.01，适合进行因子分析，见表 4-11。

表 4-11　　　　　　　　　　KMO 和 Bartlett 的检验

KMO 和 Bartlett 的检验		
取样足够度的 Kaiser-Meyer-Olkin 度量	0.936	
Bartlett 的球形度检验	近似卡方	8436.721
	自由度	300
	显著性	0.000

资料来源：笔者整理。

2. R 阵的特征值和累积方差贡献率

在抽取初始公因子时采用主成分法，并采用正交旋转法对抽取的公因子进行旋转，以便所得结果更易诠释。接下来依据累计贡献率和特征根大于 1 两个标准提取公因子。

表中提取的 5 个公因子特征值分别为 10.724、2.281、1.748、1.338、1.014，均大于 1。提取 5 个公因子方差累积率达到 68.421%，既可以解释原指标体系68.421%的信息，能够比较全面地反映职业效益影响因素的情况，见表4-12，可以发现旋转后的因子能更好地代替原始指标。

表4-12　　　　　各因子的特征值及方差解释量

成分	初始特征值			提取平方和载入			旋转平方和载入		
	合计	方差(%)	累积(%)	合计	方差(%)	累积(%)	合计	方差(%)	累积(%)
1	10.724	42.896	42.896	10.724	42.896	42.896	5.012	20.048	20.048
2	2.281	9.125	52.022	2.281	9.125	52.022	4.939	19.756	39.804
3	1.748	6.992	59.014	1.748	6.992	59.014	3.256	13.023	52.827
4	1.338	5.350	64.364	1.338	5.350	64.364	2.629	10.516	63.343
5	1.014	4.057	68.421	1.014	4.057	68.421	1.269	5.078	68.421
6	0.909	3.637	72.058	—	—	—	—	—	—
7	0.732	2.929	74.987	—	—	—	—	—	—
8	0.674	2.694	77.681	—	—	—	—	—	—
9	0.599	2.395	80.076	—	—	—	—	—	—
10	0.557	2.229	82.305	—	—	—	—	—	—
11	0.476	1.903	84.207	—	—	—	—	—	—
12	0.456	1.822	86.029	—	—	—	—	—	—
13	0.381	1.523	87.552	—	—	—	—	—	—
14	0.343	1.373	88.925	—	—	—	—	—	—
15	0.329	1.318	90.242	—	—	—	—	—	—
16	0.319	1.277	91.519	—	—	—	—	—	—
17	0.309	1.235	92.754	—	—	—	—	—	—
18	0.269	1.076	93.830	—	—	—	—	—	—
19	0.264	1.056	94.886	—	—	—	—	—	—
20	0.261	1.043	95.929	—	—	—	—	—	—
21	0.241	0.964	96.894	—	—	—	—	—	—
22	0.222	0.886	97.780	—	—	—	—	—	—
23	0.202	0.807	98.587	—	—	—	—	—	—
24	0.179	0.717	99.304	—	—	—	—	—	—
25	0.174	0.696	100.000	—	—	—	—	—	—

资料来源：笔者整理。

碎石图的横轴代表的是25个职业效益影响因素指标，纵轴代表的是它们的特征值，曲线由职业效益影响因素的 25 个特征值逐个连接而成，根据碎石图也可以看出，25 个因子中应提取的公因子数量，见图 4－3。从图 4－3 中可以看出，前两个公因子的特征值是最大的，随后各因子的特征值变化逐渐趋缓，从第 6 个因子开始下降幅度比较低，曲线相对较平坦，所以抽取前 5 个公因子是相对合理的。

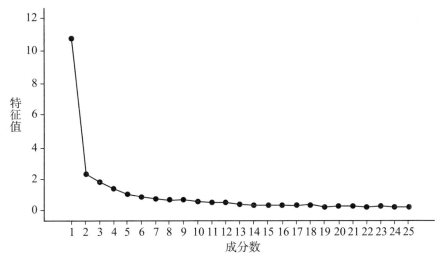

图 4－3　碎石图

资料来源：笔者整理。

3. 因子载荷矩阵

通过获得的成分矩阵，可以得到每个因子的负荷值，然后知道各个公因子所表示的含义，从而命名。采用方差最大化正交旋转法旋转抽取因子，旋转之后的因子矩阵见表 4－13。

表 4－13　　　　　　　各变量的因素负荷量及共同度

	成分					共同度
	1	2	3	4	5	
工作责任感	0.776	0.137	0.266	0.174	－0.089	0.729
成就追求	0.768	0.190	0.273	0.181	－0.049	0.735
知识与文化水平	0.761	0.206	0.218	0.102	0.066	0.684
对组织忠诚度	0.742	0.254	0.075	0.157	0.193	0.683
工作满意度	0.722	0.183	0.304	0.168	－0.135	0.693
专业技能水平	0.700	0.282	0.071	0.137	0.264	0.663

	成分					共同度
	1	2	3	4	5	
性格特点	0.606	0.344	0.127	0.062	0.317	0.606
管理者影响	0.257	0.754	0.216	0.047	0.076	0.689
激励方式	0.261	0.753	0.186	0.109	0.049	0.685
组织制度	0.149	0.740	0.250	0.104	0.025	0.644
人际关系	0.279	0.731	0.167	0.030	−0.070	0.646
组织文化	0.275	0.728	0.120	0.028	0.152	0.643
物理环境	0.109	0.722	0.319	0.136	−0.105	0.665
工作自主性	0.074	0.648	0.085	0.209	0.193	0.513
家庭人口数量	0.172	0.213	0.759	0.145	0.159	0.697
家庭地位	0.238	0.326	0.723	0.092	0.031	0.695
家庭支持	0.318	0.298	0.674	0.137	−0.019	0.663
成员关系	0.224	0.217	0.622	0.138	0.329	0.611
职场满足感	0.071	0.044	0.049	0.879	0.055	0.785
社会氛围	0.107	0.106	0.124	0.746	−0.037	0.595
社会地位感	0.235	0.122	0.167	0.737	0.170	0.670
榜样作用	0.346	0.216	0.182	0.609	0.172	0.599
亲朋认同感	0.324	0.413	0.248	0.484	0.005	0.571
国家政策法规	0.029	0.014	0.113	0.102	0.780	0.633
可持续发展观念	0.333	0.211	0.350	0.228	0.426	0.512

资料来源：笔者整理。

从表 4-13 能够看出，从共同度角度，每个项目的公因子方差大于 50%，这表示观察变量大部分变异都可以由公因子进行解释。

第一因子包括工作责任感、成就追求、知识与文化水平、对组织忠诚度、工作满意度、专业技能水平和性格特点，主要反映的是个人方面对于生产作业员工职业效益的影响，命名为个人因素；第二因子包括管理者影响、激励方式、组织制度、人际关系、组织文化、物理环境和工作自主性，主要反映的是组织方面对于生产作业员工职业效益的影响，命名为组织因素；第三因子包括家庭人口数量、家庭地位、家庭支持和成员关系，主要反映的是家庭方面对于生产作业员工职业效益的影响，命名为家庭因素；第四因子包括职场满足感、社会氛围、社会地位感、榜样作用和亲朋认同感，这里的职场满足感更多地体现与社会上其他行业员工进行对比所产生的满足感，这里的榜样作用更多地体现在社会上的劳动模范和行业精英等,这几个指标反映的都是社会方面对于生产作业员工职业效益的影响,命名为社会因素;第五因子对应的指标分别是国家政策法规和可持续发展观念,反映的是国家方面对于生产作业员工职业效益的影响,命名为国家因素。命名后结果见图4-4。

图4-4　公因子对应指标

资料来源:笔者整理。

4. 因子得分

将系数与对应的指标相乘后再求和，可以得到各个因子的得分，利用各个因子的得分能够对各个企业的职业效益影响因素的影响程度进行因子评分。运用回归分析的方法计算得出的因子成分得分系数矩阵见表4-14。

表4-14　　　　　　　　　　成分得分系数矩阵

	成分				
	1	2	3	4	5
性格特点	0.162	0.028	-0.119	-0.083	0.226
组织文化	-0.008	0.227	-0.128	-0.055	0.090
家庭地位	-0.072	-0.049	0.376	-0.059	-0.070
国家政策法规	-0.063	-0.041	-0.014	-0.046	0.681
知识与文化水平	0.239	-0.060	-0.035	-0.057	-0.020
家庭人口数量	-0.104	-0.097	0.417	-0.041	0.043
组织制度	-0.084	0.223	-0.017	-0.002	-0.038
可持续发展观念	0.007	-0.043	0.078	0.000	0.304
专业技能水平	0.214	0.002	-0.163	-0.041	0.171
社会氛围	-0.063	-0.009	-0.027	0.364	-0.133
激励方式	-0.030	0.227	-0.085	-0.007	-0.018
人际关系	-0.002	0.224	-0.077	-0.035	-0.115
对组织忠诚度	0.236	-0.013	-0.157	-0.027	0.103
社会地位感	-0.030	-0.031	-0.040	0.320	0.043
成就追求	0.233	-0.077	0.008	-0.011	-0.137
物理环境	-0.105	0.209	0.049	0.025	-0.163
成员关系	-0.070	-0.078	0.299	-0.054	0.207
职场满足感	-0.077	-0.018	-0.082	0.435	-0.054
管理者影响	-0.032	0.222	-0.060	-0.045	0.011
家庭支持	-0.030	-0.060	0.335	-0.034	-0.120
工作自主性	-0.096	0.223	-0.125	0.060	0.124
榜样作用	0.015	-0.009	-0.055	0.238	0.049
亲朋认同感	-0.023	0.021	0.038	0.167	-0.095
工作责任感	0.247	-0.097	0.016	-0.009	-0.170
工作满意度	0.216	-0.078	0.047	-0.006	-0.213

资料来源：笔者整理。

根据表4-14可以得到因子得分函数，其表达式见式（4-3）、式（4-4）、式（4 -5）、式（4 -6）、式（4 -7）：

$$F_1 = 0.162 \times X_1 - 0.008 \times X_2 - 0.072 \times X_3 \cdots\cdots + 0.216 \times X_{25} \quad (4-3)$$

$$F_2 = 0.028 \times X_1 + 0.227 \times X_2 - 0.049 \times X_3 \cdots\cdots - 0.078 \times X_{25} \quad (4-4)$$

$$F_3 = -0.119 \times X_1 - 0.128 \times X_2 + 0.376 \times X_3 \cdots\cdots + 0.047 \times X_{25} \quad (4-5)$$

$$F_4 = -0.083 \times X_1 - 0.055 \times X_2 - 0.059 \times X_3 \cdots\cdots - 0.006 \times X_{25} \quad (4-6)$$

$$F_5 = 0.226 \times X_1 + 0.090 \times X_2 - 0.070 \times X_3 \cdots\cdots - 0.213 \times X_{25} \quad (4-7)$$

其中，F_1 表示个人因素，F_2 表示组织因素，F_3 表示家庭因素，F_4 表示社会因素，F_5 表示国家因素，$X_1 - X_{25}$ 分别表示性格特点、组织文化、家庭地位……工作满意度。

5. 综合得分

在上述分析中我们抽取了公因子，利用简化后的公因子对企业生产作业员工职业效益影响因素进行综合评价。以 5 个公共因子所对应的方差贡献率为权重进行加权求和，进行归一化处理后获得样本对象的综合得分公式，其表达式见式（4 -8）和式（4 -9）：

$$ZF = (20.048 \times F_1 + 19.756 \times F_2 + 13.023 \times F_3 + 10.516 \times F_4 + 5.078 \times F_5)$$
$$\div 68.421 \quad\quad\quad\quad\quad\quad (4-8)$$

$$ZF = 0.293F_1 + 0.289F_2 + 0.190F_3 + 0.154F_4 + 0.074F_5 \quad (4-9)$$

其中，ZF 表示职业效益影响因素的综合得分，F_1 表示个人因素，F_2 表示组织因素，F_3 表示家庭因素，F_4 表示社会因素，F_5 表示国家因素。

根据因子分析得出，企业生产作业员工的职业效益由 5 个因子依据一定的权重共同决定，由方差贡献率可以计算出权重，能够得到各个公因子对综合得分的影响程度。

式（4 -9）表明，在员工职业效益影响因素中，个人因素所占权重最大，达到 0.293，组织因素所占权重为 0.289，家庭因素所占权重为 0.190，社会因素所占权重为 0.154，国家因素所占权重最小为 0.074，可以看出，个人因素和组织因素对职业效益的影响程度最大，起着举足轻重的作用，而社会因素和国家因素对于职业效益的影响较小，各因素对于职业效益的影响从高至低的顺序是个人因素、组织因素、家庭因素、社会因素、国家因素。

（三）问卷的信度和效度分析

1. 信度分析

信度（reliability）可以表明调查问卷测量结果的可信性、一致性以及稳定性，是考察问卷相关变量是否得到准确衡量的关键指标，信度的检验可以通过 α（Cronbach's Alpha）系数。一般认为，α 系数应大于或等于 0.5，如果大于 0.7 则被认为问卷较好的测量了变量，结果见表 4 -15。

表4-15   信度检验

维度名称	项目数（个）	α 系数
个人因素	7	0.896
组织因素	7	0.737
家庭因素	4	0.811
社会因素	5	0.878
国家因素	2	0.852
整体	25	0.925

资料来源：笔者整理。

从表4-15可知，无论是问卷整体还是各维度的 α 系数均在 0.70 以上，表示问卷能够较好地测量变量，测量结果还是比较可靠的。

2. 效度分析

效度（validity）可以用来表示测量方法或者工具对被测事项衡量的准确程度。此次研究检验了员工职业效益影响因素问卷的表面效度、内容效度以及结构效度。表面效度主要是根据常识和主观进行判断，而内容效度衡量的是调查问卷的结构和内容，它偏重于检验问卷内容覆盖范围的合理性，通过前文预调研已经测量了问卷的内容效度。

采用结构效度来检测调查问卷的具体效度，结构效度指实际得到结果与预期结果相符合的程度。运用 AMOS17.0 软件中的验证性因子分析对问卷结构效度进行检验，问卷共包括 5 个维度共 25 道题目，本次调研共发放问卷 260 份，回收 256 份，其中有效问卷 210 份，问卷回收率 98.5%，问卷回收有效率 82.0%。图4-5是结构效度检验的理论模型示意图。

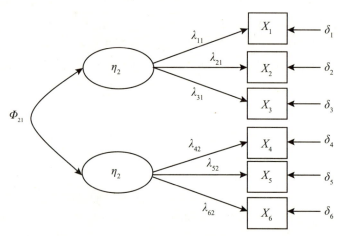

图4-5   验证性因素分析

资料来源：笔者整理。

在图 4 – 5 中，Φ_i 表示相关系数，η_i 代表潜在因子变量（即维度构面），λ_i 是因素载荷量，X_i 称作观察变量（测量指标），δ_i 为残差项。设通过因子分析获得因子变量 η_1 和 η_2。如果根据专业理论，η_1 和 η_2 之间是相互独立，那么，Φ_{21} 应该是 0；如果 η_1 和 η_2 之间是负相关的，那么，Φ_{21} 应该小于 0；如果 η_1 和 η_2 之间是正相关的，那么，Φ_{21} 应该大于 0。

（1）结构效度检验标准。本书利用组合信度和平均方差提取量检验结构效度情况。

①组合信度。组合信度也叫构念效度，是收敛效度的一种评价指标。组合信度表示所测量指标的内在关联程度，一般组合信度在 0.6 以上为最好。

组合信度的计算公式见式（4 – 10）：

$$\rho_c = \frac{(\sum \lambda)^2}{[(\sum \lambda)^2 + \sum \theta]} \tag{4 – 10}$$

式（4 – 10）中，λ 为观察变量在潜在变量上的标准化参数，即指标因素负荷量；θ 为指标变量的误差变异量。

②平均方差提取量（AVE）。AVE 表示潜在变量构念所能够解释的指标变量变异量的程度，一般要求平均方差提取量的值大于 0.5。其计算公式见式（4 – 11）：

$$\rho_v = \frac{(\sum \lambda^2)}{[(\sum \lambda^2) + \sum \theta]} \tag{4 – 11}$$

式（4 – 11）中，λ 为观察变量在潜在变量上的标准化参数，即指标因素负荷量；θ 为指标变量的误差变异量。

（2）结构效度检验。采用 AMOS17.0 软件绘制出企业生产作业员工职业效益影响因素模型图，通过运行此模型，得出员工职业效益影响因素各指标即构面之间的因子载荷图，见图 4 – 6。

根据图 4 – 6 的因子载荷图，本书计算出该模型的结构效度指标，见表 4 – 16。

表 4 – 16　　员工职业效益影响因素模型验证性因子分析

潜变量	测量指标	因素负荷量	组合信度	AVE
个人因素	工作责任感	0.869	0.933	0.668
	成就追求	0.869		
	知识与文化水平	0.862		
	对组织忠诚度	0.809		

潜变量	测量指标	因素负荷量	组合信度	AVE
个人因素	工作满意度	0.836	0.933	0.668
	专业技能水平	0.804		
	性格特点	0.650		
组织因素	管理者影响	0.696	0.887	0.529
	激励方式	0.789		
	组织制度	0.774		
	人际关系	0.700		
	组织文化	0.757		
	物理环境	0.676		
	工作自主性	0.689		
家庭因素	家庭人口数量	0.550	0.799	0.504
	家庭地位	0.676		
	家庭支持	0.760		
	成员关系	0.825		
社会因素	职场满足感	0.844	0.917	0.689
	社会氛围	0.843		
	社会地位感	0.854		
	榜样作用	0.808		
	亲朋认同感	0.801		
国家因素	国家政策法规	0.877	0.845	0.732
	可持续发展观念	0.834		

资料来源：笔者整理。

由表4-16可知，各个潜在变量的组合信度取值在0.799～0.933之间，都大于0.6，各个潜在变量AVE取值在0.504～0.732之间，都大于0.5，因此研究所确定的员工职业效益影响因素模型效度得到验证。

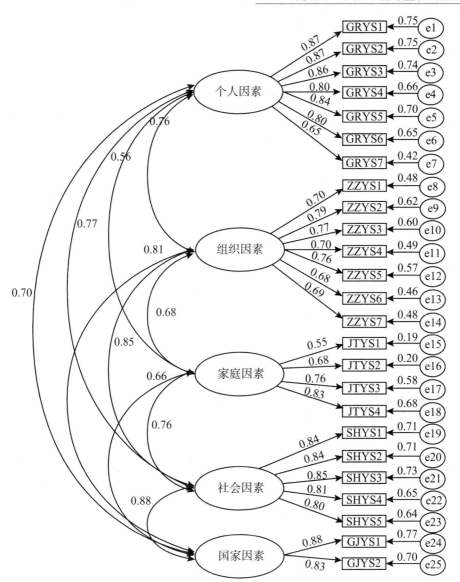

图4-6　员工职业效益影响因素模型验证性因子载荷

资料来源：笔者整理。

四、员工职业效益影响因素模型意义分析及相关建议

员工职业效益影响因素公式（4-9）表明，员工职业效益影响因素由大到小分别是 F_1 个人因素，F_2 组织因素，F_3 家庭因素，F_4 社会因素，F_5 国家因素，这个模型对指导企业员工管理和国家制定劳动者相关政策都有重要意义。

（一）模型意义分析

1. 作用价值

从员工职业效益影响因素公式中了解到个人、组织、家庭、社会和国家对员工职业效益有不同影响程度，式（4-9）属于职业效益影响因素的函数关系式，是一种数量模型，具有重要意义或价值。①各因素的系数可以明晰其影响因素的重要性，便于认识和分清主次影响因素；②可以利用影响因素系数作参数，计算企业员工或有关社会职能组织员工职业效益的量值，判断评价员工职业效益状况；③可为做好员工管理作参考，在主要影响因素上下功夫，有利于促进讲求和提高员工职业效益。

2. 完善研究

从研究结果可知，员工职业效益影响因素按重要程度的大小排序，分别是个人因素、组织因素、家庭因素、社会因素、国家因素，其中，个人因素与组织因素差距不大，后三个因素差距较大，说明个人因素与组织因素是员工职业效益最主要影响因素，但后三位因素也不可忽视的。总体上与人们的一般主观判断大体相当。

同时，也要指出，这一研究结果是初步的探讨，特别是未能明晰影响因素的细化要素，缺乏对各因素细化要素的研究明晰，还需要从不同的社会职能组织等方面，对员工职业效益影响因素做进一步研究，不断完善。

（二）相关建议

为全面建成小康社会和实现中华民族复兴的中国梦，中央强调要以人为本，以人民为核心，围绕人民利益，提高发展效益和实现共同利益，全面改善人民生活，提高人民生活水平，实现共同富裕，始终重视强调效益与实现效益，这必然重视讲求和提高员工职业效益。[1]

员工是社会的主要主体，作为社会劳作者分布在三百六十行从事各种职业，直接关系国民经济与社会发展。所有从业公民都努力，讲求提高各种职业效益，都达到了国家和人民的要求，小康社会就全面实现了，"中国梦"也必将实现，中国社会必将更加繁荣富强，中国人民将拥有更加美好的未来，将为人类做出更大的贡献。

（1）应注重员工专业技能培养，加强对员工专业技能培训，包括安排师傅指导，车间定期举行一些专业技能比赛，加强实践学习，努力提高员工专业技能水平。

---

① 齐经民，杨诗维. 效益考核与绩效考核的比较分析及其转换建议 [J]. 开发研究，2016（5）

（2）应改善员工工作环境，协调分工合作关系，和谐人文氛围，配套完善良好的人机系统，创造适宜的物理和技术条件，促进员工提高劳作质量和效率。

（3）应多关心员工，了解员工工作和生活中的具体困难和需要，注意和帮助员工解决生活困难，解除工作的后顾之忧，使员工倾心工作，努力提高职业效益。

（4）应发挥榜样作用，对表现超群、业绩显著、效益突出的优秀员工，大力嘉奖表扬，鼓励大家学习，作为榜样目标，比学赶帮，促进全员提升，提高企业等社会职能组织效益。

通过多方面的努力，提高员工职业效益，进而提高企业等社会职能组织的效益，促进国民经济和社会和谐发展与进步文明。

第五章　管理职业效益影响因素

　　职业效益影响因素是职业经济研究的一个基本内容，直接关系讲求提高职业效益，在明晰影响因素的基础上才能把握要点和关键，争取比较好的职业效益。各行各业都存在既定的职业效益影响因素，特别是管理职业效益关联因素多，管理职业人是最主要的社会主体，具有十分重要的地位和作用①，对其他职业活动具有支配、约束等作用，从根本上说就是管人做事，用较少的花费做好较多的事，多方受益，更好地满足生活需要。这里以比较典型的企业管理职业为例，调研历时月余完成于 2016 年 7 月，研究管理职业效益影响因素。

一、管理职业效益影响因素分析及其选择

　　管理职业效益是指管理职业者用较少的消耗为包括自己的大家获得较多的利益，大家包括管理职业者个人、消费者、内外合作者、国家、居民和未来人，效在多方，益在多处。人们的从业及其管理是在自然界的人类社会里进行的，在多方面的关系中实现的，影响因素就在其中。特别是管理相关的直接制约影响因素，是最基本的。这里主要以多重管理原理研究管理职业效益的影响因素。

（一）管理职业效益影响因素选择分析框架

　　管理作为自然界中人类活动的一种现象，是自然界作用于人的结果②。从人的管理意志来讲，管理的主旨与实质就是要人把事情做好，达到预期目的，但促使人把事情做好的因素很多，不仅有人的因素，还有非人的因素。管理不仅来源于人的主观能动性，也来源于外界因素的客观自然性。考察和透视人类生产劳作等生活场景，我们可以了解到一系列的管理现象。管理无处不在，无时不有，形式多样，表现为现实中客观存在的各种管理现象，可概括和分为七

① 齐经民. 职业经济学（第 2 版）[M]. 经济科学出版社，2004；202 - 203
② 主要从大自然造就人，并赋予人具有高级理性和能动性，能够认识包括自己的客观存在现象，并用认识的学问、经验、秩序和规律，指导自己的实践，实现预期目标，更好地生活，人的这种利用自己的认识指导和控制生活实践活动就是管理，其基本思想见笔者等所著的 2007 年在经济科学出版社出版的《人力资源管理》第 22～24 页。

重管理①：个人管理、家庭管理、单位管理、行会管理、国家管理、全球管理与自然管理，见图 5－1。

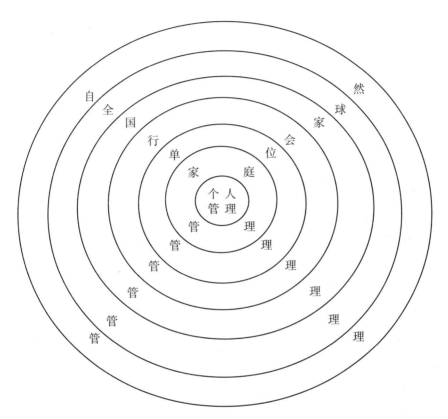

图 5－1　七重管理

资料来源：齐经民等．人力资源管理［M］．经济科学出版社，2007：23

①个人管理主要是当事人自己在日常生活和工作中，事先进行思量和选择，做出计划安排与行动实施，努力实现自己目标的活动。②家庭管理主要是家庭主要成员对家庭人员的学习、工作、收入、花费等的要求与约束。③单位管理主要是工厂、商店、银行、学校、医院、政府等各种劳作组织对所属员工的业务要求和调控。④行会管理主要是行业协会对所属的会员制定行规、提供信息咨询和技术培训等活动。⑤国家管理主要是国家对所属区域的公民行为进行法规、公约等规范和约束。⑥全球管理主要是联合国等全球机构对人类活动的干预和控制。⑦自然管理主要是大自然用气候变化、时

---

① 齐经民，李雪冬，陈居华．多重管理论［J］．甘肃社会科学，2010（5）

令变换的秩序，以及洪水、冰雹、沙尘暴等灾害，告知人类停止不良行为，良好文明生活。

这七个方面的管理紧密相连，互相影响。个人属于家庭，职业人属于一定的企事业等组织单位，企事业等组织单位属于一定的行业、社会、国家，国家属于人类社会，人类社会属于大自然，关联作用，无不与企业管理职业效益相关。因此，个人管理、家庭管理、单位管理、行会管理、国家管理、全球管理以及自然管理七个维度，可以作为选择影响企业管理职业效益因素的分析框架。

需要明确指出的是，这里的多重管理就是个人、家庭、单位、行会、国家、全球与自然诸方面因素对人的影响作用方式，事实上对人的作用无论是主观的还是客观的，都是通过人的主观意识接收识别并转化为思想与实践活动行为，这是管理作为的现象，是人的理智与能动性的反映，是人的普遍存在的生活状态。如果不从"管理"的视角讲也可以，那直接就可以表达为个人因素、家庭因素、单位因素、行会因素、国家因素、全球因素与自然因素。这里，笔者是从管理的视角研究的，故称为诸"管理因素"。

（二）多重管理视角的管理职业效益影响因素调查设计

上面明确的个人管理、家庭管理、单位管理、行会管理、国家管理、全球管理与自然管理，是七个大方面的一级影响因素，必须细化选择具体的二级影响因素。为了保证选取的企业管理职业效益影响因素更完整准确，同时不过于繁复，笔者首先从大量学术文献中提取备选的二级影响因素，然后向有关专家学者咨询，之后发放初始问卷进行试测，最终确定影响因素。即通过参考相关文献资料，紧扣前面叙述的理论思想，甄选出一定数量的影响因素；征求有关专家学者的建议，对影响因素进行甄别与补充；并选择一定量的样本进行测试，修正完善调查问卷。统计分析收回的问卷数据，根据其数据反馈的结果，并结合企业经理层的职位特点，建立起企业管理职业效益影响因素体系。

1. 职业效益影响因素指标的初步确立与问卷编制

在进行本研究时，坚持按照一致性、系统性和匹配性的原则选择确立指标。笔者根据对七个维度的深入分析，利用中国优秀博硕士学位论文全文数据库、中国期刊全文数据库查找文献资料，认真阅读和研究后，把文献资料归纳整理，选取其中84篇作为重点参考文献，利用相关理论和思想进行一定判断选择，共获取48项影响因素，构成影响因素库Ⅰ。为了便于区分，我们把七个维度命名为维度因素，每一维度包含的影响因素称为具体因素。见表 5 - 1。

表 5 - 1　　　　　　　　　影响因素库Ⅰ

序号	具体因素	序号	具体因素	序号	具体因素
1	管理理念	17	团队素质	33	市场管理
2	发展目标	18	制度体系	34	投资管理
3	规划能力	19	政策执行	35	融资管理
4	教育程度	20	企业文化	36	权益保障
5	管理技能	21	组织民主度	37	税收管理
6	沟通表达	22	志趣匹配	38	政府效力
7	基层历练	23	工作环境质量	39	政治环境
8	政治意识	24	薪酬福利	40	创新管理
9	民主公正	25	晋升机会	41	国际贸易管理
10	人际协调	26	信息服务	42	国际金融管理
11	家庭经济水平	27	统计研究	43	非政府组织活动
12	父母文化水平	28	推广培训	44	国际集体运动
13	家庭结构	29	行业自律	45	地理环境
14	成员关系	30	沟通协调	46	自然资源
15	家庭教育	31	职称评定	47	自然风险防控
16	家庭期望	32	资质认定	48	自然规律认知

资料来源：笔者整理。

其中，个人管理因素维度包含序号 1～10 的 10 个具体因素，家庭管理因素维度包含 11～16 的 6 个具体因素，单位管理因素维度包含 17～25 的 9 个具体因素，行会管理因素维度包含 26～32 的 7 个具体因素，国家管理因素维度包含 33～40 的 8 个具体因素，全球管理因素维度包含 41～44 的 4 个具体因素，自然管理因素维度包含 45～48 的 4 个具体因素。

征求相关专家学者意见，对指标进行了完善和补充，在七个维度因素中，先后补充添加了廉洁自律、家庭支持、工作条件齐全度、发展公益、腐败控制、全球权益管理，最终确立了 54 个具体因素的影响因素库Ⅱ，见表 5 - 2。

表5-2　　　　　　　　　　影响因素库Ⅱ

序号	具体因素	序号	具体因素	序号	具体因素
1	管理理念	19	团队素质	37	市场管理
2	发展目标	20	制度体系	38	投资管理
3	规划能力	21	政策执行	39	融资管理
4	教育程度	22	企业文化	40	权益保障
5	管理技能	23	组织民主度	41	税收管理
6	沟通表达	24	志趣匹配	42	政府效力
7	基层历练	25	工作条件齐全度	43	政治环境
8	政治意识	26	工作环境质量	44	腐败控制
9	民主公正	27	薪酬福利	45	创新管理
10	廉洁自律	28	晋升机会	46	国际贸易管理
11	人际协调	29	信息服务	47	国际金融管理
12	家庭经济水平	30	统计研究	48	全球权益管理
13	父母文化水平	31	推广培训	49	非政府组织活动
14	家庭结构	32	发展公益	50	国际集体运动
15	成员关系	33	行业自律	51	地理环境
16	家庭教育	34	沟通协调	52	自然资源
17	家庭期望	35	职称评定	53	自然风险防控
18	家庭支持	36	资质认定	54	自然规律认知

资料来源：笔者整理。

　　其中，个人管理因素维度包含序号1~11的11个具体因素，家庭管理因素维度包含序号12~18的7个具体因素，单位管理因素维度包含序号19~28的10个具体因素，行会管理因素维度包含序号29~36的8个具体因素，国家管理因素维度包含序号37~45的9个具体因素，全球管理因素维度包含序号46~50的5个具体因素，自然管理因素维度包含序号51~54的4个具体因素。以此设计初始问卷，具体如下。

　　第一，研究设计的《企业管理职业效益影响因素调查问卷》具体由两个部分构成：（1）调查对象个人的基本信息，主要有性别、年龄、学历、岗位领域和工作时间等；（2）具体的企业管理职业效益影响因素及重要性程度选项。

第二，企业管理职业效益影响因素评分的获取。该研究对各项影响因素进行测量，设置 Likert 的五点等级量表，测评按照不关键、较不关键、一般、较关键、关键设为 5 个等级，并赋予各等级一定的分数，这里五个等级依次被赋予 1 分、2 分、3 分、4 分、5 分，让调查对象进行判断。

2. 试测问卷的发放

选择合适的调研对象是调研过程中重要的要求，这关系到调研结果的可靠性程度。前面中已经提到，研究对象确定为企业中的经理层，具体包括总经理、副总经理、职能部门经理及其他主管等。这些管理者提纲带目，统辖企业运营发展，在组织中起到非常重要的作用。研究问卷发放过程中我们对企业管理职业效益内容作了较为详细地介绍，以使调查对象能深入理解其中内涵，从而做出合理的判断。发放调查问卷主要通过笔者自行发放、委托相关人士的方式。调研的企业涉及民营、中外合资、国企等类型，这为我们提供了丰富的样本资源。

（三）试测问卷的统计分析

1. 基本信息分析

问卷发放总数共计 170 份，其中收回 150 份，排除无效作废的，有效问卷数量为 138 份，回收率为 88.2%，有效率为 92.0%。我们将此次试测问卷的样本基本情况数据进行统计，具体情况，见表 5 - 3。

表 5 - 3　　　　　　　试测问卷样本基本情况

样本属性	类别	人数	比例（%）	样本属性	类别	人数	比例（%）
性别	男	122	88.7	年龄	20~30 岁	17	12.4
					31~40 岁	31	22.7
					41~50 岁	70	50.5
	女	16	11.3		51~60 岁	20	14.4
					60 岁	0	0.0
学历	中专以下	9	6.2	任职岗位	总经理	3	2.1
	中专	10	7.2				
	大专	30	21.6		副总经理	13	9.3
	本科	71	51.5				
	硕士	17	12.4		部门经理或主管	122	88.6
	博士	1	1.1				

续表

样本属性	类别	人数	比例（%）	样本属性	类别	人数	比例（%）
目前岗位任职时间	1 年以内	17	12.4	家庭与工作地址一致性	是	110	79.4
	1~3 年	26	18.6				
	4~6 年	34	24.7				
	7~10 年	24	17.5		否	28	20.6
	10 年以上	37	26.8				

资料来源：笔者整理。

由表 5-3 可知，被调查对象中主要以 31~50 岁的男性为主，女性管理职业者整体数量较少，也从侧面反映了调研企业经理层中男性居多的现象。其中 65% 的调研对象的学历在本科及以上，说明他们中多数具有较好的教育背景。本次调研的管理职业者中 69% 在目前任职岗位上的任职时间达到 4 年以上，他们对于目前的职业相对有更深刻的认识。此次调研，涉及的样本中 79.4% 的家庭住址与工作地一致。从基本情况分析来看，本次试测中选取的样本涵盖范围广，紧贴研究对象的标准，基本能够反映本次研究的真实情况。

2. 描述性统计分析

对试测问卷进行描述统计分析解读，可以在一定程度上检测数据的质量与属性，具体见表 5-4。

表 5-4　　　　　　　　试测问卷描述性分析结果

具体因素	样本数	极小值	极大值	均值	标准差	偏度	峰度
$X1$	138	1	5	4.28	1.068	-1.367	0.892
$X2$	138	1	5	4.33	0.976	-1.464	1.670
$X3$	138	1	5	4.41	0.851	-1.636	2.756
$X4$	138	1	5	3.76	1.058	-0.531	-0.266
$X5$	138	2	5	4.34	0.840	-1.040	0.142
$X6$	138	2	5	4.39	0.848	-1.377	1.225
$X7$	138	2	5	4.15	0.928	-0.795	-0.375
$X8$	138	2	5	4.23	0.835	-0.670	-0.630
$X9$	138	2	5	4.31	0.795	-0.871	-0.068
$X10$	138	2	5	4.43	0.828	-1.412	1.271

具体因素	样本数	极小值	极大值	均值	标准差	偏度	峰度
$X11$	138	2	5	4.32	0.744	-0.907	0.467
$X12$	138	1	5	3.54	1.119	-0.867	0.286
$X13$	138	1	5	3.28	1.161	-0.361	-0.734
$X14$	138	1	5	3.34	1.108	-0.619	-0.197
$X15$	138	2	5	3.88	0.938	-0.444	-0.676
$X16$	138	1	5	3.94	0.933	-0.817	0.683
$X17$	138	1	5	3.69	0.972	-0.798	0.750
$X18$	138	1	5	4.00	0.901	-0.610	0.028
$X19$	138	1	5	4.12	0.927	-1.132	1.022
$X20$	138	1	5	4.20	0.772	-1.047	2.113
$X21$	138	2	5	4.30	0.779	-1.121	1.188
$X22$	138	2	5	4.18	0.777	-0.589	-0.289
$X23$	138	2	5	4.12	0.881	-0.900	0.249
$X24$	138	1	5	3.97	0.918	-1.010	1.204
$X25$	138	1	5	3.89	0.900	-0.823	0.951
$X26$	138	2	5	3.81	0.870	-0.306	-0.564
$X27$	138	1	5	4.24	0.801	-1.203	2.219
$X28$	138	2	5	4.25	0.866	-0.997	0.279
$X29$	138	1	5	3.46	0.936	-0.282	-0.204
$X30$	138	2	5	3.60	0.837	0.118	-0.624
$X31$	138	2	5	3.74	0.820	-0.066	-0.612
$X32$	138	2	5	3.58	0.840	0.290	-0.672
$X33$	138	1	5	3.58	0.977	-0.222	-0.338
$X34$	138	1	5	3.64	0.926	-0.338	0.045
$X35$	138	2	5	3.72	0.838	0.026	-0.748
$X36$	138	1	5	3.70	0.948	-0.486	0.377
$X37$	138	1	5	4.09	1.032	-1.003	0.352
$X38$	138	2	5	4.10	0.884	-0.575	-0.649
$X39$	138	2	5	4.09	0.879	-0.560	-0.636
$X40$	138	2	5	4.16	0.886	-0.699	-0.509
$X41$	138	1	5	4.01	0.941	-0.710	0.006

具体因素	样本数	极小值	极大值	均值	标准差	偏度	峰度
$X42$	138	2	5	4.18	0.804	-0.576	-0.514
$X43$	138	1	5	4.09	0.958	-0.696	-0.285
$X44$	138	1	5	4.08	0.965	-0.736	-0.192
$X45$	138	2	5	4.19	0.858	-0.774	-0.202
$X46$	138	1	5	3.72	0.976	-0.372	-0.511
$X47$	138	2	5	3.78	0.869	0.147	-1.145
$X48$	138	2	5	3.80	0.909	-0.194	-0.854
$X49$	138	1	5	3.54	1.031	-0.302	-0.384
$X50$	138	1	5	3.52	1.081	-0.293	-0.467
$X51$	138	1	5	3.85	1.074	-0.664	-0.383
$X52$	138	2	5	4.14	0.935	-0.762	-0.469
$X53$	138	1	5	3.98	0.946	-0.636	-0.142
$X54$	138	2	5	3.87	0.964	-0.366	-0.880

资料来源：笔者整理。

在进行描述性统计分析时，吴明隆认为，[①] 偏度绝对值 3，峰度绝对值 8 时，此时可以说明样本数据是正态分布。根据下表可知本统计结果中偏度与峰度符合上述要求。表中数据显示各具体因素的平均值都大于 3，说明此次问卷调查设计的因素较为被认可。标准差的最大值为 1.161，最小值为 0.772，标准差越大越说明被试的回答分歧大，所以前者在调查中对该因素的回答分歧高，对后者的分歧低。

3. 独立样本 T 检验

独立样本 T 检验一般用来区分调查对象的实际差异程度。具体实施步骤是将调查对象在问卷中的总得分由高到低进行排序，分别找出分数最高和分数最低的 27% 作为高分组别与低分组别，再对这两个小组的调查对象在每个因素上的得分平均数进行差异显著性检验，把没有通过显著性水平检验的因素删除。首先对 138 份企业管理职业效益影响因素研究的初始调查问卷进行分数求和排序，之后选取得分最高与得分最低的 26 组，对这些数据做独立样本 T 检验，结果见表 5-5。

---

① 吴明隆. 结构方程模型——AMOS 的操作与应用 [M]. 重庆：重庆大学出版社，2009：58-90

表5－5　　　　　　　　　试测问卷独立样本T检验

具体因素	T 值	Sig.（双侧）	具体因素	T 值	Sig.（双侧）	具体因素	T 值	Sig.（双侧）
X1	8.950	0.000	X19	7.530	0.000	X37	7.410	0.000
X2	6.307	0.000	X20	9.192	0.000	X38	10.331	0.000
X3	4.300	0.000	X21	6.062	0.000	X39	7.133	0.000
X4	4.303	0.000	X22	12.737	0.000	X40	7.268	0.000
X5	6.957	0.000	X23	6.828	0.000	X41	7.973	0.000
X6	6.782	0.000	X24	7.488	0.000	X42	9.537	0.000
X7	6.005	0.000	X25	8.321	0.000	X43	8.832	0.000
X8	7.667	0.000	X26	4.458	0.000	X44	7.372	0.000
X9	9.679	0.000	X27	4.417	0.000	X45	6.699	0.000
X10	8.314	0.000	X28	10.198	0.000	X46	10.848	0.000
X11	6.481	0.000	X29	11.433	0.000	X47	9.262	0.000
X12	5.326	0.000	X30	7.146	0.000	X48	5.410	0.000
X13	6.758	0.000	X31	4.811	0.000	X49	9.722	0.000
X14	4.571	0.000	X32	9.712	0.000	X50	9.644	0.000
X15	8.267	0.000	X33	10.290	0.000	X51	9.802	0.000
X16	6.277	0.000	X34	7.190	0.000	X52	9.129	0.000
X17	4.761	0.000	X35	5.108	0.000	X53	8.232	0.000
X18	8.782	0.000	X36	4.924	0.000	X54	14.078	0.000

资料来源：笔者整理。

由表5－5可知，所有因素的高低分组平均数差异检验的 T 检验均达到 0.05 的显著水平，且 T 统计量均超过了 3 的临界水平，表明高低分组之间在此因素上存在显著差异，故可判断所有因素的鉴别度较好。

4. 信度检验

信度分析是有效对问卷的可靠性程度、稳定性程度及一致性程度进行评价的方法。利用 SPSS20.0 对试测问卷调查数据进行信度分析时，采用 Cronbach － α 检验法分别对 7 个维度因素和 54 个具体因素进行信度检验。学者们在界定 Cronbach － α 值上存在不同意见。Nunnally 认为，Cronbach － α 值在 0.5 ~ 0.6 之间可接受；Churchill 认为 Cronbach － α 值在 0.5 ~ 0.7 之间可接受，大于 0.7 是较好的情况。① 综合学者们的意见，本书将 0.5 作为一个分界标准，即 Cron-

① 闫慧玲. 中小企业中层管理者胜任力与工作绩效的关系研究 ［D］. 秦皇岛：燕山大学，2014：35 － 37

bach – α 值大于 0.5 认为是可接受的情况。见表 5 – 6。

表 5 – 6　　　管理职业效益影响因素试测问卷内部一致性信度分析

维度因素	Cronbach – α	具体因素个数
个人管理因素	0.910	11
家庭管理因素	0.900	7
单位管理因素	0.911	10
行会管理因素	0.948	8
国家管理因素	0.948	9
全球管理因素	0.921	5
自然管理因素	0.885	4
总计	0.976	54

资料来源：笔者整理。

由表 5 – 6 可知，各维度因素的 Cronbach – α 均在 0.800 以上，整体因素的 Cronbach – α 也达到 0.976，接近系数 1.000。这充分表明，在每一维度中各具体因素具有较高的一致性，而且整体的内部一致性也较高，从而进一步反映了较高信度的问卷和可靠性的测量结果。

综合以上分析，没有要删除的具体因素，最终从七个维度确立了 54 个具体因素，即个人管理因素（$X1 \sim X11$）、家庭管理因素（$X12 \sim X18$）、单位管理因素（$X19 \sim X28$）、行会管理因素（$X29 \sim X36$）、国家管理因素（$X37 \sim X45$）、全球管理因素（$X46 \sim X50$）及自然管理因素（$X51 \sim X54$）。

二、管理职业效益影响因素体系及模型

通过以上研究确定了七个维度的 54 个具体因素，下面通过进一步调查分析，确定管理职业效益影响因素体系及其一般模型。

（一）数据收集与样本描述性统计

1. 正式问卷的发放与收集

本次以河北省作为发放问卷的范围。发放对象为企业的经理层，具体包括总经理、副总经理、职能部门经理及主管等。在正式调查问卷发放过程中主要还是依靠自己发放和借助相关人士进行投放的途径。从 2016 年 6 月 21 日至 2016 年 7 月 28 日，本次问卷发放历经一个多月时间，一共发放 380 份，收回

问卷共计353份，除去不合格的，最后统计合格的问卷共303份，回收有效率为85.8%。

2. 样本特征描述性统计

这里将得到的调查问卷样本数据进行数据描述性分析，见表5-7。

表5-7　　　　　　　正式问卷样本基本情况

样本属性	类别	人数	比例（%）	样本属性	类别	人数	比例（%）
性别	男	280	92.4	年龄	20～30岁	35	11.6
					31～40岁	128	42.4
					41～50岁	107	35.2
	女	23	7.56		51～60岁	33	10.8
					60岁	0	0.00
学历	中专以下	20	6.6	任职岗位	总经理	5	1.7
	中专	41	13.5				
	大专	71	23.4		副总经理	19	6.2
	本科	150	49.5				
	硕士	19	6.3		部门经理或主管	279	92.1
	博士	2	0.7				
目前岗位任职时间	1年以内	21	6.9	家庭与工作地址一致性	是	245	80.9
	1～3年	43	14.2				
	4～6年	80	26.4				
	7～10年	99	32.7		否	58	19.1
	10年	60	19.8				

资料来源：笔者整理。

由表5-7可知，经理层的管理职业者中31～50岁的男性居多，学历在本科及以上的人数占56.5%，说明被试者具有较好的教育背景。另外，从数据来看，女性管理职业者整体数量较少。从目前岗位任职时间来看，任期在7年及以上的占到52.5%，其次4～6年的也占到了26.4%，总体来看此次调查问卷的被调查者具有较丰富的管理经验。此次调研，涉及的样本中80.9%的家庭住址与工作地一致。从基本情况分析来看，本次试测中选取的样本涵盖范围广，紧贴研究对象的标准，基本能够反映本次研究的真实情况。

（二）信度与效度检验

1. 信度检验

对数据进行信度验证，通过验证检验此次问卷调查得到数据是否可靠准确，根据前面所述标准要求，验证结果见表5-8。

表5-8 管理职业效益影响因素正式问卷内部一致性信度分析

信度值	个人管理因素	家庭管理因素	单位管理因素	行会管理因素	国家管理因素	全球管理因素	自然管理因素
维度分量表 α 系数	0.887	0.881	0.903	0.944	0.935	0.920	0.903
总量表 α 系数	0.975	—	—	—	—	—	—

资料来源：笔者整理。

由表5-8可知，正式问卷中各维度的 Cronbach-α 系数均高于0.5的标准水平，总体的 Cronbach-α 系数为0.975。说明量表稳定性及内部一致性较高，测量结果较可靠，信度得到验证。

2. 效度检验

关于效度的概念请参见第4章相关部分，本章主要是所做问卷的内容效度和结构效度。

（1）内容效度检验。内容效度其实就是对问卷里涉及的各个项目表达测量内容程度进行主观上的评价。本书通过理论结合实践设计了企业管理职业效益影响因素问卷，其中包括发放试测问卷，与相关专家学者商讨，最后做出正式的调查问卷。问卷紧贴企业管理职业效益内涵，从七个维度设计影响因素，因此，内容效度得到保证。

（2）结构效度检验。运用AMOS20.0软件建立企业管理职业效益影响因素结构模型，通过运行此模型，得出各因素即构面之间的因子载荷，见表5-9。

因素载荷量 λ_i 的数值表示观察变量在对应潜在变量上的相对重要性，其值大于0.5一般代表模型的基本适配度较好，该值愈大，表示测量指标能有效反映其要测得的维度构面特质。

由表5-9能够看出，因素载荷量值处于0.54~0.89之间，说明模型的基本适配度较好，各维度构面下的观察变量能较好反映其要测量的构念特质。

表 5 - 9　　　　　　　　　　观察变量的因素载荷量

因素名称	个人管理因素										
	X1	X2	X3	X4	X5	X6	X7	X8	X9	X10	X11
因素载荷量	0.67	0.65	0.57	0.54	0.62	0.66	0.69	0.67	0.69	0.75	0.63

因素名称	家庭管理因素						
	X12	X13	X14	X15	X16	X17	X18
因素载荷量	0.67	0.69	0.66	0.70	0.76	0.73	0.81

因素名称	单位管理因素									
	X19	X20	X21	X22	X23	X24	X25	X26	X27	X28
因素载荷量	0.75	0.71	0.67	0.76	0.77	0.72	0.67	0.58	0.66	0.68

因素名称	行会管理因素							
	X29	X30	X31	X32	X33	X34	X35	X36
因素载荷量	0.86	0.86	0.82	0.84	0.82	0.79	0.79	0.80

因素名称	国家管理因素								
	X37	X38	X39	X40	X41	X42	X43	X44	X45
因素载荷量	0.81	0.83	0.80	0.81	0.83	0.74	0.73	0.75	0.76

因素名称	全球管理因素					自然管理因素			
	X46	X47	X48	X49	X50	X51	X52	X53	X54
因素载荷量	0.79	0.83	0.84	0.86	0.85	0.82	0.82	0.82	0.89

资料来源：笔者整理。

　　潜在变量间的相关系数 Φ_i 表示变量间的相关性。一般认为，相关系数 Φ_i 的绝对值大于 0.3，显示因素间有中高度的相关性，其值越高越能说明这些因素间有另一个更高阶的共同因素存在。各维度因素的相关系数见表 5 - 10。

表 5 - 10　　　　　　　　　潜在变量相关系数

项目	个人管理	家庭管理	单位管理	行会管理	国家管理	全球管理	自然管理
个人管理	—	0.72	0.83	0.67	0.74	0.60	0.64
家庭管理	0.72	—	0.76	0.74	0.63	0.63	0.61
单位管理	0.83	0.76	—	0.68	0.78	0.60	0.66
行会管理	0.67	0.74	0.68	—	0.77	0.79·	0.68
国家管理	0.74	0.63	0.78	0.77	—	0.75	0.70
全球管理	0.60	0.63	0.60	0.79	0.75	—	0.74
自然管理	0.64	0.61	0.66	0.68	0.70	0.74	—

资料来源：笔者整理。

由表 5-10 可以看出，潜在变量间的相关性系数在 0.60~0.83 的范围内，说明维度因素两两之间有较好的相关性，即这七个维度因素构念间有较高的相关度。综上所述，本研究所确定的企业管理职业效益影响因素结构模型效度得到验证。

（三）维度的因子分析

因子分析法是要找出问卷潜在结构，根据各变量间的内在联系进行分类，将相关性较高的变量划为一类，并用一个公因子进行表示。通过归类各变量，用少数几个假想变量最大限度地保持与解释各变量之间的关系。我们利用 SPSS20.0 对七个维度做探索性因子分析，从各维度的多个项目因素中提取出公因子，并对这些公因子进行命名。

1. 个人管理因素

个人管理因素维度包含了 11 个具体因素。因子分析前，要对因素的可行性进行验证，利用 SPSS20.0 统计分析工具检测样本数据的 KMO 值和 Bartlett 值，见表 5-11。

表 5-11　个人管理因素的 KMO 检测值和 Bartlett 球型检验

KMO 检测值	Bartlett 球型检验		
	卡方统计值	自由度	显著性水平
0.893	1420.442	55	0.000

资料来源：笔者整理。

由表 5-11 可以看出：KMO 值为 0.893，按照有关学者的观点，若检验结果中 KMO 的值大于 0.5，则数据适合进行因子分析；Bartlett 球型检验的显著性水平为 0.000，小于 0.0001，表示具有统计显著性。根据这两个检验结果能够判断出该维度问卷数据可以做因子分析。

运用最大方差法对公因子进行旋转操作，因子结构经 3 次旋转后得以简化，建构公因子权重矩阵如表 5-12。

表 5-12　个人管理因素维度中具体因素的因子负荷

具体因素	因子成分		
	$F1$	$F2$	$F3$
$X9$：管理者办事讲求民主公正	0.804	—	—
$X10$：管理者廉洁自律，不以权谋私	0.799	—	—
$X8$：管理者正确贯彻执行国家政策法规	0.725	—	—

具体因素	因子成分		
	F1	F2	F3
X11：管理者团结好企业其他领导保持融洽关系	0.547	—	—
X2：管理者发展目标明确	—	0.803	—
X1：管理者管理理念先进	—	0.792	—
X3：管理者善于对工作进行整体规划	—	0.765	—
X6：管理者在工作中能清晰表达自己见解	—	0.589	—
X4：管理者具备较高的学历	—	—	0.867
X5：管理者拥有高超的管理技能	—	—	0.566
X7：管理者具备基层锻炼经验	—	—	0.548
可解释方差（%）	47.805	10.269	7.792
累计方差贡献（%）	47.805	58.074	65.866

资料来源：笔者整理。

由表 5 - 12 可以看出，通过因子分析共提取 3 个公因子，每一具体因素在各个公因子上的载荷量都达到了 0.5 的标准，累计方差贡献率为 65.866%，也达到了 50% 的标准，较充分保留其信息，说明该维度由 3 个公因子构成。所抽取的因子 F1 包含了 X9、X10、X8、X11，这 4 个具体因素主要反映企业管理职业者工作过程中的个人政治、品德修养及民主意识等方面的内容，因此，将 F1 定义为"思想品德"；提取的因子 F2 包含 X2、X1、X3、X6 四个具体因素，这 4 个因素主要反映工作中的管理职业者对发展的规划领导方面的内容，因此将 F2 定义为"规划领导"；因子 F3 包含 X4、X5、X7，这 3 个因素主要反映管理职业者工作中的知识和经验储备方面信息，因此将 F3 定义为"管理资质"。

2. 家庭管理因素

家庭管理因素维度包含了 7 个具体因素。仿照前面的步骤，因子分析之前对各调查因素项进行可行性检验，KMO 检测值和 Bartlett 球型检验结果，见表 5 - 13。

表 5 - 13　家庭管理因素的 KMO 检测值和 Bartlett 球型检验

KMO 检测值	Bartlett 球型检验		
	卡方统计值	自由度	显著性水平
0.865	1096.400	21	0.000

资料来源：笔者整理。

由表 5 - 13 可以看出，KMO 值为 0. 865 大于 0. 5，Bartlett 球型检验中显著性水平为 0. 000 小于 0. 0001。根据这两个检测值判断出该维度问卷数据可以进行因子分析。

采用同样的方法对因子进行旋转，根据结果构建公共因子权重矩阵表，见表 5 - 14。

表 5 - 14　　　　家庭管理因素维度中具体因素的因子负荷

具体因素	因子成分	
	F4	F5
X16：家庭年长者对管理者施以良好教育影响	0. 843	—
X18：家庭鼓励、支持管理者参加目前工作	0. 838	—
X15：管理者家庭成员关系氛围融洽	0. 745	—
X17：家庭对管理者就业期望（如工作地、行业、薪酬等）	0. 717	—
X13：管理者父母文化水平高	—	0. 881
X14：管理者家庭中人员的构成	—	0. 860
X12：管理者家庭经济收入充裕	—	0. 752
可解释方差（%）	58. 855	14. 201
累计方差贡献（%）	58. 855	73. 056

资料来源：笔者整理。

由表 5 - 14 可以看出，共提取 2 个公因子，每一具体因素在各个公因子上的载荷量都超过了 0. 7，累计方差贡献率为 73. 056%，较充分地保留了其信息。所抽取的因子 F4 包含 X16、X18、X15、X17 四个具体因素，它们主要反映家庭对职业者工作的态度和教育影响方面的内容，因此，将 F4 定义为 "家庭推动"；因子 F5 包含 X13、X14、X12 这 3 个具体因素主要反映管理职业者家庭构成的客观因素方面的内容，因此，将 F5 定义为 "家庭条件"。

3. 单位管理因素

单位管理因素维度包含了 10 个因素项，因子分析前同样用 SPSS20. 0 执行相应检验，见表 5 - 15。

表 5 - 15　　单位管理因素的 KMO 检测值和 Bartlett 球型检验

KMO 检测值	Bartlett 球型检验		
	卡方统计值	自由度	显著性水平
0. 910	1517. 978	45	0. 000

资料来源：笔者整理。

由 5 - 15 可以看出，KMO 检验值为 0.9100.5，则适宜进行因子分析；Bartlett 球型检验的显著性水平为 0.0000.0001，表示具有统计显著性。因此，此样本数据满足因子分析条件。

运用最大方差法对进行旋转操作，因子结构经 3 次旋转后得以简化，建构公因子权重矩阵（见表 5 - 16）。

表 5 - 16　　　　　单位管理因素维度中具体因素的因子负荷

具体因素	因子成分	
	F6	F7
X21：公司政策能够得到持续贯彻执行	0.834	—
X20：公司规章制度体系健全完善	0.822	—
X19：公司管理层素质高，整体管理水平较好	0.723	—
X23：组织气氛开放民主，员工关系融洽	0.708	—
X22：公司文化价值观鲜明	0.687	
X26：管理者工作的环境舒适	—	0.838
X24：工作符合从业人员的志趣	—	0.766
X25：管理者完成任务所需的设备、技术、经费等条件优越	—	0.729
X28：岗位提供较多的晋升机会	—	0.611
X27：提供具有激励性薪酬，以及丰厚的福利待遇	—	0.608
可解释方差（%）	53.824	10.869
累计方差贡献（%）	53.824	64.693

资料来源：笔者整理。

由表 5 - 16 可知，旋转之后得到 2 个公因子，每一具体因素在各个公因子上的载荷量都达到了 0.6 以上，累计方差贡献率为 64.693%，较好地保留该维度的信息。公因子 F6 包含了 X21、X20、X19、X23、X22 五个具体因素，其主要反映企业管理职业者所在单位在规章政策管理实施及文化氛围等方面的内容，因此，将 F6 定义为"管理文化"；F7 包含 X26、X24、X25、X28、X27 五个具体因素，这 5 个因素主要反映工作过程里管理职业者所在单位中的工作环境、工作需要、发展机会待遇等方面内容，根据双因素激励理论，它们对管理职业者工作都起到激励推动的作用，因此将 F7 定义为"工作激励"。

4. 行会管理因素

行会管理因素维度包含了 8 个具体因素，重复前面的步骤，运用用 SPSS20.0 继续对其数据进行 KMO 检测值和 Bartlett 球型检验，见表 5 - 17。

表 5 –17　　　行会管理因素的 KMO 检测值和 Bartlett 球型检验

KMO 检测值	Bartlett 球型检验		
	卡方统计值	自由度	显著性水平
0.941	1969.236	28	0.000

资料来源：笔者整理。

由表 5 – 17 可以看出，KMO 检验值为 0.9410.5，则适宜进行因子分析；Bartlett 球型检验的显著性水平为 0.0000.0001。则该维度的因素数据满足做因子分析的标准。

运用最大方差法对进行旋转操作，因子结构经 3 次旋转后得以简化，建构公因子权重矩阵（见表 5 – 18）。

表 5 –18　　　　　行会管理因素维度中具体因素的因子负荷

具体因素	因子成分	
	$F8$	$F9$
$X30$：行会进行行业调查和行业分析	0.802	—
$X31$：行会组织本行业企业的经验推广及职业培训	0.799	—
$X29$：行会组织各种宣传、信息发布活动	0.752	—
$X32$：行会组织、引导企业参与社会公益活动	0.747	—
$X34$：行会协调会员、非会员、政府之间的关系	—	0.836
$X36$：行会参与行业生产、经营许可证发放、年审等有关工作	—	0.799
$X33$：行会制定行规行约，并监督执行	—	0.796
$X35$：行会参与企业员工的技术职称评定	—	0.771
可解释方差（%）	72.090	6.972
累计方差贡献（%）	72.090	79.062

资料来源：笔者整理。

由表 5 – 18 可以看出，通过因子分析提取了 2 个公因子，每一具体因素在各个公因子上的载荷量都达到了 0.7 以上，累计方差贡献率为 79.062%、50%，较好地保留其信息。其中，公因子 $F8$ 包含 $X30$、$X31$、$X29$、$X32$ 四个具体因素，这 4 个因素主要反映在发展中行会对企业起到的引导与服务性作用方面的内容，因此，将其定义为 "指导服务"；$F9$ 包含 $X34$、$X36$、$X33$、$X35$，这 4 个具体因素涉及行会对企业的约束监督及协调政企关系等方面内容，因此，将 $F9$ 定义为"协调管理"。

5. 国家管理因素

此维度中包含了9个因素项，因子分析前进行 KMO 检测值和 Bartlett 球型检验，具体结果见表5-19。

表5-19　国家管理因素的 KMO 检测值和 Bartlett 球型检验

KMO 检测值	Bartlett 球型检验		
	卡方统计值	自由度	显著性水平
0.938	1910.827	36	0.000

资料来源：笔者整理。

由表5-19可以看出，KMO 检验值为0.938，大于0.5；Bartlett 球型检验中显著性水平的值为0.000，小于0.0001。此样本数据满足因子分析条件。

运用最大方差法对进行旋转操作，因子结构经3次旋转后得以简化，建构公因子权重矩阵（见表5-20）。

表5-20　　　　国家管理因素维度中具体因素的因子负荷

具体因素	因子成分	
	$F10$	$F11$
$X38$：建立公平、符合市场规则的投资服务体系	0.799	—
$X37$：建立公开统一的市场准入规则与办法，统一准入条件	0.797	—
$X39$：建立和完善融资体制与政策	0.789	—
$X43$：国内经济政治环境稳定，社会和谐	0.780	—
$X41$：制定合理的财税政策	0.771	—
$X40$：制定针对企业、员工等正当权益保护的法律法规	0.713	—
$X44$：政府秉持廉洁公正，加大对腐败的控制	—	0.790
$X45$：建立完善国家创新体系，加速技术发展与扩散	—	0.789
$X42$：政府有效落实各项决策	—	0.696
可解释方差（%）	66.067	7.733
累计方差贡献（%）	66.067	73.799

资料来源：笔者整理。

旋转后得到2个公因子，且各具体因素在对应公因子上的载荷量都达到了0.6以上，累计方差贡献率为64.693%，表明这两个公因子较多地保留该维度的信息。提取出的公因子 $F10$ 包含 $X38$、$X37$、$X39$、$X43$、$X41$、$X40$ 六个具体因素，这 6 个因素主要反映企业管理职业者进行管理活动时所处国家的经济政治环境和相关政策法律等方面的内容，因此，将 $F10$ 定义为"国家管控"；$F11$ 包含 $X44$、$X45$、$X42$，这 3 个具体因素主要反映政府部门廉洁及贯彻落实政策决策等方面内容，因此，将 $F11$ 定义为"政府效力"。

6. 全球管理因素

此维度中包含了 5 个因素项，在进行因子分析之前，仍旧进行 KMO 检测值和 Bartlett 球型检验（见表 5 - 21）。

表 5 - 21 全球管理因素的 KMO 检测值和 Bartlett 球型检验

KMO 检测值	Bartlett 球型检验		
	卡方统计值	自由度	显著性水平
0.853	1139.711	10	0.000

资料来源：笔者整理。

由表 5 - 21 可以看出，KMO 检验值为 0.853，大于 0.5；Bartlett 球型检验的显著性水平为 0.000，小于 0.0001。因此，此样本数据满足因子分析条件。

运用最大方差法对公因子进行旋转操作，因子结构经 3 次旋转后得以简化，建构公因子权重矩阵（见表 5 - 22）。

表 5 - 22 全球管理因素维度中具体因素的因子负荷

具体因素	因子成分	
	$F12$	$F13$
$X49$：以绿色和平组织等为代表的国际非政府组织活动	0.878	—
$X50$：以环保、反战等为号召的国际性集体运动	0.871	—
$X46$：通过 GATT/WTO 和区域经济合作，建立广阔自由的贸易环境	—	0.878
$X47$：IMF 等全球性国际金融组织，制定实施监督国际金融市场方案	—	0.831
$X48$：国际管理组织制定在人权、劳工、自然环境等方面的法律	—	0.695
可解释方差（%）	75.848	10.224
累计方差贡献（%）	75.848	86.072

资料来源：笔者整理。

由表 5 - 22 可以看出，旋转后提取了 2 个公因子，各因素载荷量都达到了 0.65 以上，累计方差贡献率为 86.072%、50%，说明这两个公因子很好地保留了维度信息。提取出的公因子 F12 包含 X49、X50，这 2 个因素主要反映国际中公民发起的各种活动及运动方面的内容，因此，将 F12 定义为 "公民作为"；公因子 F13 包含 X46、X47、X48，这 3 个具体因素主要涉及国际上各国政府正式制定的相关法律及建立起来的各种组织方面的内容，因此，将 F13 定义为 "全球管控"。

7. 自然管理因素

该维度包含了 4 个因素项，利用统计工具 SPSS20.0 对样本数据进行可行性检验（见表 5 - 23）。

表 5 - 23　　自然管理因素的 KMO 检测值和 Bartlett 球型检验

KMO 检测值	Bartlett 球型检验		
	卡方统计值	自由度	显著性水平
0.798	790.559	6	0.000

资料来源：笔者整理。

由表 5 - 23 可以看出，KMO 检验值为 0.798，大于 0.5；Bartlett 球型检验的显著性水平为 0.000，小于 0.0001。因此，此样本数据亦满足因子分析条件。

运用最大方差法对公因子进行旋转操作后，建构公因子权重矩阵（见表 5 - 24）。

表 5 - 24　　　　自然管理因素维度中具体因素的因子负荷

具体因素	因子成分	
	F14	F15
X51：地理环境优越	0.892	—
X52：自然资源丰富	0.806	—
X53：自然风险防控	—	0.911
X54：自然规律认知	—	0.766
可解释方差（%）	77.468	10.813
累计方差贡献（%）	77.468	88.281

资料来源：笔者整理。

由表 5 - 24 可以看出，经过因子分析提取出了 2 个公因子，每一具体因素在各个公因子上的载荷量都超过了 0.7，累计方差贡献率为 88.281%，超过 50%，较充分地保留其信息。其中，公因子 $F14$ 包含 $X51$、$X52$ 两个具体因素，这2个因素主要涉及企业所在区域的地理环境、自然资源方面的内容，因此，将 $F14$ 定义为"自然环境"；$F15$ 包含 $X53$、$X54$ 两个具体因素，这2个因素主要包括自然风险防控、自然规律认知方面，因此，将 $F15$ 定义为"认知防控"。

（四）信度分析与影响因素体系构建

1. 信度分析

为了进一步了解数据的稳定性与可靠性，在因子分析完成后仍需进行信度分析。在此，研究仍然用内部一致性系数 Cronbach $-\alpha$ 进行信度检验。我们运用 SPSS20.0 分别对全部的具体因素、七个维度因素、提取的公因子即细化因素进行内部一致性检验，检验结果见表 5 – 25。

表5 –25　　管理职业效益影响因素正式问卷内部一致性信度分析

维度因素	细化因素	因子分量表 α 系数	维度分量表 α 系数	总量表 α 系数
个人管理因素	思想品德	0.799	0.887	0.975
	领导指挥	0.821		
	管理资质	0.640		
家庭管理因素	家庭推动	0.851	0.881	
	家庭条件	0.854		
单位管理因素	管理文化	0.875	0.903	
	工作激励	0.838		
行会管理因素	指导服务	0.914	0.944	
	协调管理	0.891		
国家管理因素	国家管控	0.916	0.935	
	政府效力	0.837		
全球管理因素	公民作为	0.904	0.920	
	全球管控	0.879		
自然管理因素	自然环境	0.855	0.903	
	认知防控	0.868		

资料来源：笔者整理。

一般认为 Cronbach $-\alpha$ 值大于 0.5 就是可接受的情况。由表 5 – 25 可以看出，企业管理职业效益影响因素研究中，对具体因素进行内部一致性检验，其

Cronbach－α系数为0.975；对各维度进行内部一致性检验，其Cronbach－α系数介于0.881与0.944之间；对各公因子进行内部一致性检验，其Cronbach－α系数范围为0.640～0.916。由此来看，Cronbach－α系数均高于0.5的标准水平说明正式问卷具有较高的内部一致性及稳定性，而且各公因子也具有较高内部一致性，进一步反说明测量结果具有较高的可靠性。

2. 管理职业效益影响因素体系构建

根据以上调查结果分析，得出管理职业效益影响因素体系（见表5－26）。

表5－26 管理职业效益影响因素体系

维度因素	细化因素	具体因素
个人管理因素	思想品德	管理者办事讲求民主公正
		管理者廉洁自律，不以权谋私
		管理者正确贯彻执行国家政策法规
		管理者团结好企业其他领导保持融洽关系
	规划领导	管理者发展目标明确
		管理者管理理念先进
		管理者善于对工作进行整体规划
		管理者在工作中能清晰表达自己见解
	管理资质	管理者具备较高的学历
		管理者拥有高超的管理技能
		管理者具备基层锻炼经验
家庭管理因素	家庭推动	家庭年长者对管理者施以良好教育影响
		家庭鼓励、支持管理者参加目前工作
		管理者家庭成员关系氛围融洽
	家庭条件	家庭对管理者就业期望（如工作地、行业、薪酬等）
		管理者父母文化水平高
		管理者家庭中人员的构成
		管理者家庭经济收入充裕
单位管理因素	管理文化	公司政策能够得到持续贯彻执行
		公司规章制度体系健全完善
		公司管理层素质高，整体管理水平较好
		组织气氛开放民主，员工关系融洽
		公司文化价值观鲜明

维度因素	细化因素	具体因素
单位管理因素	工作激励	管理者工作的环境舒适
		工作符合从业人员的志趣
		管理者完成任务所需的设备、技术、经费等条件优越
		岗位提供较多的晋升机会
		提供具有激励性薪酬，以及丰厚的福利待遇
行会管理因素	指导服务	行会进行行业调查和行业分析
		行会组织本行业企业的经验推广及职业培训
		行会组织、引导企业参与社会公益活动
	协调管理	行会制定行规行约，并监督执行
		行会协调会员、非会员、政府之间的关系
		行会参与行业生产、经营许可证发放、年审等有关工作
		行会参与企业员工的技术职称评定
国家管理因素	国家管控	建立公平、符合市场规则的投资服务体系
		建立公开统一的市场准入规则与办法，统一准入条件
		建立和完善融资体制与政策
		制定合理的财税政策
		制定针对企业、员工等正当权益保护的法律法规
		国内经济政治环境稳定，社会和谐
	政府效力	政府秉持廉洁公正，加大对腐败的控制
		建立完善国家创新体系，加速技术发展与扩散
		政府有效落实各项决策
全球管理因素	公民作为	以绿色和平组织等为代表的国际非政府组织活动
		以环保、反战等为号召的国际性集体运动
	全球管控	国际管理组织制定在人权、劳工、自然环境等方面的法律
		通过 GATT/WTO 和区域经济合作，建立广阔自由的贸易环境
		IMF 等全球性国际金融组织，制定实施监督国际金融市场方案
自然管理因素	自然环境	地理环境优越
		自然资源丰富
	认知防控	自然风险防控
		自然规律认知

资料来源：笔者整理。

（五）公因子权重的确定方法与影响因素模型框架

1. 权重计算方法的介绍

权重是要从一组评价指标中区分出轻重来，某一指标的权重是指其在整体指标体系中的相对重要程度，指标体系各指标对应的权重便构成了权重体系。任何权重体系 $\{v_i | i = 1, 2, \cdots, n\}$ 都应该满足下面两个条件：

$$0 < v_i \leqslant 1, \quad i-1, 2, \cdots, n \tag{5-1}$$

$$\sum_{i=1}^{n} v_i = 1 \tag{5-2}$$

根据前面问卷调查和因子分析建立起来的影响因素指标体系，选择确定各维度因素和细化因素权重的方法。本研究中确定影响因素权重的具体方法如下：

首先构建判断尺度表，运用两两比较的方法，对同一层级间的影响因素进行两两比较打分，具体见表 5-27。

表 5-27 　　　　　　　　　两两判断矩阵表

A	A_1	A_2	$\cdots$	A_n
A_1	a_{11}	a_{12}	$\cdots$	a_{1n}
A_2	a_{21}	a_{22}	$\cdots$	a_{2n}
$\vdots$	$\vdots$	$\vdots$	$\vdots$	$\vdots$
A_n	a_{n1}	a_{n2}	$\cdots$	a_{nn}

注：若 $a_{ij} = 1$，表示 A_i 与 A_j 一样重要；若 $a_{ij} > 1$，表示 A_i 比 A_j 重要；$a_{ij} < 1$，表示 A_i 没有 A_j 重要；上述 a_{ij} 有两个特点：$a_{ii} = 1$，$a_{ij} = \dfrac{1}{a_{ji}}$。

资料来源：笔者整理。

然后，进行层次单排序及其一致性检验。层次单排序指的是确定次级层的各个因素对上级层次因素的影响大小，计算并进行顺序。进行层次单排序可以利用矩阵相关理论，通过计算求出判断矩阵的特征向量，此特征向量即权重值，也就是单排序的结果。

运用层次分析法（AHP）时应确保判断思维一致性，以免出现 A_1 比 A_2 重要，A_2 比 A_3 重要，而 A_3 比 A_1 重要的矛盾。在对精度要求不是很高的情况下，可采用下面较为简便的方法对一致性进行检验。

①计算判断矩阵 A 每一行数值的乘积 M_i，并计算其 n 次方根：

$$\overline{W_i} = \sqrt[n]{M_i}; \quad M_i = \prod_{i=1}^{n} a_{ij}; \quad i, j = 1, 2, \cdots, n \tag{5-3}$$

②对向量$\overline{W_i}$正规化，并计算出来的权数W_i；

$$\overline{W} = (\overline{W_1}, \overline{W_2}, \cdots, \overline{W_n})^T \qquad (5-4)$$

$$W_i = \frac{\overline{W_i}}{\sum\limits_k \overline{W_k}} \qquad (5-5)$$

③计算判断矩阵的最大特征根λ_{max}；

$$\lambda_{max} = \sum_{i=1}^{n} \frac{(AW)_i}{nW_i} \qquad (5-6)$$

④在算出λ_{max}后，一般要进行一致性检验，公式如下：

$$CI = \frac{(\lambda_{max} - 1)}{(n-1)} \qquad (5-7)$$

CI值反映该矩阵的一致性水平，CI值越小，一致性越好，当该值为0时，说明矩阵具有完全一致性。为了剔除随机因素对一致性造成的影响，需要将CI值与RI（平均随机一致性指标）进行比较。

对于1~9维的判断矩阵，对应RI值见表5-28。

表5-28 平均随机一致性指标RI

维数	1	2	3	4	5	6	7	8	9
RI	0.00	0.00	0.58	0.90	1.12	1.24	1.32	1.41	1.45

资料来源：笔者整理。

我们把CI比RI的值记为CR，即$CR = \dfrac{CI}{RI}$；当$CR < 0.1$时，表明矩阵具备满意的一致性，不然需调整判断矩阵。

⑤为了获得层次目标中每一指标或考核对象对于总目标的相对权重（即相对重要程度），需对各层次进行综合计算，然后对相对权重进行总排序。假设对某一考核对象的某一考核指标而言，各层次考核的相对权重为W_i、W_{ij}、W_{ijk}和W_{ijkl}，则该考核指标的相对权重见式（5-8）：

$$W_{(i)} = W_i W_{ij} W_{ijk} W_{ijkl} \qquad (5-8)$$

2. 构造判断矩阵

从前面参加企业管理职业效益影响因素调查的人员中选出一定数量合适的经理人员，对各维度因素和细化因素分别按照事先确定的判断尺度进行相对判断。根据各个判断结果构造判断矩阵，按照一定运算步骤计算出因素的权重。

根据得出的企业管理职业效益影响因素体系，按照同级因素两两比较，得出一个因素比较判断（见表5-29）。

表 5 −29　　　　　　　　　**影响因素两两比较判断用表**

1	A_1 比 A_2	a	b	c	d	e	f	g	h	i
2	A_1 比 A_3	a	b	c	d	e	f	g	h	i
3	A_1 比 A_4	a	b	c	d	e	f	g	h	i
4	A_1 比 A_5	a	b	c	d	e	f	g	h	i
5	A_1 比 A_6	a	b	c	d	e	f	g	h	i
6	A_1 比 A_7	a	b	c	d	e	f	g	h	i
7	A_2 比 A_3	a	b	c	d	e	f	g	h	i
8	A_2 比 A_4	a	b	c	d	e	f	g	h	i
9	A_2 比 A_5	a	b	c	d	e	f	g	h	i
10	A_2 比 A_6	a	b	c	d	e	f	g	h	i
11	A_2 比 A_7	a	b	c	d	e	f	g	h	i
12	A_3 比 A_4	a	b	c	d	e	f	g	h	i
13	A_3 比 A_5	a	b	c	d	e	f	g	h	i
14	A_3 比 A_6	a	b	c	d	e	f	g	h	i
15	A_3 比 A_7	a	b	c	d	e	f	g	h	i
16	A_4 比 A_5	a	b	c	d	e	f	g	h	i
17	A_4 比 A_6	a	b	c	d	e	f	g	h	i
18	A_4 比 A_7	a	b	c	d	e	f	g	h	i
19	A_5 比 A_6	a	b	c	d	e	f	g	h	i
20	A_5 比 A_7	a	b	c	d	e	f	g	h	i
21	A_6 比 A_7	a	b	c	d	e	f	g	h	i
22	B_1 比 B_2	a	b	c	d	e	f	g	h	i
23	B_1 比 B_3	a	b	c	d	e	f	g	h	i
24	B_2 比 B_3	a	b	c	d	e	f	g	h	i
25	B_4 比 B_5	a	b	c	d	e	f	g	h	i
26	B_6 比 B_7	a	b	c	d	e	f	g	h	i
27	B_8 比 B_9	a	b	c	d	e	f	g	h	i
28	B_{10} 比 B_{11}	a	b	c	d	e	f	g	h	i
29	B_{12} 比 B_{13}	a	b	c	d	e	f	g	h	i
30	B_{14} 比 B_{15}	a	b	c	d	e	f	g	h	i

注：a – 极重要；b – 很重要；c – 重要；d – 略重要；e – 同等重要；f – 略不重要；g – 不重要；h – 很不重要；i – 极不重要。

资料来源：笔者整理。

其中，A_1、A_2、$\cdots$、A_7 为七个维度因素，B_1、B_2、$\cdots$、B_{15} 是上面统计分析出来的细化因素。选取调查对象进行判断，根据结果，就可以得到对应的两两比较评判表，由此计算出每位调查对象对各维度因素、细化因素的两两比较评判矩阵、相对权重及一致性检验指标 λ_{max}、CI 和 CR 值。

3. 管理职业效益影响因素模型

科学讲究职业效益是职业经济学研究的核心问题，目的是职业活动少花费多收益，效在多方益在多处。职业效益是个复杂的经济与管理问题，受多种因素影响，这些因素间存在着一定的函数关系，见其表达式，[①] 式（5-9）中用 $ZYXY$ 代表职业效益，X 表示作用于职业效益的因素，用 f 表示决定和影响职业效益因素的作用率，则其关系式如下：

$$ZYXY = fX(f \neq 0) \qquad (5-9)$$

具体的展开式为：

$$ZYXY = fX = f_1X_1 + f_2X_2 + \cdots + f_nX_n = \sum_{i=1}^{n} f_iX_i \qquad (5-10)$$

管理职业效益是职业效益研究中重要的一个方面，我们用 $GZYXY$ 表示管理职业效益，X 表示影响其的相关因素，判断矩阵得出来的权重系数 f_i 作为影响管理职业效益因素的作用率。那么具体的式子为：

$$GZYXY = fX = f_1X_1 + f_2X_2 + \cdots + f_nX_n = \sum_{i=1}^{n} f_iX_i \quad (f_i > 0, \sum_{i=1}^{n} f_i = 1)$$
$$(5-11)$$

三、管理职业效益影响因素实证

根据前面建立的管理职业效益影响因素体系，运用前面介绍的权重确定方法，选定企业进行了实证研究，并对实证研究结果作了分析，最后提出应用建议。

（一）调查对象

在进行调查时时，选取之前参与过调查问卷的中国—阿拉伯化肥有限公司作为目标企业。以行政部门、财务部门、生产部门、销售部门、人力资源部门等在职的经理为样本进行实证研究。

中国—阿拉伯化肥有限公司是由我国与突尼斯、科威特于 1985 年一起出资合建的大型化工企业，总投资 5800 万美元，是当时中国与发展中国家间最大的合作发展项目，被邓小平同志誉为"南南合作典范"。2000 年 8 月，公司

---

① 齐经民. 职业经济学（第 2 版）[M]. 经济科学出版社，2004：13

正式开始进行二期技改扩建工程，并于 2002 年顺利投入生产。经过三十多年的发展，公司在技术、管理和品质等方面取得了突飞猛进的发展，塑造了先进的企业文化，树立了良好的品牌形象，受到了社会广泛认可。生产的产品多次被评为"全国用户满意产品""中国名牌产品"；公司"撒可富"的商标荣获"全国驰名商标"，该品牌更被世界品牌实验室评选为"中国最具影响力品牌"，并获得化肥行业"中国品牌年度大奖"。

（二）数据统计分析与解释

1. 因素权重的确定

从之前参与过因素调查的人员中挑选出 10 位资深的经理人员，请他们根据研究确定的判断尺度对维度因素和细化因素进行了相对判断。具体的方法就是针对 7 个维度因素，在两两比较的过程中从这 9 个判断尺度中选出他们认为合适的尺度；对于 15 个细化因素，就要把相同维度因素中的细化因素进行两两比较，并给出判断尺度，从而得出每一位考核者的判断矩阵，进一步算出每个因素的相对权重。由此得出该企业管理者职业效益影响因素的权重体系。问卷用表（见表 5 – 30）。

表 5 – 30　中国—阿拉伯化肥有限公司企业管理职业效益影响
因素体系的两两比较判断用表

1	个人管理因素比家庭管理因素	a	b	c	d	e	f	g	h	i
2	个人管理因素比单位管理因素	a	b	c	d	e	f	g	h	i
3	个人管理因素比行会管理因素	a	b	c	d	e	f	g	h	i
4	个人管理因素比国家管理因素	a	b	c	d	e	f	g	h	i
5	个人管理因素比全球管理因素	a	b	c	d	e	f	g	h	i
6	个人管理因素比自然管理因素	a	b	c	d	e	f	g	h	i
7	家庭管理因素比单位管理因素	a	b	c	d	e	f	g	h	i
8	家庭管理因素比行会管理因素	a	b	c	d	e	f	g	h	i
9	家庭管理因素比国家管理因素	a	b	c	d	e	f	g	h	i
10	家庭管理因素比全球管理因素	a	b	c	d	e	f	g	h	i
11	家庭管理因素比自然管理因素	a	b	c	d	e	f	g	h	i
12	单位管理因素比行会管理因素	a	b	c	d	e	f	g	h	i
13	单位管理因素比国家管理因素	a	b	c	d	e	f	g	h	i
14	单位管理因素比全球管理因素	a	b	c	d	e	f	g	h	i
15	单位管理因素比自然管理因素	a	b	c	d	e	f	g	h	i

16	行会管理因素比国家管理因素	*a*	*b*	*c*	*d*	*e*	*f*	*g*	*h*	*i*
17	行会管理因素比全球管理因素	*a*	*b*	*c*	*d*	*e*	*f*	*g*	*h*	*i*
18	行会管理因素比自然管理因素	*a*	*b*	*c*	*d*	*e*	*f*	*g*	*h*	*i*
19	国家管理因素比全球管理因素	*a*	*b*	*c*	*d*	*e*	*f*	*g*	*h*	*i*
20	国家管理因素比自然管理因素	*a*	*b*	*c*	*d*	*e*	*f*	*g*	*h*	*i*
21	全球管理因素比自然管理因素	*a*	*b*	*c*	*d*	*e*	*f*	*g*	*h*	*i*
22	思想品德比领导指挥	*a*	*b*	*c*	*d*	*e*	*f*	*g*	*h*	*i*
23	思想品德比管理资质	*a*	*b*	*c*	*d*	*e*	*f*	*g*	*h*	*i*
24	规划领导比管理资质	*a*	*b*	*c* ·	*d*	*e*	*f*	*g*	*h*	*i*
25	家庭推动比家庭条件	*a*	*b*	*c*	*d*	*e*	*f*	*g*	*h*	*i*
26	管理文化比工作激励	*a*	*b*	*c*	*d*	*e*	*f*	*g*	*h*	*i*
27	指导服务比协调管理	*a*	*b*	*c*	*d*	*e*	*f*	*g*	*h*	*i*
28	国家管控比政府效力	*a*	*b*	*c*	*d*	*e*	*f*	*g*	*h*	*i*
29	公民作为比全球管控	*a*	*b*	*c*	*d*	*e*	*f*	*g*	*h*	*i*
30	自然环境比认知防控	*a*	*b*	*c*	*d*	*e*	*f*	*g*	*h*	*i*

注：*a* – 极重要；*b* – 很重要；*c* – 重要；*d* – 略重要；*e* – 同等重要；*f* – 略不重要；*g* – 不重要；*h* – 很不重要；*i* – 极不重要。

资料来源：笔者整理。

在表 5 – 30 中，两个因素进行比较时，每位考核者根据自己的判断可以圈划最恰当的一项。表中的评分换算规则为：$a=9$，$b=7$，$c=5$，$d=3$，$e=1$，$f=1/3$，$g=1/5$，$h=1/7$，$i=1/9$。以 10 位考核者中其中的一位为例，维度因素的判断矩阵如下：

$$
A = \begin{array}{c} \\ \\ \\ \\ \\ \\ \\ \end{array} \begin{array}{ccccccc} A_1 & A_2 & A_3 & A_4 & A_5 & A_6 & A_7 \end{array}
$$

$$
A = \begin{bmatrix}
1 & 3 & 1 & 3 & 3 & 5 & 7 \\
1/3 & 1 & 1 & 1 & 3 & 3 & 7 \\
1 & 1 & 1 & 1 & 3 & 3 & 3 \\
1/3 & 1 & 1 & 1 & 1 & 3 & 3 \\
1/3 & 1/3 & 1/3 & 1 & 1 & 1 & 3 \\
1/5 & 1/3 & 1/3 & 1/3 & 1 & 1 & 3 \\
1/7 & 1/7 & 1/3 & 1/3 & 1/3 & 1/3 & 1
\end{bmatrix}
$$

根据每个考核者判断的结果构建矩阵，计算出各维度因素的相对权重和一致性检验指标。

（1）将矩阵 A 每一行的数值相乘，依次计算出每一行数值乘积的 7 次方根。

$$\overline{W_1} = \sqrt[7]{1 \times 3 \times 1 \times 3 \times 3 \times 5 \times 7} = 2.661$$

$$\overline{W_2} = \sqrt[7]{1 \times 3 \times 1 \times 1 \times 3 \times 3 \times 7} = 1.545$$

$$\overline{W_3} = \sqrt[7]{1 \times 1 \times 1 \times 1 \times 3 \times 3 \times 3} = 1.601$$

$$\overline{W_4} = \sqrt[7]{1 \times 3 \times 1 \times 1 \times 1 \times 3 \times 3} = 1.170$$

$$\overline{W_5} = \sqrt[7]{1/3 \times 1/3 \times 1/3 \times 1 \times 1 \times 1 \times 3} = 0.731$$

$$\overline{W_6} = \sqrt[7]{1/5 \times 1/3 \times 1/3 \times 1/3 \times 1 \times 1 \times 3} = 0.581$$

$$\overline{W_7} = \sqrt[7]{1/7 \times 1/7 \times 1/3 \times 1/3 \times 1/3 \times 1/3 \times 1} = 0.306$$

（2）对向量 $\overline{W} = (\overline{W_1}, \overline{W_2}, \cdots, \overline{W_n})^T$ 正规化，即 $W_i = \dfrac{\overline{W_i}}{\sum\limits_k \overline{W_k}}$，此为所计算的权数。

$W_1 = 2.661/(2.661 + 1.545 + 1.601 + 1.170 + 0.731 + 0.581 + 0.306) = 0.310$

$W_2 = 1.545/(2.661 + 1.545 + 1.601 + 1.170 + 0.731 + 0.581 + 0.306) = 0.179$

$W_3 = 1.601/(2.661 + 1.545 + 1.601 + 1.170 + 0.731 + 0.581 + 0.306) = 0.186$

$W_4 = 1.170/(2.661 + 1.545 + 1.601 + 1.170 + 0.731 + 0.581 + 0.306) = 0.136$

$W_5 = 0731/(2.661 + 1.545 + 1.601 + 1.170 + 0.731 + 0.581 + 0.306) = 0.085$

$W_6 = 0.581/(2.661 + 1.545 + 1.601 + 1.170 + 0.731 + 0.581 + 0.306) = 0.068$

$W_7 = 0.306/(2.661 + 1.545 + 1.601 + 1.170 + 0.731 + 0.581 + 0.306) = 0.036$

（3）计算判断矩阵的最大特征根。

$$AW = \begin{bmatrix} 1 & 3 & 1 & 3 & 3 & 5 & 7 \\ 1/3 & 1 & 1 & 1 & 3 & 3 & 7 \\ 1 & 1 & 1 & 1 & 3 & 3 & 3 \\ 1/3 & 1 & 1 & 1 & 1 & 3 & 3 \\ 1/3 & 1/3 & 1/3 & 1 & 1 & 1 & 3 \\ 1/5 & 1/3 & 1/3 & 1/3 & 1 & 1 & 3 \\ 1/7 & 1/7 & 1/3 & 1/3 & 1/3 & 1/3 & 1 \end{bmatrix} \begin{bmatrix} 0.310 \\ 0.179 \\ 0.186 \\ 0.136 \\ 0.085 \\ 0.068 \\ 0.036 \end{bmatrix} = \begin{bmatrix} 2.228 \\ 1.315 \\ 1.378 \\ 1.001 \\ 0.622 \\ 0.490 \\ 0.264 \end{bmatrix}$$

$$\begin{aligned}
\lambda_{max} &= 2.288/(7 \times 0.310) + 1.315/(7 \times 0.179) + 1.378/(7 \times 0.186) \\
&\quad + 1.001/(7 \times 0.136) + 0.622/(7 \times 0.085) \\
&\quad + 0.490/(7 \times 0.068) + 0.264/(7 \times 0.036) \\
&= 7.334
\end{aligned}$$

（4）计算 CR 值，对判断思维的一致性进行检验。

$$CI = \frac{(\lambda_{max} - 1)}{(n - 1)} = (7.334 - 7)/(7 - 1) = 0.056$$

$$RI = 1.320$$

$$CR = CI/RI = 0.056/1.320 = 0.042 < 0.1$$

根据 CR 值来检验矩阵一致性，由结果可以知道该矩阵一致性较好。根据此位考核者的判断结果，计算出维度因素权重为：个人管理因素权重 = 0.310、家庭管理因素权重 = 0.179、单位管理因素权重 = 0.186、行会管理因素权重 = 0.136、国家管理因素权重 = 0.085、全球管理因素权重 = 0.068、自然管理因素权重 = 0.036。

同理，我们可以按照上面的步骤利用给出的方法，计算出维度因素对应的细化因素权重系数、CI 值、CR 值。另外，根据其他 9 位管理者的判断，我们一一进行计算。鉴于计算的复杂性，这里就不具体列出每一位管理者的权重计算过程，仅给出计算结果，见表 5 - 31 与表 5 - 32。

表 5 -31　　　　　　　　维度因素判断矩阵计算结果

调查对象	个人管理	家庭管理	单位管理	行会管理	国家管理	全球管理	自然管理	CI	CR
1	0.310	0.179	0.186	0.136	0.085	0.068	0.036	0.056	0.042
2	0.307	0.170	0.170	0.170	0.084	0.067	0.032	0.127	0.096
3	0.323	0.166	0.219	0.123	0.071	0.057	0.041	0.082	0.062
4	0.297	0.136	0.256	0.086	0.063	0.046	0.116	0.091	0.069
5	0.285	0.125	0.253	0.137	0.117	0.046	0.037	0.051	0.037
6	0.259	0.205	0.205	0.139	0.087	0.064	0.041	0.119	0.090
7	0.304	0.168	0.231	0.083	0.066	0.034	0.114	0.045	0.030
8	0.290	0.200	0.160	0.160	0.090	0.060	0.040	0.130	0.090
9	0.265	0.060	0.262	0.103	0.141	0.112	0.057	0.105	0.079
10	0.269	0.077	0.271	0.085	0.091	0.062	0.145	0.094	0.070
几何平均	0.290	0.139	0.218	0.119	0.087	0.059	0.057	—	—
修订结果	0.229	0.143	0.225	0.123	0.090	0.061	0.059	—	—

注：①表中 CR 值都小于 0.1，说明对应的判断矩阵具有较好的一致性，所以我们直接采纳调查对象的判断结果，不去做剔除奇异值处理；②几何平均值 $= \sqrt[n]{\prod_{i=1}^{n} W_i}$；③经几何平均算出的权重系数之和不等于 1 的情况下，我们运用单项权重比权重之和的方法进行调整处理。

资料来源：笔者整理。

表 5-32　　　　　**细化因素判断矩阵计算结果**

调查对象	思想品德	规划领导	管理资质	CI	CR
1	0.486	0.435	0.079	0.006	0.010
2	0.319	0.460	0.221	0.068	0.117
3	0.429	0.429	0.142	0.001	0.001
4	0.404	0.480	0.116	0.016	0.028
5	0.333	0.333	0.334	0.000	0.000
6	0.279	0.648	0.073	0.034	0.059
7	0.648	0.279	0.073	0.034	0.059
8	0.319	0.460	0.221	0.068	0.117
9	0.637	0.258	0.105	0.019	0.033
10	0.486	0.435	0.079	0.006	0.010
几何平均	0.417	0.408	0.125	—	—
修订结果	0.439	0.429	0.132	—	—
调查对象	家庭推动	家庭条件		CI	CR
1	0.833	0.167		0.001	0.000
2	0.833	0.167		0.001	0.000
3	0.167	0.833		0.001	0.000
4	0.749	0.251		0.001	0.000
5	0.749	0.251		0.001	0.000
6	0.875	0.125		0.000	0.000
7	0.749	0.251		0.001	0.000
8	0.749	0.251		0.001	0.000
9	0.875	0.125		0.000	0.000
10	0.833	0.167		0.001	0.000
调查对象	家庭推动	家庭条件		CI	CR
几何平均	0.687	0.218		—	—
修订结果	0.759	0.241		—	—
调查对象	管理文化	工作激励		CI	CR
1	0.875	0.125		0.000	0.000
2	0.749	0.251		0.001	0.000
3	0.875	0.125		0.000	0.000
4	0.833	0.167		0.001	0.000

调查对象	管理文化	工作激励	*CI*	*CR*
5	0.749	0.251	0.001	0.000
6	0.500	0.500	0.000	0.000
7	0.500	0.500	0.001	0.000
8	0.500	0.500	0.000	0.000
9	0.125	0.875	0.000	0.000
10	0.251	0.749	0.001	0.000
几何平均	0.518	0.326	—	—
修订结果	0.614	0.386	—	—
调查对象	指导服务	协调管理	*CI*	*CR*
1	0.833	0.167	0.001	0.000
2	0.749	0.251	0.001	0.000
3	0.500	0.500	0.000	0.000
4	0.500	0.500	0.000	0.000
5	0.749	0.251	0.001	0.000
6	0.749	0.251	0.001	0.000
7	0.749	0.251	0.001	0.000
8	0.749	0.251	0.001	0.000
9	0.833	0.167	0.001	0.000
10	0.500	0.500	0.000	0.000
几何平均	0.678	0.284	—	—
修订结果	0.704	0.296	—	—
调查对象	国家管控	政府效力	*CI*	*CR*
1	0.875	0.125	0.000	0.000
2	0.749	0.251	0.001	0.000
3	0.749	0.251	0.001	0.000
4	0.833	0.167	0.001	0.000
5	0.500	0.500	0.000	0.000
6	0.833	0.167	0.001	0.000
7	0.833	0.167	0.001	0.000
8	0.500	0.500	0.000	0.000
9	0.500	0.500	0.000	0.000
10	0.749	0.251	0.001	0.000
几何平均	0.696	0.255	—	—

调查对象	国家管控	政府效力	CI	CR
修订结果	0.732	0.268	—	—
调查对象	公民作为	国际管控	CI	CR
1	0.833	0.167	0.001	0.000
2	0.833	0.167	0.001	0.000
3	0.500	0.500	0.000	0.000
4	0.749	0.251	0.001	0.000
5	0.749	0.251	0.001	0.000
6	0.833	0.167	0.001	0.000
7	0.833	0.167	0.001	0.000
8	0.749	0.251	0.001	0.000
9	0.833	0.167	0.001	0.000
10	0.500	0.500	0.000	0.000
几何平均	0.729	0.235	—	—
修订结果	0.756	0.244	—	—
调查对象	自然环境	认知防控	CI	CR
1	0.833	0.167	0.001	0.000
2	0.833	0.167	0.001	0.000
3	0.833	0.167	0.001	0.000
4	0.500	0.500	0.000	0.000
5	0.833	0.167	0.001	0.000
6	0.833	0.167	0.001	0.000
7	0.833	0.167	0.001	0.000
8	0.749	0.251	0.001	0.000
9	0.833	0.167	0.001	0.000
10	0.749	0.251	0.001	0.000
几何平均	0.775	0.202	—	—
修订结果	0.793	0.207	—	—

资料来源：笔者整理。

由表 5-32 可以得出细化因素在其维度因素下的权重系数，见表 5-33。

表 5 –33   各细化因素在其对应维度因素下的权重系数

主要因素	细化因素	权重系数
个人管理因素	思想品德	0.439
	规划领导	0.429
	管理资质	0.132
家庭管理因素	家庭推动	0.759
	家庭条件	0.241
	工作激励	0.386
单位管理因素	管理文化	0.614
	工作激励	0.386
行会管理因素	指导服务	0.704
	协调管理	0.296
国家管理因素	国家管控	0.732
	政府效力	0.268
全球管理因素	公民作为	0.756
	国际管控	0.244
自然管理因素	自然环境	0.793
	认知防控	0.207

资料来源：笔者整理。

根据上面的计算结果可以求得 15 个细化因素的整体权重体系，具体的方法是 7 个维度因素的权重系数乘以各主要因素下的细化因素的权重系数，具体结果见表 5 –34。

表 5 –34   调研管理者职业效益影响因素权重体系

因素名称	权重系数
思想品德	0.131
规划领导	0.128
管理资质	0.039
家庭推动	0.109
家庭条件	0.034
管理文化	0.138
工作激励	0.087
指导服务	0.087

因素名称	权重系数
协调管理	0.036
国家管控	0.066
政府效力	0.024
公民作为	0.046
国际管控	0.015
自然环境	0.047
认知防控	0.012

资料来源：笔者整理。

2. 管理职业效益影响因素模型的确认

综合以上的统计分析结果可以清晰地看出，多重管理视角的影响管理职业效益的 7 个维度因素按照权重系数依次为个人管理因素（0.299）、家庭管理因素（0.143）、单位管理因素（0.225）、行会管理因素（0.123）、国家管理因素（0.090）、全球管理因素（0.061）、自然管理因素（0.059）。把七个因素分别用 y_1、y_2、y_3、y_4、y_5、y_6、y_7 表示，则

$$GZYXY = 0.299y_1 + 0.143y_2 + 0.225y_3 + 0.123y_4 + 0.090y_5 + 0.061y_6 + 0.059y_7$$

$$(5-12)$$

把思想品德、领导指挥、管理资质、家庭推动、家庭条件、管理文化、工作激励、指导服务、协调管理、国家管控、政府效力、公民作为、国际管控、自然环境、认知防控分别用 x_1、x_2、x_3、x_4、x_5、x_6、x_7、x_8、x_9、x_{10}、x_{11}、x_{12}、x_{13}、x_{14}、x_{15} 表示。则最终的式子可表示为：

$$GZYXY = 0.131x_1 + 0.128x_2 + 0.039x_3 + 0.109x_4 + 0.034x_5 + 0.138x_6$$
$$+ 0.087x_7 + 0.087x_8 + 0.036x_9 + 0.066x_{10} + 0.024x_{11} + 0.046x_{12}$$
$$+ 0.015x_{13} + 0.047x_{14} + 0.012x_{15} \qquad (5-13)$$

式（5-12）称为管理职业效益影响因素的总公式，式（5-13）称为管理职业效益影响因素细化要点公式。

四、结果分析与应用价值及相关建议

（一）结果分析

1. 主要因素的细化分析

综合以上的统计分析结果我们可以清晰地看出，在企业管理职业效益影响

因素的结构体系中，对经营者职业效益影响最大的因素是个人管理因素，其权重系数为 0.299。依照经过判断矩阵得出来的权重系数大小七个主要因素按照影响由高到低进行排列，依次为"个人管理因素"（0.299）、"单位管理因素"（0.225）、"家庭管理因素"（0.143）、"行会管理因素"（0.123）、"国家管理因素"（0.09）、"全球管理因素"（0.061）、"自然管理因素"（0.059）。

管理职业效益影响因素由以上七个主要因素组成，这七个方面以职业人为核心交互影响，共同促进企业管理职业者效益的发挥。针对中国—阿拉伯化肥有限公司，"个人管理因素"和"单位管理因素"影响作用最大。当然，另外五个因素也对管理职业效益有着非常重要的影响。

（1）在"个人管理因素"中，各细化因素在这一维度因素组成中的影响依照判断矩阵计算出来的权重系数的大小，由高到低排列依次为"思想品德"（0.439）、"规划领导"（0.429）和"管理资质"（0.132）。这说明调研的公司中，经理人认为企业管理职业效益中受"个人管理因素"中管理职业者的"思想品德"要素和"领导指挥"要素影响很大，受"管理资质"要素的影响相对前两者较弱。另外在十五个细化因素整体权重体系中，"思想品德"和"规划领导"的权重系数分别以 0.131 和 0.128 排在了第二、第三的位置。

（2）在"单位管理因素"中，各细化因素在这一维度因素组成中的影响依照判断矩阵计算出来的权重系数的大小，由高到低排列依次为"管理文化"（0.614）和"工作激励"（0.386）。这说明调研的公司中，经理人认为企业管理职业效益受"单位管理因素"中"管理文化"要素影响很大，受"工作激励"要素的影响相对前者较弱。另外在十五个细化因素整体权重体系中，"管理文化"和"工作激励"的权重系数分别以 0.138 和 0.087 排在了第一、第五的位置。

（3）在"家庭管理因素"中，各细化因素在这一维度因素组成中的影响依照判断矩阵计算出来的权重系数的大小，由高到低排列依次为"家庭推动"（0.759）和"家庭条件"（0.241）。这说明调研的公司中，经理人认为企业管理职业效益受的"家庭管理因素"中的"家庭推动"要素影响很大，受"家庭条件"要素的影响相对前者较弱。另外在十五个细化因素整体权重体系中，"家庭推动"和"家庭条件"的权重系数分别以 0.109 和 0.034 排在了第四、第十一的位置。

（4）在"行会管理因素"中，各细化因素在这一维度因素组成中的影响依照判断矩阵计算出来的权重系数的大小，由高到低排列依次为"指导服务"（0.704）和"协调管理"（0.296）。这说明调研的公司中，经理人认为"行会管理因素"中行会"指导服务"作用对企业管理职业效益影响很大，而"协调管理"的作用的影响相对较弱。另外在十五个细化因素整体权重体系中，

"指导服务"和"协调管理"的权重系数分别以 0.087 和 0.036 排在了第五、第十的位置。

（5）在"国家管理因素"中，各细化因素在这一维度因素组成中的影响依照判断矩阵计算出来的权重系数的大小，由高到低排列依次为"国家管控"（0.732）和"政府效力"（0.268）。这说明调研的公司中，经理人认为"国家管理因素"中"国家管控"作用对企业管理职业效益影响很大，而"政府效力"因素的影响相对较弱。另外在十五个细化因素整体权重体系中，"国家管控"和"政府效力"的权重系数分别以 0.066 和 0.024 排在了第六、第十二的位置。

（6）在"全球管理因素"中，各细化因素在这一维度因素组成中的影响依照判断矩阵计算出来的权重系数的大小，由高到低排列依次为"公民作为"（0.756）和"国际管控"（0.244）。这说明调研的公司中，经理人认为"全球管理因素"中"公民作为"作用对企业管理职业效益影响很大，而"国际管控"因素的影响相对较弱。另外在十五个细化因素整体权重体系中，"公民作为"和"国际管控"的权重系数分别以 0.046 和 0.015 排在了第八、第十三的位置。

（7）在"自然管理因素"中，各细化因素在这一维度因素组成中的影响依照判断矩阵计算出来的权重系数的大小，由高到低排列依次为"自然环境"（0.793）和"认知防控"（0.207）。这说明调研的公司中，经理人认为"自然管理因素"中"自然环境"因素对企业管理职业效益影响很大，而对自然的"认知防控"因素的影响相对较弱。另外在十五个细化因素整体权重体系中，"自然环境"和"认知防控"的权重系数分别以 0.047 和 0.012 排在了第七、第十四的位置。

2. 总体分析

从研究结果可知，管理职业效益影响因素按重要程度的大小排序，分别是个人因素、单位因素、家庭因素、行会因素、国家因素、全球因素与自然因素，个人因素与单位因素突出重要，家庭因素与行会因素比较重要，国家因素、全球因素与自然因素有一定影响。也基本印证了多重管理论的观点。

在细化因素中，个人因素中的"思想品德"第一重要，"规划领导"第二重要；单位因素中"管理文化"第一重要，"工作激励"第二重要；家庭因素中"家庭推动"第一重要，"家庭条件"第二重要。其中，就"思想品德"在个人中为第一重要而言，是在岗位人员科技素质能力大体相当，都符合要求的共同条件下，科技素质能力"公约"了，事业心、责任感的"思想品德"就凸显个人价值，所以是成立的。总体来看，影响最大的最重要的四个因素是管理文化、思想品德、规划领导与家庭推动。

当然，这是初步研究结果，还需要对不同的行业部门管理人员做进一步研究，不断完善。

（二）应用价值

管理职业效益影响因素公式（5-12）与（5-13），是职业效益影响因素的函数关系式，是管理职业效益影响因素数量模型，具有重要意义或价值。

（1）各因素的系数可以明晰其影响因素的重要性，便于认识和分清主次影响因素；（2）可用影响因素系数作为参数，计算管理职业或有关社会职能组织管理职业效益的量值，判断评价管理职业效益状况；（3）可为做好管理作参考，明晰不同影响因素，在主要影响因素上下功夫，有利于促进讲求和提高管理职业效益。

（三）相关建议

管理职业人是最主要的社会主体，分布在三百六十行的各个领域和部门，从事管理职业，对所属非管理职业人及其事业起着引领、规划、组织、指挥、调控等，决定影响组织单位的事业发展。管理职业效益是国民经济与社会发展状态的反映，直接决定和影响国民经济与社会发展进步。重视讲求和提高管理职业效益，是国民经济与社会发展进步的要求。

管理职业人应自觉努力，讲求提高社会各种职能组织的管理职业效益，促进国民经济和社会和谐发展与进步文明，"中国梦"必将实现，中国社会必将更加繁荣富强，中国人民将拥有更加美好的未来，将为人类做出更大的贡献。

第六章　职业效益评价

职业发展的核心问题是职业经济问题，职业经济的核心问题是职业效益[①]。职业效益虽然对从业者的职业生涯十分重要，但是，除了燕山大学团队的研究著作之外，很少文献关注这个问题。现在，国家对中高等教育都特别重视其职业教育的属性，但是，如果不对最核心的职业效益问题从基础理论上研究清楚，那么，这样的改革就有相当的盲目性。本章将在以往研究成果的基础上，对职业效益评价问题的理论与实践进行系统阐述，建立一个一般理论框架。

一、职业与职业效益的概念规定性

职业这个概念是人类社会化充分发展、社会分工显著存在以后才确立的。在中国两千多年前的哲学与历史著作中就已普遍讨论各类职业的社会规定和行为特征问题。士农工商实际上就是个职业分类概念。显然，一个人有职业的显著特征就是从事社会劳动、参与社会劳动交换。在封建社会，虽然统治阶级的官员主要是为维护统治阶级利益而服务，但是，国家作为一种社会组织，其基本的管理职能也体现为一种社会劳动。当然，统治阶级官员的劳动与受压迫和剥削的阶级的劳动不是等价交换的。

除了劳动的社会交换属性之外，职业的第二个必要特征是持久性，即一个人从事某项工作，只有持续相当的时间才能说此项工作是他的职业。如果一个人仅仅干了三天的街道清扫工作，就换了新的另一类的工作，那不能说他的职业是清洁工，即使干的那三天时段也不能说那时他的职业是清洁工或环卫工。如果一个人的工作处于不断的变换中，在一般大众的眼中，他就是没有正经职业的人。

与工种相比，一种职业包含多种工种，职业比工种的外延要大。比如，环卫工作为职业包括清扫工、垃圾车司机、洒水车司机等等工种。岗位也是一个相关概念，其比工种更具体。一个工种指在不同的工作单位从事的需要相同技

· 155 ·

① 齐经民．职业效益讲求及其评价 [M]．经济科学出版社，2006：24

能的工作，而岗位是属于一个具体单位的指定工作。

一个人在具体岗位上的劳动是其职业活动。当一个人失业了或在一定的时间处于不工作状态，此时，这个人没有职业可言，或者说处于职业中断状态，俗称无业。在一个机构单位中，一般需要许多不同职业的人，比如有工人、工程师、总经理、会计、部门经理、法务工作者、推销员、厨师等。

综上所述，可以说，职业是一类社会工作的集合，当一个人在相当长的连续时间段中从事某类工作，就说该人在从事某种职业。有些人从事一项工作不属于任何机构单位，如收废品者、自由撰稿人、自由水暖维修者，等等，他们也是有职业者，经常被称为自由职业者。职业、工种和岗位是从不同层次对劳动者从业属性的概括。职业经济学以及职业效益评价的研究对象包括这三个层次。

从职业的社会性出发，人们从事职业的社会属性就具有二重性，这也可以称为职业劳动的社会二重性[①]。一是私人性，即为了个体的生存和发展而劳动，即利己性；二是社会性，即每个职业者的劳动都是社会发展的必要成分，都影响着社会，即利他性。当然，在这里必须排除以损害他人而利己的活动即社会破坏活动，从事这样的活动不能称为从事一种职业，至少不在我们的讨论范围内。不能说某些社会的打家劫舍者、现代的恐怖活动分子、贩毒者在从事一种社会职业。

所谓职业效益就是人们在从事职业活动的过程中所产生的益处。基于职业劳动的社会二重性，评价职业效益就要同时考虑两种效益，即私人效益和社会效益。

· 156 ·

职业劳动的私人效益并不是只指劳动者个人的得利，而是包括其亲友特别是家庭成员的得利。亲友和家庭关系是人类的特殊社会性，但仍属于私人的范畴，而不是公共的范畴。极端自私者把个体个人的利益放在第一位，为了私利可能六亲不认。

从事职业劳动的私人效益分类可以从人类的五种社会需要角度分析。人类的五种社会需要依次是：生理需要、生存需要、情感需要、自我实现需要和信仰需要[②]。其中生理需要和生存需要的内容以物质性为主导，情感需要、自我实现需要和信仰需要的内容以精神性为主导，但任何精神性需要都必须以一定的物质为基础。所以，人类的职业活动的首要目标是创造物质产品。在现代经

---

① 注意区分劳动的社会二重性与经济二重性。经济二重性是指同一劳动既是生产使用价值的劳动又是生产价值的劳动，即同时是具体劳动和抽象劳动。

② 这是本书作者的观点，是对马斯洛的层次需要理论的发展，参见：刘新建.对马斯洛需要层次理论的批判与修正.http://blog.sciencenet.cn/blog-315709-1114519.html。人类的这五种需要在一生中虽然产生有先后顺序，但是，一旦形成，高级需要并不会消灭或取代低级需要，而是同时对人们的行为起作用。如后文指出，这里的"自我实现需要"在长大以后换成"事业成长需要"更具中国文化特色。

济制度下，大多数的职业劳动获得的首先是货币收入，以货币收入换取满足各种需要的物质资料。然而，在满足精神需要方面，满足的程度并不与物质数量成正比，也不是简单的边际递减趋势。不过，对许多人来讲，货币收入还是多多益善。所以，在没有出现各种需要发生矛盾的情况下，衡量职业的私人效益的指标就是收入。但是，人们从职业本身也可以获得多种满足，如人际交流、成就感、信仰满足等。家庭和亲友对职业劳动者的要求也不仅仅是收入，同样有其他方面的需要。

与职业劳动者的活动相关的社会效益主体是多元的，首先是劳动者直接服务的机构单位。任何一个从业者，其首先要对服务单位负责。在私有制市场经济中，所服务单位又称为雇主。对于特殊的个体劳动者，是自我服务或自我雇用。其次，从活动过程观察，从业者的劳动过程一般不是独立的，而是与同事形成联合劳动，所以，其行为对同事有影响。最后，劳动成果要进入社会领域成为消费品或其他生产单位的生产资料，所以，其产品或成果的数量和质量会影响消费者或使用者的利益。另外，处于机构中不同岗位的从业者，其相关的利益主体有差异。比如，高层管理者的行为要对股东或上级负责，所以，其业绩评价受股东或上级的价值观影响。高层管理者对于单位的整体影响负有责任，其行为会影响到所在的区域和社区整体。基于社会效益主体的多元属性，对职业效益的评价需要考虑从业者在服务单位的岗位特点，从而，不存在对所有从业者完全适用的万能职业效益评价方案。

在人们的职业活动过程中，其发生的结果不仅有益处，也可能有不可避免或没有避免的副作用。副作用既会存在于私人效益对象人，也可能存在于社会效益对象。如一些职业活动损害了从业者的身心健康，造成了亲友的经济或精神负担，更有一些职业活动会损害公共利益，如空气或水体污染、噪声扰邻、不合格产品等。

· 157 ·

二、职业效益评价方法论

作为一种管理或评价专业活动，职业效益评价就是对职业效益进行测度和评定，具体说，职业效益评价是根据一定的价值主体的价值标准，对职业人的活动效果作出优劣判断的过程和结论[①]。在文献叙述中，评价有多重含义，如评价结论、评价活动、评价行为等，可根据上下文判断。下面根据评价理论关于评价方案的十三要素理论，分十二小节简要阐述职业效益评价方法论[②]。

---

① 齐经民．职业效益讲求及其评价［M］．经济科学出版社，2006：356
② 十三要素理论观点在作者的《系统评价学》著作和《评价理论与方法》课程教学中都初步论述过，但全面系统阐述在这里是第一次。

（一）评价项目

评价有正式评价和非正式评价，正式评价又分规范评价和非规范评价。非正式评价是以人们的日常语言表达的评价观点。正式评价是由特定人或组织根据岗位职责或委托关系对评价对象做出评价结论。非规范正式评价是由一定组织对评价对象做出正式的评价结论，但一般不需要专业评价专家或专门评价机构参与，评价结论通常采用自然书面语言表达，如行政管理机构对员工给出的评语、学生毕业评语、干部任免时对任免对象的评论，等等。规范的正式评价是由专业评价人员开展的评价专业活动，其根据设计好的专门评价方案，将通过分析和计算获得的事实数据代入评价模型或程序，计算或推断出评价结果，再根据结果做出评价结论。评价结果有时和评价结论是同构的，有时是在评价结果基础上进行的再评价（如根据考试分数划出五级分）。非正式评价和非规范评价的活动形式和程序比较简单，但内涵会很丰富。非正式评价可以作为正式评价的参考依据，一般需要经过规范化步骤；规范评价结论经常是非规范评价如领导或组织决策的依据。

非规范正式干部评价二则

某某同志到××地区工作以后，创造性地贯彻落实中央决策部署，创造性地破解发展中的突出矛盾和问题，推动××地区发展形成新态势、工作呈现新气象、干部队伍焕发新风貌，为××地区在新时代向更高目标迈进打下了坚实基础，在干部群众中赢得了很高的威望。

某某同志在××省工作的 16 年是××省快速发展的 16 年。某某同志在思想上、政治上、行动上同以习近平同志为核心的党中央保持高度一致，对党忠诚、坚持原则、顾全大局，确立了"科学发展、绿色崛起"的发展思路，把全部精力和智慧都投入到谋划××省改革开放和建设的伟大事业中，为促进××省政治稳定、经济发展、社会和谐做了大量富有成效的工作。全省人民不会忘记、××省历史不会忘记。

对职业效益的评价也有非正式评价和正式评价、规范评价和非规范评价等多种形式。正式规范评价一般需要立为专门项目，耗费相当的资源。干部绩效评价是一种形式的职业效益评价，上级部门一般会制定专门的评价方案，委派专业的人员进行[1]。正式规范评价在立项时要注意名称规范准确，体现明确的

---

[1] 中共中央曾在 1998 年制定颁布《党政领导干部考核工作暂行规定》，2009 年颁布《地方党政领导班子和领导干部综合考核评价办法（试行）》《党政工作部门领导班子和领导干部综合考核评价办法（试行）》和《党政领导班子和领导干部年度考核办法（试行）》。2018 年印发《关于进一步激励广大干部新时代新担当新作为的意见》，其中提出制定出台"党政领导干部考核工作条例"。

评价内容和评价对象，具体评价还要明确考察的时期。

评价项目的立名要十分讲究，名正才能言顺。在职业效益评价问题中，不存在适合所有职业的一般评价方案，在评价项目名称中应明确职业的范围，如"×××工人职业效益评价""×××经理岗位职业效益评价""×××村长职业效益评价""×××驾驶员职业效益评价"，等。

如前指出，职业效益分"私人效益"和"社会效益"，在一项评价中，可以只涉及二者之一。再者，面对一种职业活动涉及的多元利益相关者，可以有各自立场的评价项目。在评价名称中，不一定直接用"职业效益"，可以用"绩效""业绩""效果"等类词语，可以只包括职业效益的一个方面，具体视各自的评价目的或习惯用语而定。

（二）评价目的

评价目的是评价活动的发起原因，通常表现为组织管理者的管理愿景和决策信息需求，所以也可称为管理目的。这时，评价是实现管理目的的一种手段，如企业岗位绩效评价、产品质量评价、大学招生入学考试与考查。当评价对象是纯粹的客观存在、非组织构成要素时，评价目的表现为评价者的意志，实现评价者的一种专业研究目的，如生态评价、地质评价。当评价者是社会专业组织、评价项目没有特定的委托者时，评价目的表现为公共利益的需求，如幸福指数评价、人类发展指数评价；通用商业评价的评价目的是满足大众或特殊群体的信息需求，如500强企业评价、大学排名评价、国家主权信用评级。

· 159 ·

无论何种评价目的，评价总是以一定的价值观为基础，其中体现或隐含着管理者、利益相关者以及评价主持者的价值需求。

职业效益评价的评价目的不是固定的，不是唯一的，与每一次评价的具体评价者和特定评价背景相关。如一个具体职业人要评估正在谋求的某一个职位时，其评价目的是确定该职位是否值得追求，是否是最适合自己的；如果是评估一个正在服务的职位，其评价目的可能是确定自己对该职位的满意度、分析自己的付出是否获得了充分的价值回报、为决定是否换工作提供具体详细的职业效益信息。如果是上级对下级的职业效益评价，则评价目的可能是确定一个具体职业人是否确实胜任该岗位、是否真正尽职，干部年度考核和离任审计可以算这类评价。

（三）总指标

总指标是对评价内容的最高概括，是正式规范评价的必备要素。总指标的名称不能直接以"×××评价"代替。在评价方案中应对总指标的内涵予以恰当表述或定义。比如，大学校长绩效评价的总指标不能以"大学校长评价指标体系"作为总指标，比较恰当的总指标是："×××高校校长年度绩效"或

"×××高校校长任期绩效"，可以简称"年度绩效"或"任期绩效"。在这个总指标名称中，"×××"可以是地域范围或领域范围，是外延限制，"年度"或"任期"是时间限制，"绩效"是评价内容规定，高校校长是评价对象规定。至于用"大学"还是"高校"则是一种习惯。总指标经常与评价项目名称重合。"大学校长评价"作为评价项目名称也是不确切的，称为"×××高校校长年度绩效评价"或"×××高校校长任期绩效评价"更恰当。"大学校长评价"可以作为一个研究领域，包括"绩效评价"在内的多种评价，如"大学校长领导水平评价""大学校长素质评价"等。

（四）评价目标

评价目标与评价目的不是同一个概念。评价目标规定具体一项评价工作结束时对评价对象做出的评价结果的表现形式，如评价分数、排名、分级、分类等。评价目标的实现一般依据评价总指标进行，有时也依据一级评价指标集实现。

目的是比目标是更抽象的概念。一个具体评价项目的评价目的体现了评价者的价值观。但是在实际工作中，人们经常混淆工作目的与工作目标，有时忘记了工作目的，或者说忘记了初心。比如，执法工作的目的是为了实现社会公平和维护社会秩序，而具体一项刑事审判工作的工作目标是对嫌疑人做出刑罚判决。只要刑罚判决做出就是完成了审判工作，实现了法庭目标，但是，审判是否实现了执法工作目的则是需要进一步做出评价的；即使量刑准确，由于审判方式和舆论掌握不当，也会出现背离执法目的的情况。所以，可以说，评价目标是用来判断评价工作是否完成的，但是完成后是否达到了评价目的则需要对评价工作本身进行评价。评价目标不是自动实现评价目的的。在整个评价工作中，要时时处处用评价目的衡量指导每一项评价环节和活动项目，最后还要对照评价目的，对整个评价项目进行验收①。

一项正式的职业效益评价活动的评价目标可以是用总指标的连续数值标定评价结果（如连续的分值），以便比较排序，但是，真正有意义的职业效益评价一般还是给出定性结果，如满意或不满意、合格或不合格，或者是高、中、低等类的分级标定的结果。

（五）价值关系——价值主体与价值客体

评价作为一种人类活动，是对事物相对于人或人的集合体的价值进行判定

---

① 一件工作的目的可能是多层次的，从最具体的到最抽象的，形成一个系列，这就如中国共产党的最高纲领是为实现共产主义社会而奋斗，在每一个历史时期又有近期阶段纲领，在每一项具体工作中又有特定目的和具体工作目标。在这样一个序列中，具体工作目标是为特定管理（工作）目的服务的；近期又可分为几个阶段，特定工作目的要服务于所处阶段的工作目的和目标。

的过程。这里的人或人的集合体指单个的人、人群、机构单位或区域社会。区域社会小到家庭、社区、村庄，大到国家、全人类。一种事物对人或人的集合体有价值就说在该事物与人或人的集合体之间存在价值关系。所谓有价值就是事物能够以其某种或某些属性满足人或人的集合体的一种或多种需要。评价就是对这种价值大小的确定。

在价值关系中，价值的需要者称为价值主体，价值的提供者称为价值客体。价值主体是人或人的集合体，价值客体则既可以是人或人的集合体，也可以是其他任何客观存在，包括知识和精神以及情感存在。

从语言意义的严谨性考虑，一项评价的评价对象应该是一个完整的价值关系，但是，在语言的习惯使用语境中，评价对象以价值客体来代表，变成评价客体。但是，对特定具体评价问题的研究和评价实践，都必须以全面分析价值关系为前提。完整的价值关系搞不清楚，不可能提出科学的评价方案，也不能有完备的评价实践。

价值关系背后反映的是价值主体的价值观。严格来说，评价方案的设计和评价活动中的价值测度都只应反映价值主体的价值观，但是，由于评价活动固有的主观性特征，方案设计者和实施者经常在其中掺入自己的价值立场，使得评价结果的准确性受到影响，形成了评价中的不确定性来源之一。

在职业效益评价中，评价中的价值客体包括五类，具体见关于评价对象的论述；价值主体有职业人自己、职业人所在机构和机构的管理者及其他利益相关者四类。在一次职业效益评价活动中，具体的价值主体通常是多元的，比如：由教育行政机构对小学校长的职责绩效进行评价，价值主体首先是政府（政府应代表和反映当地人民和国家的利益需求），其次是行政机构的领导，再次是小学所在社区构成的社会和学生家庭，而校长本人的个人效益退居次要位置，不一定在考虑之列。不同的价值主体的需求不同，从而对职业人的工作会给予不同的价值评价。

（六）评价对象

评价对象也称为评价客体，与评价主体相对，是被评价者，一般仅指价值客体。在职业效益评价中，评价对象有五类：职业人个体、职业人集体、职业人群体、职业和岗位。

职业人个体是一个具体从业者，其职业效益评价可以是对其在一个具体岗位上的效益评价，也可以是其在一段或一生职业生涯中的效益评价。

职业人集体是在一个组织中工作的一个团队，对其进行职业效益评价一般是上级管理者或其他社会机构提出，也可以是集团中的某个人或集体提出。

职业人群体是在某一时空范围内从事某一种职业的从业者的集合。对其进行职业效益评价可以是一级政府或其职能部门提出，也可能是专业研究者的研究工作需要,评价目的可能是了解该类职业人的社会生存状况,为解决一些社会问题服务,如农民工、金融业职员和经理、垄断行业从业者。

对一种职业的职业效益进行评价,与对职业人群体的职业效益评价有接近之处,通常都要对一个较大的同类从业者群体样本进行调查取证。二者的不同之处是:对职业的职业效益进行评价,职业的外延范围相对更窄,职业的内涵相对更单一,评价的内容是职业的社会属性,评价目的是更好地认识该职业,作为管理者可以利用评价信息制定更科学合理的管理制度和政策。比如,对农民工作为一种职业的职业效益进行评价通常不合理,因为,首先,农民工不是一种职业,而是一类职业人,其次,不同职业的农民工的职业效益差异可能非常大,不能一概而论。即使在职业人群体评价中,也不宜用一个总指标来概括所有农民工,而需要分门别类进行,然后可以总结出共性问题和特殊问题。对一种职业的职业效益进行评价可以说是对事不对人,强调一般性,其时间范围会具有模糊性。

岗位是更具体的工作地点,对岗位进行职业效益评价有两种,一是给定机构单位的具体岗位或同种岗位,二是同类机构单位的同种岗位。在一个机构单位内部进行岗位职业效益评价,可以比较不同岗位的职业收入和效益产出,更好地进行人力资源配置;对不同机构的同种岗位进行职业效益评价能够对不同机构的生产效率进行比较,发现管理存在的问题,更好地了解竞争对手和吸引优秀人才。

(七)评价主体

评价主体是评价活动的主持者,一般与价值主体不一致。价值主体可以是多元的,而评价主体是一元的,只能有一个,是评价活动的决策者。虽然具体评价活动的参与者包括工作人员可能很多,但是,确定评价结果的决策者只能是一个人或一个团体。当然,在复杂的评价活动中,不同的评价环节或子系统,评价主体可以不同,从而形成一个评价主体序列。

评价活动的顶层评价主体可以直接是评价任务的提出者,也可以是任务提出者委托的第三方评价机构。通常来说,最终评价结果的确定和发布是评价任务提出者的责权。

作为管理活动的职业效益评价,其评价主体是从业者、服务单位或其他利益相关方;作为评价专业活动的职业效益评价,其评价主体是社会专门咨询与评价机构或学术研究者。

(八)评价指标体系

评价指标体系是一个评价方案的主要部分。在价值关系中,价值客体是以自己的客观属性提供给价值主体,满足价值主体的需要,价值效果是价值供给和价值需要的融合反应。设价值客体满足价值主体的属性集合是：$\{x_1, x_2, \cdots, x_n\}$，价值效果是 z，则从价值关系的客观存在性角度看，有关系式：

$$z = f(x_1, x_2, \cdots, x_n)$$

其中的 f 代表价值主体的价值需要，它与价值供给 $\{x_1, x_2, \cdots, x_n\}$ 发生作用，产生价值反映 z。属性指标集中的指标一般具有物理量纲，而价值效果则是一个相对价值指标，一般是无量纲的，或者用人们熟悉的分数表示。

价值关系通常是隐性的，需要一定的开发过程将其揭示出来，这不是容易的。评价学存在的理由之一即在此。因为在正式的评价中，评价对象一般比较复杂，直接揭示上述关系式比较困难，所以，一般是根据系统的物理结构和属性的意义结构，形成见图 6 - 1 的层次评价指标体系。

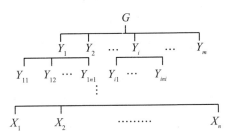

图 6 - 1 层次评价指标体系

资料来源：刘新建．系统评价学［M］．中国科学技术出版社，2007：57

· 163 ·

在图 6 - 1 中，G 是总指标，是对总价值效果的测度；最底层的指标集合 $\{X_1, X_2, \cdots, X_n\}$ 相当于价值客体的属性指标集 $\{x_1, x_2, \cdots, x_n\}$，在纯粹理论上应该是绝对客观的事实，可以用一定的物理仪器或其他技术测量出来，或者用专业学科公式计算出来。在 $\{X_1, X_2, \cdots, X_n\}$ 与 G 之间的各层次指标一般都是价值指标，没有通常的物理量纲。从 $\{X_1, X_2, \cdots, X_n\}$ 到 G，概念的抽象层次越来越高，其间层次的多少决定于评价对象系统的复杂程度，一般在三级以内。

在实际评价问题中，很难做到用物理方法测量 $\{X_1, X_2, \cdots, X_n\}$ 中的每一个指标，特别是一些心理行为指标，只有采用定性的方式测度，其中已经包含了专家的主观判断或价值主体的价值赋值。

职业效益评价的指标体系随评价目的和价值主体的不同而不同。以从业者为价值主体和评价主体，职业岗位为价值客体和评价对象，从业者从其职业生活中获得的效益首先可以区分为物质效益和精神效益两方面。物质效益的计算比较简单，但是，必须注意考察的时间长度。一个职位的短期效益和长期效益是不同的。比如，一般人会认同，如果所在单位是一个比较大比较高水平的平台，那么，个人成长的空间就比较大。省级机关公务员就比县级机关公务员的平均成长空间要大。成长空间大的职位，其长期物质效益也就大。物质效益适用于线性叠加的计算方式，其比较困难的是一些实物收益的折价标准的确定。

职业生活的精神效益评价是一件困难的工作。应当明白，精神效益是不能折算为物质效益用货币单位来衡量。人们的精神需求包括两个方面：情感需求和事业成长需求。情感需求通常包括交友需求、亲情需求、环境审美需求、压力释放需求。

交友需求突出体现了人的社会属性在情感方面的要求。职业生活中的交友一是可以有情绪宣泄的渠道，二是可以通过工作生活经验交流提高人们的社会认知水平和职业的能力水平。

亲情需求是人类家庭生活的结果，也是家庭维系的必要条件。由于谋生的压力，职业生活经常会侵害人们的亲情需求，而良好的亲情关系对于职业生活有促进作用，所以，作为有效运行的机构单位，应该为员工提供增加亲情的条件（现实中，有不少机构单位反其道而行之，拼命限制亲情需要的满足）。

环境审美需求是从业者对工作环境的要求。现代科学证明，环境会影响人的心情，从而影响工作效率。虽然很难做到不被干扰，但是，追求心理愉悦是人类的基本需求。如果工作环境总是给人压抑的感觉，那么，不仅影响工作效率，时间久了还会影响人们的身心健康。广义的环境可以包括自然环境、人工环境和人际环境。人际环境需求与交友需求和亲情需求对机构单位的要求有交集，有相互影响，在评价中，可以对他们进行分离，以人际环境专门表示人文氛围。

现代经济社会生活对人们的精神压抑是很严重的，如果不能得到有效缓解，会有严重的疾患后果，从而影响机构单位的正常工作。有企业在内部设立专门让员工发泄情绪的设施就是对这一要求的反应。友情、亲情和环境对人们缓解压力也是有积极作用的，在职业效益评价中专门设立"压力释放需求"指标可以考察这方面的一些特殊要求或解决方案。

在现代管理心理学或组织行为学中有"自我实现需求"概念，属于西方心理学的用语，在我国当代语言中，用"事业需求"或"事业成长需求"更恰当，更能体现中国文化特色。追求事业成功是中国职业人的精神特征。不同的机构单位对一个具体人的事业成长所能提供的可能性是不同的，所以，从职业人立场出发，事业成长需求是职业生活的最核心需求。

对于职业的精神效益评价没有纯客观的测度办法，所以，测度一般是用打分或心理行为量表的方式。各分项指标相对于总指标是一种线性合成关系，且没有明显的客观权重。可以测度具体职业人的主观权重以获得评价模型；也可以不对各项指标进行综合，而是分别评价单项，再采用层位评价模式以确定职业人对其职业的满意情况（参考本章四和五）。

从评价概念的内涵来看，对于物质效益的评价不能以给出货币值来结束，那样就不是评价而是估计，评价就要确定得到的货币数是否令职业人满意以及满意的程度。所以，职业效益评价就是要评测职业人对其职业或岗位的满意度。

在分别获得物质效益和精神效益的满意度以后，职业人可以根据自己对各项指标的综合判断来得到其职业效益评价值——综合满意度。

如果是管理者对员工或下级人员进行职业效益评价，一般相当于绩效评价，不过，管理者也可以站在职业人的角度对员工或下级的职业效益进行评价，以便于采取合适的人力资源管理措施，提高员工或下级的工作积极性。

（九）评价模型

评价模型是把指标集 $\{X_1, X_2, \cdots, X_n\}$ 的值映射到总指标 G 的操作模式，可以是数学公式，也可以是一种对应表。当 $\{X_1, X_2, \cdots, X_n\}$ 各分量的值取连续实数或整数时，通常需要数学公式，当 $\{X_1, X_2, \cdots, X_n\}$ 的取值是分类或等级值时，则可以使用对应表的形式，即列出每一组评价指标值对应的总指标评价值。

评价模型不是越复杂越好，最简单的线性加权评价模型在许多情况下已经足够。在这里需要提醒的是，制定权重有各种方法，但不同方法确定的权重意义不同，不能滥用。比如人们喜欢的熵权法，其制定出的权重的意义不过是代表了样本指标值差异性或名义区分度的大小，与权重的"初心"——对价值效果的重要性不是一个概念。通常的专家咨询赋权法（如层次分析法）只有在专家充分了解所要评估的价值关系内涵的情况时才有可能正确赋值，所以，咨询专家时不能只给一个表格和几句简单的说明，而必须详述评价方案。

评价模型的选择和评价指标体系的设计不是相互独立的，而是相互影响的。一定形式的评价模型需要一定内容的评价指标体系，指标值的可得性限制评价模型的选择。如广泛使用的数据包络分析模型需要一套投入—产出指标体系，而通常的线性加权评价模型需要的是同类评价指标集，不能把投入和产出混合加权。

虽然前面指出，适合不同的评价目的的评价指标体系和评价模型是不同的，但是，职业、工种和岗位作为价值客体，其产生的效果应该是一种客观存在属性，可以作为职业统计的内容，建立指标体系。如果有了正规的职业效果统计，则可以在需要时，根据评价目的建立评价指标体系，根据指标体系从职业效果统计中获取统计数据，从而提高职业效益评价活动的效率。

（十）评价标准

评价标准在评价理论和实践中有两种。第一种是测量标准或测量尺度，用来标度各项指标的测量值。对应纯粹统计性指标，其标准具有物理量纲。第二种是价值标准，用于确定价值客体的属性值对于价值主体的价值值，其一是从统计性指标值映射到价值性指标值，如一定量货币收入对于职业人的满足度；其二是从连续实数或整数价值指标值映射到层级性价值指标值，如百分制或十分制与优、良、中、合格、差五级制的对应关系。

对于第二种标准要避免简单的等距分级法则，可以考虑应用边际递增或边际递减或其他非等距分级法则，如采用 90 分以上对应优、85～90 分对应良、70～85 对应中，60～70 对应合格、60 分以下对应差。有时需要首先给出分级的定性定义，根据定性定义制定数量界限。根据聚类特征进行分级也是一种方法。标准的制定要重视内涵即质的规定性。

在职业效益评价中，个体职业效益标准要把职业人的切身感受放在第一位，管理者评价要把职责标准作为主要参照。

（十一）评价实施

所谓评价实施就是落实评价方案、获取评价指标数据、得出评价结果的过程。正式的评价实施要有详细的实施方案，准备充分的物力、人力和财力，有科学的组织计划。把一次系统评价工作作为一项系统工程，其运作过程如图 6-2 所示。

图 6-2 展示了从系统评价方案研制到方案实施的一个逻辑步骤系统，其中创建评价支持系统阶段就是评价方案研制阶段，在此之前的属于项目立项阶段，在此之后的属于评价实施阶段。把评价实施作为一项系统工程，其过程分为三个基本阶段和一个收尾阶段。三个基本阶段即制定评价实施方案、实施评价方案和评价实施结果分析。收尾阶段的工作即是进行评价活动总结及资料存档。在中华武术中有一句格言：练功不收功等于白练功。系统工程项目的收功即收尾阶段是非常重要的，能够将实践中的感性和理性认识进行系统总结，产生认识升华，也能够为未来的相关工作提供经验和资料上的便利。

由社会职能机构或中介机构进行的比较复杂的职业效益评价应当遵循图 6-2 的方法论。如果评价是每年定期进行的，那么，在每年开始之前应首先学习上一年的研究报告和总结资料，对上一年的评价进行再分析，在此基础上，完善评价方案，然后再开始新一轮评价实施活动。

（十二）评价结果使用

在正式规范评价中，评价结果的发布和使用方式是一个非常重要的问题。同一个评价结果，由于发布和使用的方式不同，其管理和社会效果会差别很大。职业效益评价是机构人力资源管理特别是薪酬管理的基础。大家都熟悉的

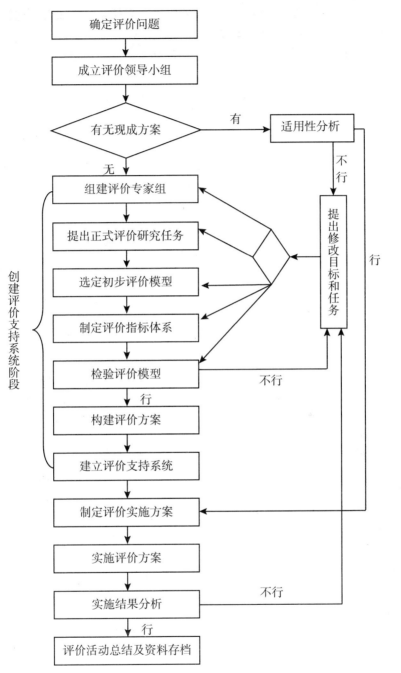

图6-2 系统评价实践研究方法论框架

资料来源：刘新建．系统评价领域硕士学位论文的规范要求探讨［J］．学位与研究生教育，2011（6）

一个惯例是，许多企业的薪酬是不公开的，只有老板和主管知道，这就是为了避免薪酬差异造成员工心理的失衡，从而影响工作。但是，这种做法不是在所有的单位都适用。在公共部门，薪酬公开是大众对管理者和管理机构的公平公正性的监督渠道，如果允许暗箱操作，将引起群众猜忌和寻租腐败。可以看出，这里存在多个管理目标的冲突，有效的管理就是在这些冲突目标间做出折衷取舍。

评价结果的使用方式应在评价方案制定中予以考虑，它依赖于评价目的、评价主体和评价客体的特性，还可能与社会环境有关。如前所述，作为正式组织实施的评价，评价结果还应做好文件和资料的存档工作，这既是现代档案管理的要求，也为以后的评价和管理工作提供了借鉴和基础材料。

三、职业效益评价分类

认识清楚一个评价活动属于哪一类评价，是选择评价方法和制定评价方案的重要前提。事物的分类是根据事物的属性表现做出的，从不同的属性和不同的划界标准可以做出不同的分类体系。评价活动分类的依据是其基本要素及其属性表现。我们前面阐述了评价方案的十三要素，下面就分别依据十三要素进行分类。实际的分类可以采用复合分类。

（一）依据评价项目领域分类

评价活动存在于人类活动的所有领域，每一个领域都可以形成一类评价学科。人类的职业有千万种，对每一个也可以建立一类职业效益评价。比如，教师职业效益评价、厨师职业效益评价、普通公务员职业效益评价、领导公务员职业效益评价、小学校长职业效益评价、普通建筑工人职业效益评价……职业的分类有大类，有中类，还有小类，任何一类都可以建立一个职业效益评价的知识体系。根据评价目的的需要，还可以有不同职业效益的比较评价。综合的职业效益比较评价比单纯比较不同职业的薪酬收入或许更有意义。

（二）根据评价目的属性分类

在评价理论中，有两类基本评价目的，一类是把评价作为管理手段，期望通过评价实现对评价对象的激励和监督促进；另一类是把评价作为信息获取手段，期望通过评价获取决策问题所需要了解的关于评价对象的信息。管理手段和信息提供是评价对于管理的两项基本功能，也可以说是评价对于管理的两种价值功效。当然，在实际评价中，一项评价活动经常同时具有两种功能，实现两种作用，但大多数评价会以其中一种功能为主，因此，我们可以把评价活动分为以管理手段为主的评价活动和以决策信息获取为主的评价活动。

职业效益评价对不同的价值主体和评价主体，其评价目的不同。如果是从业者个体发起的评价活动，其评价目的主要是信息获取；如果是管理者发起的对员工的评价活动，其评价目的多以管理手段为主；如果是社会第三方发起的评价活动，如各种职业排行榜，虽然其主要功能是提供信息，但是，营利性机构开展评价活动的目的是要实现商业利益，这会影响他们评价活动，包括影响评价结果。由此，评价活动还可以分成营利性评价活动和非营利性评价活动。

（三）根据总指标属性分类

在通常的评价活动中，一般只有一个总指标，但是，实际上是可以有多个并列总指标的，分别满足不同种类评价目的的需要，所以，可以根据总指标数目把评价分为单维评价和多维评价。另外，总指标的取值可以是定性的，也可以是定量的，从而可以据此把评价活动分为定性评价和定量评价。定性总指标的值集可以是两点式，如通过与不通过、合格与不合格等，也可以是多值分级式的，如高级、中级、低级，或优、良、中、差，等等。

（四）根据评价目标属性分类

评价目标是指对评价对象的评价结果表现形式，所以，根据评价目标可以分为：连续总指标评价，分级评价，分类评价，排序评价。对应职业效益评价，应根据评价目的的需要，选用合适的评价目标。比如，从业者个人立场进行职业选择评价，评价结果可以分成十分满意、基本满意、不满意、很不满意四个级别，从管理者立场进行绩效评价，评价结果可以分成优秀、良好、合格和不合格四种类别。

· 169 ·

（五）根据价值主体属性分类

以单体职业人为评价对象，所面对的价值关系中价值主体是多元的，这就是我们强调的"益在多方"。首先，从业者是为自己的生存，他是其职业岗位的第一价值主体之一。其次，从业者服务的单位聘用从业者的目的是为了自己的利益，所以，作为职业岗位的供求双方之一，聘用机构也是职业岗位的第一价值主体。再次，每一个单位总是处于一定的社会区域之内，其生产及各种其他活动会对周围环境以各种方式产生作用，从而影响社会区域内人群的利益，最后，个人的职业活动对整个国家甚至人类可能产生作用，从而国家和人类构成了最大的职业效益价值主体。

在每一次评价中，可以只选择一个价值主体，从该价值主体的角度设置评价内容和选择评价方法，也可以进行多价值主体的评价，但是，一定不要把不同价值主体的评价结果简单叠加以获得对一个职业人或一个职业岗位的职业效益评价。

（六）根据价值客体属性分类

价值客体是价值关系中与价值主体相对的一方，但在评价关系中，价值客体转化为评价客体，也称为评价对象。根据价值客体属性分类也就是根据评价对象属性分类。

（七）根据评价对象属性分类

如前指出，评价对象有五类：职业人个体、职业人集体、职业人群体、职业和岗位。根据评价对象属性分类首先可以把职业效益评价活动分成与五类评价对象对应的五类评价。其次，一般来说，在一次评价活动中，评价对象可以只有一个，也可以是若干价值客体组成的评价对象集合，这样就有了单体职业效益评价和群体职业效益评价。

（八）根据评价主体属性分类

评价主体是评价活动的主持者。根据前面关于评价主体的认识，职业效益评价首先可以分为自评价和他评价，其次可以分为管理者评价和第三方评价。自评价是指从业者个体或集体或其代理人进行的职业效益评价；他评价既可以是由价值客体的某一方或其代理者进行的职业效益评价，也可以是由第三方进行的评价。这里说的第三方既非价值主体也非价值客体，也不是价值主体或价值客体的代理方，是指根据社会需求或第三方利益需求开展的独立评价。管理者评价中的管理者是从业者的聘用机构或其代表者。

（九）根据评价指标体系属性分类

从单个评价指标来说，评价指标的属性有测量值的数字特征（如连续性指标、离散型指标、类别指标、级别指标等）、评价指标的价值相关性（如统计性指标、物理性指标、价值性指标）等。在一个评价方案中，评价指标体系是一个指标集合，可能包含不同属性的指标，所以，不能根据单个指标的属性对评价活动分类。对于一个评价指标体系，若不包括总指标，可以只有一级评价指标集，而一般都有多级指标集。由于评价模型特性的要求，有些评价指标集被分成两个相对的子集，比如在数据包络分析模型中，指标体系被划分成投入指标集和产出指标集，而大多数评价指标体系都是平行多级评价指标集。

（十）根据评价模型属性分类

评价模型是指评价指标集的取值与总指标评价值的对应或映射关系。评价模型的属性是较多的。首先，评价模型可以分为定性评价模型和定量评价模型，而一个评价方案中，可能不仅使用定量模型，而且同时使用定性模型。其次，对于定量评价模型，对应关系可以是线性函数，也可以是非线性函数。结合评价指标值的确定性特征，可以分确定性评价和模糊评价，甚至可以是灰色评价。灰色评价给出的评价结果是一个区间；模糊评价的评价结果包含隶属度，如说属于优秀的程度是0.8。

在职业效益评价中，除了用货币或实物单位估算一些直接可测的职业效益外，一般不需要复杂的评价模型，使用通常的线性加权评价模型和层位评价模型即可。在线性加权评价模型中要注意权重的确定。权重是主观性的，有个体主观性和群体主观性，决定于价值主体的价值观。在从从业者个体立场进行的评价项目中，要充分听取从业者的价值需求陈述，以最符合从业者利益的方式确定权重；如果是为从业者群体进行职业效益评价，则除了充分收集全体从业者的价值需求信息外，还要谨慎地确定把个体意见集成为总体意志的方法，最普通的就是使用简单平均值。如果使用层位评价模型，则要根据评价目的，从各类价值主体的角度合理确定位指标体系。

再次强调，在评价中，评价主体即评价者容易把自己的价值观掺入价值判断中，这是需要警惕的。

（十一）根据评价标准属性分类

如前指出，评价标准分两类：测量尺度和价值标准。测量尺度相对来说具有较强的客观性，价值标准则依赖于价值主体的价值观。根据评价标准属性分类一般是依据价值标准属性分类。

价值标准首先可以分为绝对价值标准和相对价值标准。绝对价值标准基于价值主体的内在价值需求，通过直接赋值法确定，如专家打分法就是一种绝对价值标准，这个标准内化于专家的思想中，基于专家对价值主体的价值需求的判断，是主观性最强的价值标准。相对价值标准具有一定的客观性，其关键是比较基准的确定。在确定价值客体的某一属性是价值主体的价值需求的前提下，比较基准有三种。第一种是价值客体在该属性上的历史值，根据现值相对于历史值的变动特性确定现值的价值水平值，比如增长率，这种方法可以称为自基准法。第二种是在一组评价客体集合内部确定一个评价对象，以该对象的属性值作为基点确定其他评价客体该属性值的价值水平值，这是比较常用的方法，可以称为内基准法，比如当评价指标是正指标时，以评价客体集内最低指标值作为比较基点，一般的无量纲化方法也属于内基准法。第三种比较基准来自于评价客体集之外，称为外基准法，比如选择同类可比职业收入水平作为一种职业的收入高低程度的比较基准。以已经制定好的价值要求标准作为比较基准也是外基准法，如酒店分类标准、体操竞赛裁判标准。

（十二）根据评价实施属性分类

评价实施是对评价方案的落实。显然可以根据评价实施质量把评价活动分为成功评价和不成功评价。成功评价不仅实现了评价目标，而且达到了评价目的，不成功评价则多种多样。在评价方案科学合理的情况下，评价实施不成功可能是出现了突发情况，更多则是评价实施者的责任不到位造成的。

（十三）根据评价结果使用属性分类

评价结果的使用有各种方式，与评价目的直接相关，需要应用评价心理学谨慎决定。从管理者角度，评价结果使用可分为公开公示和内部掌握两种。比如，在干部升任考察中应以内部掌握为主，在干部绩效考核中，应进行公开公示。

现在，社会上的一些咨询管理机构热衷于进行职业排名，是一种公开评价活动，其中就有职业效益评价的成分，但是，由于这些机构缺乏职业经济学和职业效益评价的系统专业知识，他们的评价的科学基础很弱，只是顺应社会潮流。某机构2016年进行的中国幸福小康指数评价中，最幸福的职业依次是：自由职业者、教师、政府官员、艺术工作者、普通公务员、导游、民营企业家、健身教练、演员、创业者，而在"影响职业幸福感的十大因素"上，收入排在第一位，其次是个人能力的体现，再次是个人发展空间，职场人际关系和个人兴趣的实现分列第四位、第五位，排在第六至十位的依次是：福利、工作为自己带来的社会声望、领导对自己的看法、职位高低、单位实力。很显然，哪种职业能排到前面，与其采用的权重体系紧密相关，而且其采用的评价指标体系也是需要进一步科学分析的。

四、层位评价理论

职业效益评价一般不把对评价对象的完全排序作为评价目标，分类是更合适的评价目标，因此，更适合应用基于层位评价理论的层位评价模式。

层位评价理论是一种开放性的评价理论，它不刻意追求定量化，摆脱了权重的束缚，更切合实际的决策评价过程。层位评价理论的基本思想可以概括为五个方面：指标定义原理、价值关系原理、指标测量原理、多维价值原理和层位原理。这五大原理既包含了层位评价理论最核心的基本思想，又不要求死板的教条模式，遵循人们实际的评价思维方式，同时注意了科学严谨性。

（一）指标定义原理

评价指标体系是系统评价方案的主要组成部分。人们常说要建立科学合理的评价指标体系，但对于什么是科学合理的评价指标体系并未形成公认的见解。这里认为，科学合理的评价指标体系的一个基本要求是：每一个评价指标都必须是一个有科学定义的规范概念。

定义：A 是一个有科学定义的规范概念，那么，

（1）A 必须具有确定的明晰内涵，符合形式逻辑的规则要求；

（2）A 是可以量化的，具有确定的外延。

在形式逻辑中，定义的规则包括：（1）应相称，即定义概念和被定义概念的外延相等；（2）不应循环；（3）一般不应是否定判断；（4）应清楚确切。

这里的量化是广义的，包括：连续数量、离散数量、等级、分类。在系统评价中，每一评价指标都是对评价对象某个或某些属性的概括，应为规范概念，必须在质和量两方面都可以确定。

【例】花色是人们评价衣服时的一个常用指标。当花色作为衣服的一种纯客观属性时，它是确定的，不以人的主观意志为转移。虽然当衣服的图案比较复杂、颜色并非单一时，用明确的语言来描述衣服的花色很困难，但是人们可以用它的全部信息特征来限定它（对于人造标准设计产品，这是可以做到的），并可以给它一个代号。当花色作为一个评价指标时，它是衣服的一个客观属性，其定义可为：

"衣服花色是在衣服平面上，由一种或多种颜色的线条及区块形成的图案。"

花色有可能很复杂，其值无法用简单语言表达，这时其实际的值可以用一幅图或样品料表达，而在语言论述中可以用一个代号表示。但作为评价指标，它必定要转化为价值指标以反映一定的价值关系，这时，其对应价值指标的恰当明确的名称应叫做"花色满意度"，其定义也应符合科学定义的规则。比如，可以定义：

"衣服花色满意度是人们对衣服花色的喜欢程度，或说衣服花色的合意程度。"

这个定义的内涵是明确的，其中"人们"是确定的，这里指买衣服的顾客；"衣服""花色"所指在一般人来说也是确定的、明确的概念；"喜欢程度"或"合意程度"在这里表面上似乎是一个主观概念，但作为人的心理存在是明确的，人们可以用内心的整体知觉来感知，并表述其愉悦程度，是一个没有歧义的概念。

至于量化方面，关键在于"喜欢程度"或"合意程度"是否可以量化并被确定地测量出来。从实践的角度来看，这一点是显然的，即当人们面对一种衣服的花色时，可以说出是喜欢或不喜欢，甚至说出喜欢的程度："十分""非常""比较"，等等。另外，第三态也是存在的，即人们对具体的一件衣服的花色，可能既不感到喜欢，也不感到讨厌，是一种中性态。花色满意度用这些程度词来描述应该说已足够了，也可以说已经量化了，但这种量化是一种模糊量化或纯序量化。花色满意度目前还无法准确绝对量化，直到人们发明一种

测量技术可以用一种化学物质的水平来确定人的愉悦程度，花色满意度才能成为一个完全科学的概念，不过，在实际生活中所应用的概念恐怕仍然只能是模糊的。

（二）价值关系原理

在一个多属性层级评价指标体系中，总指标反映了价值客体（即评价对象）与价值主体的价值关系，即客体以它的某些属性满足主体的特定需要的关系，因而总指标是一个价值指标。价值的大小即是用总指标值来度量的。所以，总指标值不仅反映了评价对象某些属性水平的综合性大小，而且反映着价值主体的需求水平，是客体属性水平和主体需求水平的结合体。

【例】当一个顾客来到商店选购衣服时，影响其决策的相关因素有：（1）顾客的需求水平；（2）衣服的基本特性；（3）商店的购物环境；（4）售货员的服务水平。在这四个指标中，顾客的需求水平和衣服的基本特性属于基本指标，反映的是基本价值关系，后两个指标是附加价值指标，在这一决策问题中属于调节因子。

现在仅讨论基本价值关系。作为一个评价问题，这里的衣服是评价对象，是价值客体，衣服的各种属性是评价的要素，顾客既是价值主体又是评价主体。假设有几件衣服放在一起让顾客挑选，其选项假定为或只选其中之一，或一个也不选（这是大多数顾客购衣时的预定情景）。在这种情况下，每件衣服的各种属性经过顾客的价值尺度的衡量就归结为"衣服对顾客价值需求的满足程度"，可以简称为"衣服满意度"。

从上述例子中可以看出，系统评价的总指标实际上是一个价值指数，是客体的属性值与主体的需求值之比，并进一步表现为满足等级，如优、良、中、差，或十分满意、一般满意、勉强满意、不满意、十分不满意等。

处于层级指标体系之中的评价指标，既可以是包含价值关系的指标，因而是一个价值指数，也可以是一个纯价值客体的属性指标；尤其对于最低级指标，最好是一个可以统计或物理测量的指标，以保证最基本事实资料的客观公正性。

（三）指标测量原理

在层级评价指标体系中，一个评价指标与其直接下属指标之间的关系有三种可能：因果关系、果因关系、总合关系，并且在一个指标集中只能是其中一种。

所谓因果关系即上级指标是下级指标的原因，果因关系即上级指标是下级指标的结果或效果，总合关系即简单的整体与部分的关系，如一个农场的总产量是各块地的总产量之和。

这样的关系模式在一切科学测量中都存在。评价是一种广义的测量。

在选购衣服的例子中，顾客最后的满足程度是对各种属性的满足程度的综合结果，二者之间是一种果因关系。虽然，在一定评价模式下，总指标表现为各种属性的满足程度的线性叠加，但在一般情况下，这种简单加总的关系并不存在。例如，价格大于某一数值或花色为绝对不喜欢时，对衣服的总满意度就可能骤降为零，不予考虑；也可能一件衣服的某一属性如式样特别满意，那么其他因素在一定范围之内就是可以忽略不计的。这种评价决策方式实际上就是下面介绍的层位评价原理的本质。

评价一所学校的优劣，设总指标是办学水平，则既可以用它的教育成果（在校生和毕业生质量）来评价，也可以用办学过程（管理过程、教学过程）水平来评价，前者是因果评价模式，后者是果因评价模式或总合评价模式。评价一个地区的自然环境质量可以用一系列环境监测指标来评价，也可以用该地区人们的健康受环境的影响程度来评价，前者是果因评价模式或总合评价模式，后者是因果评价模式。

在有些评价中，总指标仅是各一级指标的简单加总，因而属于总合评价模式。如决定大学录取的高考成绩，几乎就可以看做各门科目成绩的简单加总，因而是总合评价模式。

（四）多维价值原理

传统的综合评价模式总是喜欢用一个单维实数来给出评价结果。但在人们的实际评价行为和决策实践中，评价的模式比这要复杂。

仍以人们选购衣服为例。考虑的基本要素包括：款式、花色、价格和尺寸。在价值主体的考评思维过程中，这几个要素与其内部需求的比较都会有一个结果：十分满意、基本满意、不太满意或很不满意。人们最后选择的结果会将很不满意的自然排除。如果可选择的范围比较大，比如售货员一下拿出好多套衣服让顾客挑选，人们也会将选择对象作为整体，分成满意、基本满意、不太满意几大类。但是，在每一类内部，让人们继续进一步排序就可能会出现困难。或许有人建议对这些不能区分优劣差异的对象赋以相同评价值，但是通常不存在一个确定的数学函数来实现这种评价。例如，假设有 A、B、C 三件衣服，在（款式、花色、价格）上的评价结果分别是[①]：A（十分满意、基本满意、基本满意）、B（基本满意、十分满意、基本满意）和 C（十分满意、十分满意、不太满意），这时的综合评价结果都是基本满意，但进一步排序已无法做出，于是顾客就出现了犹豫不决的状态。按照传统做法，可以进行线性加权计算给出综合分，但这个综合分并不是顾客的思想或本意，因为基

---

① 假定尺寸完全相同，在评价时就可以略去这个指标。

本的一点是，顾客并不可能决定各属性的十分满意、基本满意和不太满意之间有几分之差。特别是在对社会组织系统中的评价中，如果不是非要在评价对象之间做出一个选择，排出严格的先后顺序来，对这种多维多对象并列的状况就没有必要再进一步区分下去，不妨用一个多维数来表示评价结果。在实际中，这种多维数结果更有利于指导管理实践，让评价对象（当评价对象是个人或组织时）和决策者认清差距在哪里。如果非要在这样的评价对象之间排出个序来，那么就应当提出附加的价值要求。例如，设一位顾客必须在上述 A、B、C 三件衣服中选出一件购买，这时，他的做法可以是：（1）任选一件买走，具有随机性；（2）增加评价指标数，如面料偏好、亲友的看法等。

在对各级政府领导干部的绩效考核中，中央强调不以 GDP 论英雄，而是要求物质文明、政治文明、精神文明、社会文明和生态文明等五位一体，不仅考核经济增长与发展，而且考核生态环境质量改善、社会安全和生产安全提高、民生水平发展，形成了一种多维评价模式，各维度之间不存在相互补偿的关系。

（五）层位原理

在上面的论述中，我们已经发现，用简单的一维单向度评价模式很难满足现实中复杂的系统评价任务的需求，层位原理提供了一种具有一定通用性的评价范式框架。

层位原理的核心思想是：在一组评价指标集中，指标间的重要性差异常常存在阶跃性，即某一个或几个指标相对于其他指标具有优先决定权。这种优先决定权一般是负向起作用，即当这个或这些指标不合格或处于低等级时，对评价对象的总评价就是不合格或不高于该等级。这时，我们用"位"来表明指标在评价中的优先权。最高的优先权指标称为首位或第一位指标。以职业效益评价中常用的德、勤、绩、效四指标集来说，如果一个职业人在德上的评价是不合格的，那么，其在其他指标上水平再高，评价结论也是不合格，这个"德"就是首位或第一位指标。

更精细的层位原理如下所述。

设一个评价指标体系由总指标 G 及其一级评价指标集（Y_1，Y_2，Y_3，…，Y_n）组成，每个指标都是正指标，即都是多多益善或越大越好，且对评价对象的整体评价和在每个指标上的表现都可以分成一定的级别类，从优到劣分别用（A_1，A_2，A_3，…，A_m）表示。则层位模式评价工作采取以下的程序：

1. 判断在 Y_1，Y_2，Y_3…，Y_n 中，每个指标是否存在一些关节点。

设 β_{11}，β_{12}，…，β_{1n} 是这样一些关节点，若对某个评价对象 w，其在 Y_j 上的取值 $y_j < \beta_{1j}$，则认定 $G(w)$ 的等级低于 A_1。同样，对任意 A_i，若对某个

评价对象 w，有 $y_j < \beta_{ij}$，则 $G(w)$ 的等级低于 A_i。这一做法被称为开关函数法。

2. 分析在对评价结果的影响中，Y_1，Y_2，Y_3，$\cdots$，Y_n 的评价作用是否存在优先顺序，称为位次。

Y_1，Y_2，$Y_3 \cdots$，Y_n 在评价作用中的优先顺序包括这样一些情况：

（1）对任意评价对象 w_1 和 w_2，其指标评价或观测值是（y_{11}，y_{12}，$\cdots$，y_{1n}）和（y_{21}，y_{22}，$\cdots$，y_{2n}）。若存在某指标 Y_{j_0}，当 $y_{1j_0} > y_{2j_0}$ 时，不论其他指标的差异如何，就认为 w_1 优于 w_2，那么就说 Y_{j_0} 优先于其他指标。根据这种优先性质可以对评价对象进行字典式排序。

在极端情况下，n 个评价指标被严格排序，每个指标占居一个位次，且每一位次只包含一个指标。如体育运动会中对各代表队的排名，评价指标是金牌数、银牌数和铜牌数，金牌数第一就排第一，金牌数相同再看银牌数，依次类推。

在一般情况下，每一个位次可能包含多个指标。

（2）当有些评价指标的统计观测或分析工作比较复杂，另一些指标的统计分析评价相对较简单时，可以把简单指标作为先位指标，这在合格评价中非常有用，可以带来极大的节约和效率。这时，先位指标与其后位指标在对于评价目的的重要性上应没有显著差异。

3. 经过以上程序，评价对象通常被分成了若干组类，如前述"优、良、中、合格、不合格""十分满意、比较满意、基本满意、不太满意、很不满意"等。

这时，如果根据管理目的的需求，还需将每个对象进行排序，则可以在每个组内分别建立评价模型，并可以通过规定组与组之间的最低差值并反映于模型，用单维单向值或字典序法进行排序。

对于多级评价指标体系，从底到顶，即从末端的统计性指标层逐级向上直到总指标依次实施层位评价模式，就可以推出一个评价对象的总评价结果。这样方式的评价过程就称为层位评价模式。层位评价模式的评价模型可以用一系列对应表表示出来。

在层位评价模式中，先划分大类后细分排序，降低了评价的难度，提高了评价结果的准确性（因为人类在大尺度上更容易把握事物之间的差异），也符合人们一般的思维习惯。层位评价思想与多目标规划中的字典序法有相同的哲学本质，可以认为是其更一般意义上的推广。

对职业进行分级分类是一些第三方评价机构开展的职业评价活动，对这些评价，应用层位评价理论进行深入的分析，使用层位评价模式是更适合的，能提供更有意义的信息。

五、学校管理者职业效益评价

作为范例，本节探讨学校管理者的职业效益评价问题，并以小学管理者职业效益评价为例①。学校教育管理是教育管理的子类（以下简称学校管理），教育管理是一般管理的子类。广义地说，每一个社会组织中的所有人员都承担着一定的管理职能，因为所有人的行为在一定程度上都需要自己计划、控制和决策，所以都是管理者。在一般管理学中，管理者是指对组织或其次一级子组织承担领导责任的人。对管理者来说，管理职位成为他谋生和实现人生价值的专业活动，因而，管理成为一种职业。在本节的论述中，校级领导和中层管理者都称为学校管理者，他们管理的对象范围都是整个学校，是两个不同层次的决策者。

根据不同的教育层次，学校被划分为小学、中学、大学和短期培训学校。作为一个教育层次，承担学前教育的幼儿园也可以称之为一类学校。

学校教育活动在很大程度上是一种公共产品生产活动，因而，学校管理者职业效益评价涉及多层次的价值主体。因为各个价值主体对教育的价值需求不同，因而，评价的内容和结论也有较大差异。

小学管理者包括校长级、教导主任和总务主任。校长级一般指正副校长，有些学校可能有理事会或董事会。小学管理职业效益评价的价值主体除管理者个人外，通常包含以下层次：学校其他中高层管理者、学生、家长、服务的社区（或村庄）、各级隶属行政区、各种旁观者。各种旁观者包括如：其他教师、其他社会组织（如戒烟协会、环保组织、行业协会等）、相关国际组织（如联合国教科文组织）。

（一）小学管理者职业效益评价的内容与价值取向

从管理者个人的价值角度考虑，小学管理者职业效益评价的内容包括管理者的有形收入和无形资产增加。这里的收入是一个全面的概念，指全部的有形所得，如货币工资收入、各种奖金收入和各种实物所得。无形资产包括个人成就感、社会关系、社会声望等。有些有形所得是通过无形资产间接获得的，即没有这些无形资产就不可能获得它们。

从社区的价值角度考虑，小学管理职业效益的内容包括：对本社区教育状况改善的贡献和对社区文化的贡献。社区教育状况包括学龄儿童入学率、学生素质水平、学校校风。小学对社区文化的影响一是通过学校成员（管理者、教职工、学生）直接参与社区文化活动来实现，二是通过学校风气间接地影响社

① 本节的基本内容来源于：齐经民等．职业效益讲求及其评价［M］．经济科学出版社，2006：356－366。对于使用"学校管理职业效益评价"还是"学校管理者职业效益评价"有所纠结。感觉二者应该是有所区分的。比如，可以对学校管理层群体作为一个整体的职业效益进行评价。

会风气来实现。

地方政府（对小学，县级即可）可能更关心毕业生对地方社会经济的贡献，但是，由于当代的小学毕业生一般不能直接就业，而小学教育对中学和大学毕业后就业的影响难以直接体现，所以不宜用毕业生业绩评价小学管理职业效益。这样，地方政府对小学管理职业效益的评价内容与社区层次基本相同。

从全社会的价值角度考虑，小学管理职业效益的内容主要是对教育科学发展和进步的贡献，包括教育思想和教育方法创新，这是很高的要求层次。

由于一种教育方法的效果是多侧面的，有的可以在短期内提高测试成绩，但是对于学生的长期素质培养不一定有利；有的虽然在特殊的专门的组织下可以实施，但是容易受到环境尤其是教师和管理者变更的影响，因而不能长久，不具有推广价值，所以，在评价教育方法创新的贡献时，需要对一种教育方法的效益进行可持续性分析。

学校作为一个社会组织，对管理职业的效益也有自己的价值观点。学校作为一个组织，它的价值主体分为两类：一类是学校的所有者或其代理人，如董事会或地方政府，另一类是学校的全体教职员工。对于公立小学，学校所有者的价值观体现为社区或地方政府管理者的意志，它关心的学校管理职业效益内容基本与社区的一般价值观一致。而对于私立学校，除了由教育事业本身的发展规律确定的必须达到的公益要求外，它还追求利润的最大化，而且追求利润最大化是它的核心价值。为了利润，它要扩大生源，为此，它要设法提高学校的声誉，甚或采取商业的方式（如商业广告）或非正当的方式（如虚假宣传、高价抢生源）。如果私立学校完全是捐赠式的筹资方式，是非营利机构，则可以相当于公立学校，但是，除非捐赠者放弃对学校的干预权，主要捐赠者的个人价值观会影响学校的发展和评价①。

对于学校的全体教职员工，其主要关心的是：学风、教风、政风（三者共同构成校风）的改善和教育教学条件的改善。当然，对于教育教学条件的改善，起决定作用的是学校的所有者。学校管理者在教育教学条件的改善中所起的作用是策划督促所有者和向社会化缘。如果评价是对管理者职责的评价，那么教育教学条件的改善不能作为评价的正式内容，只能作为参考或调节因子。作为对管理职业效益的全面考察，教育教学条件的改善可以作为学校管理职业效益评价的基本内容②。

· 179 ·

---

① 基于对基础教育特别是义务教育公益性本质特征的认识，本书作者不主张办营利性私立中小学，也不主张私人对由其出资举办的学校具有主导性管理权，仅可有管理参予权。

② 在西方国家有一种说法是：校长的职责就是募钱，是有一定道理的。但是，实际管理工作中不能太夸大这种职责，因为对学校来说，所有者对教育教学条件的改善起决定性的作用，尤其对小学来说是这样。在评价模型中，作为参考或调节因子的评价指标，其评价值对评价结果的影响应在基本评价模型结果确定后再以一定的方式加入，比如，在同等级评价对象间比较，可以乘以系数或加以一定分数。

对于效益或效果评价，非常重要和关键的一个问题是确定系统效益或效果的贡献归属。对于管理职业效益评价来说，这也是一个非常困难的问题。公正和公平地说，一个组织系统的效益或效果是由全体成员共同劳动创造的，无法确定归属。只不过，管理者在这里的作用是关键的，正如一句传统名言：关键在领导，是"成也萧何，败也萧何"。所谓关键，原因有二：（1）成员的行为受管理者决策的支配，管理者具有主动性；（2）成员职责完成的能力在很大程度上取决于管理者的"知人善任"。好的管理者可以把不可避免的损失降到最小，把可获得的收益增到最大。但是，也不能因此把所有的功劳都记到管理者头上，或反过来把所有的责任都推给管理者。正确地估价管理者的作用有赖于科学地选择评价方式和方法。

（二）管理者职业效益追求的特别讨论

从管理者个人利益角度出发，前面虽然以有形收入和无形资产增加作为管理者职业效益评价的基本内容，但是，高层次管理者，尤其是学校管理者，是社会先进分子群体，如果他们仅仅追求个人的享受利益，或以之为主，那我们的社会就会充满危机。虽然从根本上说，历史是人民大众创造的，但是，如果没有先进分子的领航，大众的力量就难以形成战术上的合力，战略目标就不能实现，就发挥不了推动历史前进的作用。作为组织者，如果先进分子没有远大的理想，没有为了崇高事业献身的精神，那么，其领航行动就难以成功，甚至背道而驰。所以，对于社会组织的管理者，尤其是像学校一类公共事业组织的管理者，一定要引导教育他们从正确的角度来评价其职业效益。

作为社会公共产品提供机构的管理者，具有符合社会主流价值的信仰是非常重要的素质。根据我们前面提出的人类需要五层次理论，信仰需要是最高层次的需要。信仰是建立在一定理论观念基础之上的，具有理性特征。如果一个人确立了信仰，他就有了献身的对象和目标，这正是宗教对人的力量之所在。仅仅建立在私利基础上的动机是易变的，在危机时刻是不可靠的，会出现"跑跑先生"①。

学校教师被称为人类灵魂的工程师，学校管理者是学校这个组织中最重要的领导者和组织者，所以对其有更高的要求。作为我国社会主义社会学校的管理者，必须树立共产主义信仰，以共产主义道德观来要求自己。社会也需要对学校管理者不断进行信仰教育，使警钟长鸣。

（三）小学管理者职业效益评价方法

从上面内容分析可知，学校管理职业效益评价是一个多角度多层次的评价问题。对于不同的角度和不同的层次，不仅评价内容不尽相同，而且评价方法

---

① "跑跑先生"指在危急时刻，不管自己负责的成员，抢先逃生的人。

也会有所不同。

1. 从管理者个人角度评价其职业效益

根据前面的评价内容分析，从个人角度考虑，职业效益评价的指标体系可以设置如表6-1所示。

表6-1　　小学管理职业效益评价指标体系（个人角度）

一级指标	二级指标	三级指标
有形收入	货币收入	工资收入
		各种奖金和津贴
	实物收入	物质形态
		服务形态：如旅游、娱乐
无形所得	职位成就感	
	社会声誉	
	社会关系网络	
	学术发展	
	信仰满足感	

资料来源：齐经民等. 职业效益讲求及评价［M］. 经济科学出版社，2006：359

首先，我们分析这些指标之间的关系。两个一级指标对于职业效益这个总指标而言是总合关系，即从定性上来说，二者之和等于职业总效益。但是，很显然，有形收入及其二级指标都是可以完全量化的，实物收入也可以通过适当的估价化为货币值，而无形所得基本都是定性指标，不能精确量化。有人可能建议通过适当的量化转换对指标进行加权综合，但我们认为，这是不妥的，也是没有必要的。原因是，权重是一个主观量，且缺乏明确的量化原则，所以，不是迫不得已没有必要加权综合。另外，在无形所得的二级指标中，有些指标不宜用连续的量来赋值。如信仰满足感，如果在职业决策时遇到个人利益和公共利益的冲突，其他指标就都退居绝对次要地位，决策结论由信仰需要的判断唯一决定①。对某些人来说，社会声誉和学术发展有时也有决定性意义。

在无形所得的二级指标之间，它们虽然不可能完全相关，但也并不是完全独立的，而是存在着相互促进作用，关键是个人如何利用它们。比如，如果定性结论是：选择某一职位符合自己的信仰需要，那么，良好的社会声誉、社会

· 181 ·

① 清华大学教授赵家和在职业生涯中多次被安排转行任职，他都无怨无悔。参见："雪中炭火"赵家和——一位清华大学教授的生命之歌，中国新闻网：http://finance.chinanews.com/gn/2016/07-04/7926868.shtml。

关系网络和学术发展完全可以用来促进与信仰相关事业的发展。但是，如果利用不当，则会造成某方面损害，如过度发展社会关系网络就可能损害社会声誉和学术发展。

其次，评价方法的选择有赖于评价目的的确定。评价目的不同，评价指标和评价模式都可能不同。比如，假设某个中介咨询机构为人们尤其是大学毕业生提供职业选择的参考信息，并准备出版一个小册子，那么，他就只能对有形收入进行评估，而且只能考虑一般情况，对单位之间相差悬殊的收入项目不能计算在内。如果是个人在考虑调换工作岗位，那么，上面所列全部指标都要考虑，而且是针对具体单位和岗位。

【例】今假设一个具体在位管理者进行自我评价，设其评价目的是决定是否换一个职位，因此，他需要在现职位和备选职位之间进行比较评价。

首先考虑无形所得评价。假设信仰满足感作为优先考虑指标对待选职位已全部通过。对于现职位的评价需要该管理者仔细分析任职以来的所得，根据分析所得事实，对上面所列四个二级指标项目给出评估结果。对于备选职位，需要根据职位本身的客观性质、他人的经验和自身的素质特点综合分析，然后对各项目给出结果。显然，对备选职位的评价具有或然性。设现职位是 A，备选职位是 B 和 C。某管理者的分析结果如表 6－2 所示。

表6－2　　　　　　　　　　职位评价分析举例

指标 职位	1. 职位成就感	2. 社会声誉	3. 社会关系网络	4. 学术发展
A	很大	较高	不算大	较大帮助
B	可能很大	高	可能更大	帮助不大
C	一般	高	较大	几乎无帮助

资料来源：齐经民. 职业效益讲求及评价 [M]. 经济科学出版社，2006：361

从表6－2分析结果看，职位 C 的无形所得最低。B 和 C 相比，除专业研究外，B 似乎较优，但 B 的结果具有不确定性。如果该管理者非常看重自己的学术发展，则他肯定不会选 B，因此，他的结论是维持现职位。如果这个管理者更看重社会声誉，则他会选择职位 B。

然后，再分析有形收入及其与无形所得的综合。假定有形收入已经全部量化和货币化，那么，三个职位之间的有形收入比较结果立刻可得。现在关键的问题是：如何把有形收入评估结果与无形所得评估结果综合而得出总结论？

很显然，两个一级指标的评估结论很可能不一致。面对不一致的两个结论，折衷或有所放弃是必然的。在这里，简单的加权综合是不恰当的。如果这个管理者特别看重其学术发展，那么，其结论就可能是不管三者收入有何差异，他都要保留现有职位。但是，如果职位 B 的收入与 A 相比出奇地高，而且他还年轻，那么，他可能先选择职位 B 工作几年，然后再寻找一个虽然收入低但非常适合学术发展的职位，并利用积累的收入更好地进行学术发展。当他更看重社会声誉时，有类似的分析结果。如果 C 与 A 和 B 相比，有形收入特别高，那么，该管理者也有可能放弃 A 和 B。还有可能，该管理者处于两难的状态，无法取舍，这时只好靠"掷骰子"来决策了。

虽然，这是一个非常简单的例子，但以上分析也未能穷尽所有可能情形。对这种评价问题的一个理论指导就是层位评价理论。

对于小学管理者来说，其学术发展一般是与中小学教育学相关的学科，所以，作为管理者，只要其有心学术研究，一般都处于更有利的位置，能获得更大的成就。并且，通过这种学术研究能反过来更好地促进管理工作，这就是人们常说的，要做教育家，不要只当一个教书匠。所以，积极从事教育学术研究应是中小学管理者追求的主要职业效益之一。

如果评价的目的是对社会中的各种职业进行比较，那么就要做足够广泛的社会调查统计。因为专业学术研究不是社会各种职业的共有特征，所以，在统一比较中它不能作为一个评价指标。在抽取调查样本时，要特别注意样本的代表性。因为对同一职业，每个当事人的回答都可能不一样，所以要计算平均值。但这些指标都是定性指标，所以要进行定性指标的定量化。但我们这里不赞成简单的赋值量化。实际上，除了有形收入，其他指标的评价结果反映的是公众态度或心态，如所谓最受尊敬的职业、最受欢迎的职业，等等。

2. 从社区角度评价小学管理者职业效益

下面的社区一般指村庄。根据前面的价值分析，社区对小学管理者职业的评价指标体系见表 6-3[①]。显然，这个指标体系有些指标还可以继续分解出下一级指标，如学生及教工的操行水平、参与社区文化活动等在实际操作时需要继续分解到更细的可以容易获取指标值的层级。

利用这个评价指标体系对小学管理职业效益进行评价，其评价目的一般是：了解本社区小学教育发展状况，评估学校管理者一定时期的工作业绩。如果以前一个目的为主，那么，评价主要是绝对评价，若包括相对评价，则应是相对其他小学如先进学校的水平。若以后一个目的为主，那么，就需要把前后相邻两个时期的绝对评价相比较，得出进步情况。

· 183 ·

---

① 这并不是一个完备的评价指标体系，仅仅是抛砖引玉。

表6-3　　　　　　社区对小学管理者职业效益的评价指标体系

一级指标	二级指标	三级指标
教育发展水平	学龄儿童入学率	初始入学率
		毕业率
	学生素质	文化课素质
		艺术素质
	学校校风	体育活动素质
		学生操行水平
		教职工操行水平
对社区文化贡献	参与社区文化活动	文艺表演、社教活动
	为社区提供文化服务	扫盲、宣传
	……	……
对社区其他贡献	为集体生产服务	
	为困难村民服务	

资料来源：齐经民等．职业效益讲求及评价［M］．经济科学出版社，2006：362

　　如前指出，实际上，这里评价的是学校教育全面发展成果，这个成果是全体师生集体努力的结果，不应归功于管理者一个人。但是，管理者的个人贡献实际上又不能从总成果中独立分列出来。要评价管理者的工作，应在总成果评价的基础上，对管理者当期的管理行为进行评价。如果管理者的管理行为积极、适当，总成果又显著，那么，对管理者的职业效益就应给予积极的肯定。相反，如果总成果较差，其管理职业效益就需要质疑，可能是"有苦劳无功劳"。

　　同样，在对总成果的评价上，这里不赞成使用加权综合评价模式。那种模式除了能进行排队之外无任何实际管理意义。这里建议采用层位评价模式。

　　第一，就一级指标而言，教育发展水平是首位指标，如果这一指标很差，其他两个一级指标的成绩就是再大也是无法补偿的。对社区文化贡献和对社区其他贡献两指标之间无太大重要性差异。这两者对小学管理职业效益是锦上添花。

　　第二，在教育发展水平的三个二级指标中，学生素质是核心指标，是教育之主旨任务，所以设为首位指标。学龄儿童入学率与学生素质可以说无直接相关，近似独立；与校风虽有一定关系，但是，在正常情况下（即学校管理者和教师不是特别不负责任），学龄儿童入学率主要受社区乡村的经济水平所制约。当然，当有特别优秀的管理者和教师时，他们通过艰苦的说服工作，甚至垫付学费，可以显著提高入学率，对这样的管理者和教师当评为优秀，毫无疑问。

但是，社区乡村和地方领导者对学龄儿童入学率从职责归属上当负第一责任。

第三，对于第三级指标，需要具体指标具体对待，分别给出恰当评价结论。这些指标既有定性指标，也有定量指标；有的宜采用绝对测度标准，如入学率和毕业率，有的宜采用相对评价标准，如学生素质的三级指标。

第四，对于综合评价结论，采用定性标准。首先，根据三级指标，摆出具体事实数据资料，并与合理的标准相比较。其次，可以采取专家与社区居民相结合（居民的看法可采用一定的调查方式获取）的方法，对管理者的业绩给出恰当的评语。至于作为对社区教育发展水平的评估，应以三级指标评价为基础，逐步概括分析，最后，分别给出三个一级指标的评价结论。对首位指标应给予特别关注，它们主导各层次的评价结论。

3. 从地方政府角度对小学管理者职业效益的评价

前已指出，地方政府对小学管理者职业效益的评价内容与社区层次基本相同，但是，地方政府尤其是县级政府的职能部门是学校教育管理的直接责任者。虽然，二者评价内容相同，但评价方式可能不同。

第一，政府职能部门会把非正式评价和正式评价相结合，既不定期组织领导或督导人员到各学校视察，又定期开展对学校或直接对校长的正式评价，并以此作为职务升迁的依据。

第二，职能部门会把评价的各种功能结合起来，既把获得所管辖学校的全面状况信息作为决策依据，又通过对评价结果的合理恰当运用起到监督管理作用。如根据评价结果开展奖优罚劣活动，并可根据评价信息对管理领导不力的校长进行训示指导。

第七章　员工职业效益评价

职业效益评价是职业经济学研究的一个重要内容，是对从业人职业经济活动结果做出评判，明晰职业效益标准，清楚职业经济活动状况，对于树立科学的职业效益理念，合理从事职业经济活动，讲求提高职业效益，极为重要。其中，一项基础工作就是对员工职业效益进行评价。这里以生产企业实业组织为例，调研历时月余完成于 2016 年 7 月，对员工职业效益评价做一研究。

一、基 本 问 题

员工是生产劳作分工与合作专业化的社会职能组织的成员，分布在工厂、商店、学校等社会职能组织的岗位或职位上从业，每个员工都是社会职能组织分工合作劳作体系中的一个职业单位，员工职业效益决定社会职能组织的效益，组织效益是员工职业效益的集成，做好组织事业，提高组织效益，服务好社会，就必须要讲求提高员工职业效益，同时要做好员工职业效益的评价。

（一）生产企业员工概述

生产企业员工分布在多个不同岗位，根据企业的定位和工作性质，生产企业员工主要分布在研发、生产、管理和市场营销四类岗位。研发岗主要由研发主任和研发员构成，它通常是一个独立的岗位，没有过多的下级岗位分类，研发从业者主要负责企业创新类产品的研发和管理，研究行业发展趋势，探索新产品的设计等；市场营销岗主要包含销售员和业务员，该岗位从业者是将企业产品介绍并销售给顾客，进而使企业获得收益，是企业盈利的重要一环；生产岗主要由基本操作岗和设备维护岗构成，该岗位员工承担着将创新产品进行大规模生产的重责，是企业获得合格产品的关键环节；管理岗则涵盖面比较广，包括库管、采购人员等管物的员工，从事人力资源管理、财务管理、后勤管理等管事负责人的员工，管理岗员工是企业制定总目标、总战略、评价企业效益的重要参与者，兼有参谋和管理的双重身份。

（二）职业效益评价研究简述

效益评价主要是基于企业各项效益内容确定的一种评价活动，是我国最早实行的评价领域。目前国内外有关员工效益评价的研究，包括笔者的职业经济学视角的员工职业效益评价研究，直接研究成果很少，相关研究主要集中在更广泛的效益评价及岗位与绩效的研究。

国外学者（M. H. B. Subrahmanya)[1] 最早的研究点集中在企业的经济效益，随着可持续发展理念的提出及企业各类社会行为的出现，国外学者对效益的研究，开始从单纯的经济效益研究扩展至社会效益、经济效益共同发展。近年，国外学者偏向于研究不同岗位的评价对绩效和员工满意度的影响等[2]。

在我国，20 世纪 80 年代前后，主要注重效益评价，但当时主要侧重的是评价经济效益。改革开放初期，企业在改革的实践过程中发现企业效益是全员效益的集成，为此全员效益成为关注的热点，此时有关研究主要是基于企业实践[3]。改革开放之后，效益评价淡化，绩效评价取代效益评价成为企业评价的主要方式，但是"效益"一直是国家[4]重视的国民经济与社会发展的一个基本指标，如 20 世纪 90 年代初强调，始终把提高经济效益作为全部经济工作的中心，大力提高经济效益；新世纪新时代又要求，以提高发展质量和效益为中心。笔者研究发现，[5] 绩效评价在我国企业的评价实施中存在着与社会效益、环境效益等效益要求不一致的差异，与国家的效益发展要求不完全适应，效益评价与国家的提高效益的要求对应一致，更符合社会发展进步要求，并表达了转换建议。

笔者在研究职业效益评价问题时指出，[6] 从业公民在相互服务的关系中生存与发展，职业活动与自然环境、社会生活密切相关，职业活动既要利己，又要利人，还要利于自然环境，要全面科学评价职业效益，探讨了评价的依据、对象、原则、指标、方式等评价体系。并又研究指出，[7] 管理职业效益评价的重要性，管理职业与非管理职业不同，具有是非重要的地位与作用，对非管理职业活动具有领导、支配、约束等作用，特别是厂长、经理等主要管理职业人

· 187 ·

---

[1] Subrahmanya M H B. Energy Intensity and Economic Performance in Small Scale Bricks and Foundry Clusters in India：Does Energy Intensity Matter? [J]. Energy Policy，2006，34（4）

[2] Suthar B K，Chakravarthi T L，Pradhan S. Impacts of Job Analysis on Organizational Performance：An Inquiry on Indian Public Sector Enterprises [J]. Procedia Economics & Finance，2014，11（28）

[3] 刘祥根，彭亚非，邓勇. 全员效益管理的理论与实践 [J]. 铁道工程企业管理，2002（5）

[4] 在 1991 年 4 月 9 日颁布的《中华人民共和国国民经济和社会发展十年规划和第八个五年计划纲要》、2016 年 3 月 17 日颁布的《中华人民共和国国民经济和社会发展第十三个五年规划纲要》等国家文献中，一直作为发展的指导方针等强调。

[5] 陈建伟，齐经民. 企业绩效与效益评价研究现状分析及转换建议 [J]. 商业经济研究，2015（28）

[6] 齐经民. 论职业效益评价问题，中国流通经济 [J]. 2003（2）

[7] 齐经民. 管理职业效益评价问题研究 [J]. 科学·经济·社会，2003（4）

的职业活动，直接决定或关系社会各项事业的发展和人民生活的改善，建立了包括管理职业者、非管理职业者、社会消费者与自然环境所有者四方面的管理职业效益评价指标体系，并探讨用加权比较评价法进行评价。

之后笔者又进一步研究指出，[①] 在市场经济社会里从业，人的职业活动是在与自然和社会的多方面的关系中进行和完成的，直接关系涉及管理者、合作者、消费者和未来人等，职业效益要"效在多方、益在多处"，这是市场经济条件下职业效益的基本内涵，是互利服务的共享性职业效益，这样的职业效益是绿色的持久的，也是构建资源节约环境友好的和谐社会，实现可持续发展的要求，这种互利服务的共享性职业效益是职业效益评价必须依据的理论，进一步探讨了对象、原则、指标、方式等评价体系，探讨了教育职业效益的评价，并基于职业效益原理构建了"效在多方、益在多处"的职业价值点指标模型。近年又深入研究，[②] 从自然社会的视角，根据职业效益理论的要求，以及企业的多维性，指出体现"效在多方"的主体利益与"益在多处"的收益所在，就是评价指标所在，细化主体分为用户、合作者、居民、政府和未来人等，进一步阐述了评价依据、评价原则、评价对象、评价者、评价指标等评价体系要点，采用加权平均法，对公共管理职业效益作了具体研究评价。

二、员工职业效益评价指标选择

基于以上研究，这里从生产企业岗位从业者的具体情况出发，结合从业者岗位价值和生产企业多维性评价指标，考虑职业效益理论的基本要求，选择员工职业效益评价指标。

（一）评价指标选择原则和过程

职业效益评价体系是一个复杂的评价体系，需要遵循一定的原则和科学的流程。

1. 指标体系选择原则

选取员工职业效益评价指标，一方面，要遵循基本的要求：科学性原则、系统性原则、可操作性原则与时效性原则。另一方面，我国的科学发展观、合作共赢理念等为确定效益指标提供了中国特色的"指标"。

（1）企业多维性原则。企业是从业人分工合作组织起来的劳作组织，承

---

① 齐经民等. 职业效益讲求及评价［M］. 经济科学出版社，2006：35、406－407

② 齐经民，郑涛等. 效在多方　益在多处——公民民职业经济学［M］. 经济科学出版社，2016：405－419

担人们需要的产品与劳务的生产经营活动，与家庭、社会以及未来发展有着千丝万缕的联系，赋予了企业的多维性，它是"多维企业"存在的特性。企业的多维性决定了效益的多维性，所以在制定指标体系的时候，应该从多个角度入手，增强指标的全面性。

（2）可持续发展原则。可持续发展是当下社会倡导的主题，是科学发展观的核心。讲求可持续发展，对减少资源的过度开发、环境的严重破坏，维护未来人的利益具有重要的现实意义。因此，确定评价指标的时候，既要满足当代人的需要，又考虑未来人的利益。

（3）效在多方，益在多处原则。企业效益是各个岗位员工职业效益的集成，从产出成果关系到的多方利益出发，兼顾当事人和政府、合作者、居民、消费者、未来人等他人利益，促使多方享用企业成果，实现"效在多方，益在多处"。只有达成这种利益均衡，企业的各项活动才能有序进行，从而实现企业的长远发展，并符合社会整体利益。

2. 指标选择过程

指标选取过程中，一方面根据现行的员工岗位从业评价理论，结合生产企业的工作性质和战略发展规划、从业岗位的特性、企业效益的多维度，选择生产企业岗位员工的特性指标；另一方面结合企业效益的多维性及从业员工岗位特性，确定有关社会和资源享用者利益的指标。之后咨询企业人士和专家意见，对初选指标进行筛选。最后，通过开展预调研，进行数据分析，评析岗位员工职业效益评价要素体系的信效度，精炼指标，确定并修正指标体系。

（二）评价指标初选及释义

企业是员工的组织单位，是社会关系的一个节点，选择生产企业岗位员工职业效益评判指标，必然要从企业岗位员工的社会关系考虑，并遵循"效在多方、益在多处"的原则。

1. 评价指标的初选

初选指标主要运用访谈法和文献法。鉴于目前有关岗位员工职业效益的研究涉及的主要是经济指标，涵盖面比较窄，并且相关文献不多，所以，本研究首先总结了现有岗位员工职业效益可查的文章中涉及的指标，主要集中于管理基础、经济技术、精神文化，分析发现这些主要是企业根据过去的经营从实际中总结出来的。其次，从生产企业各岗位特性出发，分析相关文献，选取了10个国内外咨询公司（根据排名和咨询服务涉及的领域）及学者设计或者研究过的岗位要素评价模型：海氏岗位评价模型、麦肯锡关键岗位要素、美式岗位评估体系、中智人才评鉴与发展中心开发的岗位模型、北京华夏基石管理咨询集团开发的岗位胜任素质模型、暨南大学人力资源管理研究所所长凌文轮等和北京科技大学管理学院殷焕武等设计的岗位评价模型，R. M. 麦迪根（R. M. Madigan）在 AMJ 发表的测量岗位的要素模型[①]、C. M 阿哈姆法（C. M. Ahmet）验证的模型[②]等。最后，根据文献整理得到 26 个要素指标，选取被提到率在 3 次以上的指标，并且结合生产型企业的特色去掉少数不适合的指标，最终得到 18 个指标为：专业技术知识、岗位职责、工作环境、工作复杂性、工作自主性、沟通与人际关系能力、影响、管理能力及责任、创新、生理心理要求、经验、工作责任、工作时间、个人联系、岗位导向、接受监督、业绩指标、使命感。

最后将有关多维度效益的研究指标列举出来，主要根据齐经民、郑涛（2016）的多维效益指标和吉耶尔利益相关者指标[③]，最终确定客户增加、客户满意、客户维持、客户投诉、居民就业、居民满意、税收、公益、合作共赢、诚实守信、利他思想、环境保护、资源节约、资源开发共 14 个指标。最终得到评价指标内容，从研究的提出角度，进行了最初的分类，见表 7 - 1。

表 7 - 1　　　　　　　　　员工职业效益评价指标体系

主要利益群体	指标名称
企业人员	专业技术知识、岗位职责、工作环境、工作复杂性、工作自主性、沟通与人际关系能力、影响、管理能力及责任、创新、生理心理要求、经验、工作责任、工作时间、个人联系、岗位导向、接受监督、业绩指标、使命感
社会成员	客户增加、客户满意、客户维持、客户投诉、居民就业、居民满意、税收、公益、合作共赢、诚实守信、利他思想
资源享用者	环境保护、资源节约、资源开发

资料来源：笔者整理。

2. 评价指标的筛选和释义

合理筛选岗位员工职业效益评价指标体系对于效益评价非常重要，为此，本研究对岗位员工职业效益评价的要素的筛选，一方面，遵循了专家的意见；另一方面，在筛选的过程中尽量保持要素的共同性、独立性、可操作性、差异

---

① Madigan R M, Hoover D J. Effects of Alternative Job Evaluation Methods on Decisions Involving Pay Equity. [J]. Academy of Management Journal, 1986, 29 (1)

② Kutlu, Ahmet Can, M. Ekmekçioğlu, and C. Kahraman. "A fuzzy multi-criteria approach to point-factor method for job evaluation." Journal of Intelligent & Fuzzy Systems 25. 3 (2013): 659 - 671

③ ［英］安德鲁·吉耶尔. 企业的道德：走近真实的世界 ［M］. 中国人民大学出版社，2010：20 - 79

性及较高的接受度。

（1）评价指标的筛选。初步确定评价要素之后，首先，研究小组内部就各个要素及要素的释义进行了第一轮的探讨，结果就其中的部分要素进行了名称和释义的更正，将"工作自主性"变为"工作自主权"；将"沟通与人际关系"变为了"沟通"等。其次，对经过分析之后的要素，向专家咨询意见。遵循 F. 哈森（F. Hasson）提出的专家人数在 4~16 时，即可获得满意效果[1]。对来自生产型企业岗位的有关人士进行了咨询，分别为企业资深的人力资源部经理、企业的研发部经理、企业的生产类高级员工，此外又通过网络方式与市场营销部门的主管进行咨询。为了增强研究普适性，选择的专家来自不同类型的生产型企业。并咨询了高校相关领域的教授。专家建议一方面，由于本研究涉及的研究岗位比较多，为了增强各岗位员工对效益评价指标要素的理解，应该提炼各岗位员工职业效益评价要素的核心内容进行解释；另一方面，因为该评价要素注重实际，建议在要素的释义中从"从业人"角度进行释义，增强问卷调研者的理解。最后，通过整合专家建议，研究小组对问卷的指标进行了又一轮的探讨，最终确定了 31 个评价要素。

（2）评价指标的释义及分析。岗位员工职业效益评价是一项比较复杂的工作，重在实践研究，本研究旨在对岗位员工职业效益评价要素的选择、评估和应用等方面进行探索，因此征求企业人士和人力资源研究专家的意见和建议对相关评价要素进行选择和定义，发现研究所列要素的解释对岗位员工职业效益评价要素的影响是存在的。为此，对得到的 31 个评价要素，又进行了新的解释，并就其与效益的关系进行了定性分析。

选择指标的主要出发点是基于员工职业效益的视角，为了能够更好地了解各个指标的释义及其与效益的关系，因此，基于以上理论分析对各个指标进行定性分析，后续根据数据进行定量分析，会有少许删减，形成更适用的评价体系。

专业技术知识，是从业人胜任岗位工作需要具备的各项专业技术知识。知识的专业性是确保岗位工作顺利进行，完成既定任务，从而确保下一级岗位的工作能够顺利开展，是实现效益的前提和来源。

岗位职责，是从业人员要完成的岗位工作内容及成果承担的责任。每个岗位的设立都是有其特定价值存在的，这种特定的价值就决定了该岗位的人员必须承担一定责任，通常岗位级别高，承担的责任就大，岗位级别低承担的责任相对小些。这种职责的履行是岗位员工效益实现的前提。

工作环境，是从业人工作所处的绿化、人文等环境。工作环境的好坏，关

·191·

---

[1] Hasson F, Keeny S, Mckenna H. Research Guidelines for the Delphi Survey Technique [J]. Advanced Nursing, 2000, 32

系到岗位从业人员的从业积极性、工作满意等。一般来讲，在好的工作环境中，从业人员会具备向上的态度，工作就会比较得心应手，效率高，效果好，从而产生的效益就会好，反之亦然。

工作复杂性，是指工作的科技含量、技术要求及操作复杂性等。工作越复杂，工作需要岗位从业人员的投入就越大，相关的成果产出往往越重要，通常该岗位带来的效益就会越大。反之，效益会相对较小。例如，同样的生产岗位，简单的操作性工作，其岗位工作复杂性比较小，而生产组长，不仅要关注生产的情况，还要关注岗位员工的情况，其工作的复杂性远大于简单的操作工，所以带来的从业效益也是有差距的。

工作自主权，是指从业人在工作中处理与顾客或居民关系的自主权的大小。顾客主要是企业存在买卖交易的人员。居民，主要指企业所在地的居民，这类人群的态度对企业在一个地方的扎根具有重要作用。每个岗位从业人被赋予的可操控的权利越大，在与顾客或居民沟通的过程中，就越有优势，能够最大限度为顾客或居民谋利益，进而为企业带来更高效益。

沟通，是指从业人能够与顾客或他人进行良好的交流。企业中岗位与岗位之间是联通的，存在着工作上千丝万缕的联系，没有哪个岗位可以独立存在；岗位员工与顾客之间的联系使维持企业形象，获得利益的必要环节。可见沟通在岗位内部和外部都存在着重要关系，做好沟通工作，对内可以确保工作上有效连接，对外可以增进与顾客的联系，对于提升岗位人员的从业效益具有非常重要的作用。

工作影响，是指从业人的工作对他人带来的效应。一般来讲，如果能够为他人带来良好的效应，那就说明效益比较高，如果为他人带来了不良的效应，则效益低。

参入管理，是指从业人参与组织的管理活动。员工在企业中具有较强的参入感，有利于增强员工在组织中的主人翁地位或者感知，益于企业决策真实反映员工意愿，提升岗位员工对企业的满足感，激发工作热情，提升效益。

创新，是指从业人对工作提出的新问题、新思路、新方法等。创新应该是每一位从业人必须具备的理念和需要加强的能力，有了创新，工作才能够更加高效、完美的实现，从而也更能突出岗位的价值，是增进员工岗位职业效益的不竭动力。

生理心理要求，是指从业人身心承受能力。每个岗位承担的责任和义务不同，对岗位从业人的身心要求也存在差异。具备岗位需要的生理和心理要求，是员工从业的前提，也是实现岗位员工职业效益的前提，同时，员工具备该方面的要求越高，越有助于提升效益。

经验，是指从业人胜任岗位工作所需要的相关社会实践与工作经历。岗位层级的不同，对岗位从业人要求的工作经验就不同。一般来讲，高层管理岗位，通常需要从业人具有多种岗位工作的经验，这种经验能够为其进行企业决策时带来较大的作用。所以，具有的经验越丰富，通常为岗位带来的效益就越大。

时间要求，是指岗位规定从业人需要完成的劳作时间。劳动时间是岗位对从业人的基本需要，劳动时间的规定是提升员工工作效率有效评定，在规定时间内完成工作要求，是在一定时间内实现岗位员工职业效益的基本前提。

个人联系，从业人与顾客或者他人之间的关系。将个人联系做得比较好的员工，往往能够为企业带来优质的客户，从而增加岗位的效益，这在营销岗中比较明显。但是也是其他岗位离不开的，比如，某个岗位的从业人与媒体联系比较好，这对于提升企业的社会形象是比较有利等。岗位从业人与客户维持良好的关系，增强客户满意度，企业会相应的增加员工的收入等各个各方面的待遇，顾客满意，从业人的利益才能的得到保证。

岗位导向，是指岗位赋予从业人的发展引导。岗位给予从业人在发展上的规划，这对于留住从业人，实现岗位的长期效益具有非常重要的意义。

接受监督，是指从业人接受来自社会、企业、同事等的监视、督促和管理。有问题才有进步。岗位从业人应该时时刻刻接受各方的监督，并及时接受各方的建议，改善自身的行为，促进效益的实现。

业绩指标，组织规定从业人完成的任务指标。这是实现岗位员工职业效益最直接的内容，完成的业绩指标越高，说明该岗位带来的效益越好，反之亦然。

使命感，是指从业人工作的责任感及追求。岗位从业人对岗位、对企业的责任感越高，越能激发其工作的积极性，甚至可以带动同岗位其他从业人的积极性，进而更全身心地进行工作，对提升岗位人从业效益十分重要。

客户增加，是指从业人为企业增加客户。本书指的客户不仅仅实际业务上的合作客户，还包从业人为企业带来的潜在客户，如为企业提供更加合适的员工，为企业带来宣传伙伴等。岗位从业人给企业带来的客户越多，越能提升企业的效益，也凸显该岗位的价值，进而增强该岗位的效益。客户的增加更是体现了企业为客户带来利益，使客户信任企业，从而才会带来企业客户的增加。

客户满意，是指顾客对从业人工作感知的结果。从业人员通过日常的工作，让客户感觉到产品性价比高、公司值得信任等多方面的满意，是维护了客户的利益，这是一种共赢的事情，是效益好的直接表现，反之亦然。

客户维持，是指从业人与顾客维持的长期、稳定供需关系。拉近与客户的距离，时刻了解客户需求，明确客户的需求定位，做好客户维持工作，一方面有助于维持客户与企业的长期合作关系，另一方面有利于企业新产品的开发或者现有产品的改善。

客户投诉，是指客户对从业人的工作不满意而进行的反馈方式。发生客户投诉行为，表明企业有关从业者没有维护好客户利益，客户利益受损，员工职业效益下降。

居民利益，是指企业从业人为企业所在地居民带来的好处。本书一直强调"效在多方，益在多处"，企业在某地方经营，其应该为当地居民带来好处，如增加就业，完善基础设施建设等，起码不应该损坏当地人的利益。这需要从企业各个岗位的从业人做起，将其纳入岗位员工职业效益评价体系，增强岗位从业人员的多方效益意识。

税收，是指企业从业人的纳税。岗位从业人员给国家、社会带来的税收多，可见该岗位员工的职业效益好。

公益，是指企业从业人参与企业或社会的公益类行为。社会是大家的，每个人应该为其做出一定的贡献，如公益性的行为，为社会创造的收入等，这主要体现的是岗位从业人员为社会带来的社会性效益。

合作共赢，是指从业人与合作者的利益共享。在合作的过程中做到诚信、互惠互利，让大家都满意，都受益，此时岗位员工职业效益达到了最佳。

诚信，是指从业人与合作者或者他人讲求诚实守信。岗位从业人员做到对他人讲究诚信，不虚假，不欺骗合作者，有利于员工职业效益的提升。

利他思想，是指从业人利于他人的思想意识。通常认为思想意识是没办法评价的，但是这在员工职业效益的实现中占据非常重要的地位，做到利他，才能真正从根本上开始实现益在多处。对利他思想的评价是对每个从业人内心意识的一种警惕。

环境保护，是指从业人维护环境可持续发展的行为。环保是一直以来对企业提出的要求，在实际工作中，如果将这种评价纳入员工评价体系，那么但凡领导想做出什么危害环境的事情，只要岗位从业人员不去做，那么这件事情就难以进行。可见，将企业的环保工作落实到各岗位是十分必要的。如果岗位从业人员的工作中做到危害环境了，那么这么岗位员工的效益就会下降，直接影响员工个人的评价结果。

资源节约，是指从业人节省使用资源的行为。岗位从业人员从自己的角度出发做到节约资源，维护未来人的生存资源，保护未来人的利益，为可持续发展做出应有的努力，是岗位员工职业效益在发展性上的直接体现。这也是一种意识行为层面的评价，意在警醒岗位人员。

资源开发，是指资源的挖潜或新资源的开发和利用。这种资源的开发主要是从生产要素的角度出发，包括对人力资源的挖潜、工具的革新、资本的潜力挖掘，及研究出新的能源等。如果某个岗位上的从业者能够做到以上的内容之一，这是岗位对未来人在理念、资源等方面的贡献，是未来人利益的一种维护，也是员工职业效益在发展性上的直观体现。

采用李克特 5 点量表对以上要素进行测量,这主要基于,一方面,以往学者在对岗位评价、效益评价的研究中多数采用李克特 5 点量表对变量进行测量;另一方面,调查对象很难精确区分问卷题项的影响程度,5 点量表符合调查对象的思维特点[①]。由于主要测量岗位人从业效益的评价要素,因此在设计 5 点的解释中,"1"代表非常不重要,"2"代表不重要,"3"代表一般,"4"代表重要,"5"代表非常重要。

(三) 人口统计学特征的测量

根据编码测量的方法测量人口统计学基本信息,结合研究需要,最终确定了性别、年龄、学历、职称、所在岗位、工作年限、岗位级别、月收入这 8 个方面的信息。通过参考以往的研究,设计了各项信息的值域,见表 7 - 2。

表 7 - 2　　　　　　　　　　人口统计学变量

统计变量	值域	分段参考资料
性别	男、女,对应 0 和 1 的编码	
年龄	18 ~ 28 岁、29 ~ 38 岁、39 ~ 48 岁、49 ~ 58 岁、58 岁以上	
学历	大专及以下、大学本科、硕士、博士	
职称	初级、中级、副高、正高	根据总结我国 33 个现行职称系列分类以及此次研究的实际
所在岗位	管理岗、生产岗、市场营销岗和研发岗	国家人事部对事业单位岗位分类及生产制造企业的实际情况
工作年限	1 ~ 5 年、6 ~ 10 年、11 ~ 15 年、16 ~ 20 年、21 ~ 25 年、26 ~ 30 年、30 年以上	
岗位级别	高层经理、部门经理、科室主任、一般工作人员	人事部公布《事业单位岗位设置管理试行办法》及生产制造企业实际
月收入	2000 元以下、2000 ~ 4000 元、4001 ~ 6000 元、6001 ~ 8000 元、8001 ~ 10000 元、10000 元以上	

资料来源:笔者整理。

[①]　刘军. 管理研究方法原理与应用 [M]. 中国人民大学出版社,2008:52 - 60

（四）统计软件的选择

常用的数据分析软件有 EXCEL、SPSS Statistics、AMOS，还有一些编程类的软件，如 R 语言、MATLAB、SAS、STATA 等。目前，使用最多的 SPSS 为用户提供了图形界面、易操作；AMOS 多用于学术研究，进行验证性统计分析；Stata 具有很强的程序语言功能；MATLAB 多用于算法开发、数据可视化，多用于工科；R 语言提供一些集成的统计工具，是一种开源免费的统计分析软件，在 20 世纪 90 年代，由奥克兰大学统计系的 R. 詹特曼（Robert Gentleman）和 R. 哈卡（Ross Ihaka）根据 S 语言开发出来的，该软件为用户提供了强大的统计计算函数、多种程序包，用户可以根据需要进行编程，在国外的一些大学和科研中广泛使用。近几年，我国学者增进了对 R 的研究，相关出版物、论文开始涌现。

基于每种软件特色和研究需要，最终选择 SPSS 进行简单的样本描述性统计和数据的信效度检验，通过 AMOS 进行验证性分析，R 语言进行主成分分析。

通过 AMOS 在正式调研中对评价指标进行验证性因子分析，检验该评价指标模型的整体拟合程度；通过 R（64 位）3.3.1 进行了后续的数据分析；通过构建数据框的方式进行 R 语言的数据获取。首先，下载了研究中使用的程序包如 foreign、fBasics、moments、lme4 等。然后，通过 x() = c() 的程序，对各个调研指标进行数据定义，运用 x = data. frame() 构造并保存数据框。最后，运用编码进行正态分布、主成分分析等统计分析功能。

（五）预调研与问卷修正

预调研主要是通过小范围的试点调研，来增强问卷研究的有效性。为进一步了解效益评价指标体系的认可度和可实施性，对研究内容开展预调研，并结合调研数据结果修正问卷。

1. 预调研的过程

预调研的工作从 2016 年 6 月 6 日至 2016 年 7 月 1 日，根据判断抽样的方式选取了秦皇岛市的两家生产企业进行调研，一家企业采用电子问卷，另一家采用纸质问卷，对所涉及的 4 个岗位采取随机抽样的方式选取被调研人员。本次调研在所选取的 2 家企业一共发放 170 份，最终有效回收 156 份，有效回收率为 91.8%，筛掉 20 份无效问卷，最终得到 136 份可用问卷，符合预调研的样本量要求。

（1）调研对象的确定。Tull 和 Hawkins（1976）指出，预调研对象应该尽量与正式调研的对象具有一定的相似性[①]。为此，本次预调研的工作从 2016 年 6

---

① Tull D S, Hawkins D I. Marketing Research Meaning, Measurement, and Method [M]. New York: Macmillan Publishing Co., Inc, 1976: 22 – 28

月 6 日至 2016 年 7 月 1 日，在秦皇岛的两家生产型企业进行，历时将近一个月。

（2）调研方式、方法的选择。调查的方式有访问调查、邮寄调查、电话调查等方式，通过与企业的协商，本次预调研中，一家企业采用的是电子问卷，另一家采用的是纸质问卷。根据判断抽样的方式选取了秦皇岛的两家生产型企业进行调研，对所涉及的 4 个岗位则采取随机抽样的方式进行被调研人员的选取。

（3）样本量。预调研样本量的选取是学者一直探讨的内容之一，至今没有统一说法。有的学者认为 20 个样本量是可以的，也有学者认为 30 个样本量是足够的。多数学者认为预调研的样本量应该跟研究设计的量表的大小有关，一般来讲，调查问题比较多的问卷需要多一些的样本量。因此，问卷的发放过程中，在所选取的 2 家企业一共发放 170 份，最终有效回收 156 份，有效回收率为 91.8%，在对问卷的筛选过程中，发现有 20 份存在信息不全面和填写有误的问卷，最终得到 136 份可用问卷，符合预调研的样本量要求。

2. 预调研数据分析

在 136 份有效问卷中，人口基本信息中除了"职称"的缺失率比较大，为不影响研究故删除该项，其他没有发现明显异常。对 31 个测量指标从 $x_1 \sim x_{31}$ 编码，整合成 x 数据框，首先运用 complete. cases（x）进行数据的完整观测，证明数据没有缺失值后进行数据统计。通过 R 中的 QQ 图检验数据的正态分布，运用代码 qqnorm() 和 qqline() 得到了 31 个指标正态分布图，因为本书采用的是 5 级量表，所以数据出现了几类集中趋势，整体上各个点的分布都接近直线，呈现正态分布，可见预调研数据真实有效。

（1）信度分析。信度主要指此项研究结果的可靠性程度，通过对测量结果的稳定性和一致性进行信度判断。本研究通过 Cronbach - α 系数法进行检验。α 系数是内部一致性函数，主要用于测量问卷各个题项之间的关系程度，研究表明，该系数在 0.70 以上为好，0.6 ~ 0.7 为可以接受的范围，α 系数越大，各题项之间的相关性越大，如计算公式（7 - 1）：

$$r_\alpha = \frac{N}{N-1}\left(1 - \frac{\sum S_i^2}{S^2}\right) \qquad (7-1)$$

通过 SPSS20.0 软件对问卷进行一致性分析，本研究得到 Cronbach - α 值为 0.962，表明研究设计的问卷具有较高信度。

为进一步测量减少测量评价要素的多因子载荷，实现删除无用测量项，提升问卷的内部一致性，需要计算校正的项总计相关性（CITC）。判断标准采用 Yoo 和 Donthu（2001）提出的 0.4 作为评价标准[①]，根据表 7 - 3 可以看出，本书各评价要素的 CITC 值均大于 0.5，达到可接受水平。

① Yoo C B, Donthu N. Developing and Validating a Multidimensional Consumer Based Brand Equity Scale [J]. Journal of Business Research, 2001, 52 (1)

表 7 - 3 测量项的总计相关性统计量值

指标	CITC	指标	CITC
专业技术知识	0.604	使命感	0.673
岗位职责	0.610	客户增加	0.694
工作环境	0.626	客户满意	0.736
工作复杂性	0.585	客户维持	0.693
工作自主权	0.664	客户投诉	0.666
沟通	0.641	居民利益	0.743
工作影响	0.741	居民满意	0.720
参入管理	0.646	税收	0.598
创新	0.582	公益	0.694
生理心理要求	0.574	合作共赢	0.774
经验	0.547	诚信	0.646
时间要求	0.579	利他思想	0.711
个人联系	0.624	环境保护	0.632
岗位导向	0.696	资源节约	0.594
接受监督	0.717	资源开发	0.704
业绩指标	0.643	—	—

资料来源：笔者整理。

（2）效度分析。效度是指测量工具对所需测量事物结果的反应或者接近程度。在确定评价因素的过程中，首先，结合当前理论研究中和管理实践中总结的岗位分析和效益评价因素进行整理，选择提及度较高的变量；其次，将所涉的变量及解释咨询专家意见，确保问卷的内容效度。

建构效度是决定问卷或者量表能否实施的关键步骤，研究过程中主要利用探索性因子分析来测量问卷量表的建构效度。探索性因子分析的前提是确保各个题项之间具有相关性，从而确保能够提取共同因子。

因此，首先就各个评价要素之间的相关性进行检验，结果各个变量之间的关系系数均在0.3以上，较为显著。其次，对调研结果进行 Bartlett 球形检验和 KMO 检验，判断各个题项之间的相关性和偏相关性，结果显示，KMO 值为0.915，符合学者们提出的该值应该大于0.5或大于0.6的标准，并且越接近于1越好。Bartlett 球形检验是用来检验相关系数矩阵与单位矩阵是否具有显著差异，本书得到的 Sig. 值为0.000，因此可以拒绝该检验的零假设，即相关系数矩阵与单位矩阵具有显著性差异。同时本研究在 Bartlett 球形检验中得到的近似卡方为3067.361，该值比一般研究中的值要大，适合做因子分析。之后，根据主成份分析方法进行共同度检验，结果显示各个变量的提取值都大于0.4，说明问卷中的各个变量能够提取公因子，进而确保问卷的建构效度。

（3）主成分分析。主成分分析是数学上的一种数据降维方法。它的基本原理是，首先将数据进行标准化，然后求出指标间的相关矩阵，明确主成分，并且通过计算机可以计算出主成分的方差贡献率，是一种相对客观的评价方法。贡献率的现实意义就是某个特征值占全部特征值合计的比重，可以用来计算权重。在实际使用中通常还要注意结合实际意义对各个主成分进行解释。

通过信效度的检验，证明本问卷的各变量适合做因子分析，因此，将数据通过 R（64 位）3.3.1 软件运用 princomp 函数进行主成分因子分析，在程序框中输入 x. pr = princomp(x, cor = TRUE) 和 summary(x. pr, loadings = TRUE) 即可得到评价要素各个因子主成分分析结果，根据 loadings 可以得到各要素与因子的载荷情况，根据谢龙汉、尚涛（2014）书中提出的取特征根大于 1 的作为主因子，并得到累计方差解释率为 69.187%[①]。

为了便于观察，就表格进行了处理，保留载荷值在 0.5 以上的数据，但因一些要素在各个因子上的值均小于 0.4，故为了解释要素信息，显示了这几个要素大于 0.4 的载荷值。

从表 7-4 旋转后的因子载荷矩阵中可以看出，企业效益评价要素的选取共提取了 6 个因子。通过分析表 7-4 发现，要素"税收"在第一个因子上的载荷为 0.541，在第六个因子上的载荷为 0.610，存在跨因子载荷情况，另外发现该项内容的内涵与其他内容存在重合的地方，最终经过探讨决定删除该要素。要素"工作影响""岗位导向"和"诚信"在各个因子上的载荷值均小于 0.4，并且经过对其进一步的分析，最终决定删除该要素。要素"岗位职责"在第五个因子上的载荷值为 0.517，在第六个因子上的载荷值为 0.568，存在跨因子载荷情况，深入分析发现这几项指标与其他指标存在重复的地方，最终决定删除该要素。其他因素表现出良好的载荷值，故保留。

·199·

表 7-4　　　　　　　旋转成分结果

问卷题项内容	成分					
	1	2	3	4	5	6
接受监督	0.513	—	—	—	—	—
业绩指标	0.721	—	—	—	—	—
客户增加	0.644	—	—	—	—	—

[①] 谢龙汉，尚涛. SPSS 统计分析与数据挖掘［M］. 电子工业出版社，2014：278-289

问卷题项内容	成分					
	1	2	3	4	5	6
居民满意	0.582	—	—	—	—	—
税收	0.541	—	—	—	—	0.610
公益	0.682	—	—	—	—	—
合作共赢	0.504	—	—	—	—	—
利他思想	0.508	—	—	—	—	—
工作自主权	—	0.527	—	—	—	—
沟通	—	0.645	—	—	—	—
客户满意	—	0.621	—	—	—	—
客户维持	—	0.702	—	—	—	—
客户投诉	—	0.747	—	—	—	—
居民利益	—	0.509	—	—	—	—
工作影响	—	0.405	0.447	—	—	—
生理心理要求	—	—	0.660	—	—	—
经验	—	—	0.750	—	—	—
时间要求	—	—	0.640	—	—	—
个人联系	—	—	0.545	—	—	—
岗位导向	—	—	0.434	0.412	—	—
环境保护	—	—	—	0.800	—	—
资源节约	—	—	—	0.782	—	—
资源开发	—	—	—	0.710	—	—
专业技术知识	—	—	—	—	0.524	—
参入管理	—	—	—	—	0.621	—
创新	—	—	—	—	0.685	—
使命感	—	—	—	—	0.626	—
岗位职责	—	—	—	—	0.517	0.568
工作环境	—	—	—	—	—	0.660
工作复杂性	—	—	—	—	—	0.602
诚信	—	0.487	—	—	—	0.477

资料来源：笔者整理。

3. 问卷修正

根据预调研的探索性因子分析结果，对问卷进行修正，最终得到 26 个测量要素，其中每个要素的载荷都大于 0.5，并且不存在跨因子分布情况，然后对每个因子命名。因子一命名为合作者利益，因子二命名为客户和居民效益，因子三命名为工作要求，因子四命名为资源享用者利益，具体包括指标见图 7－1。根据最初的分析对其进行三类主体利益的归类，与最初的设定基本吻合。

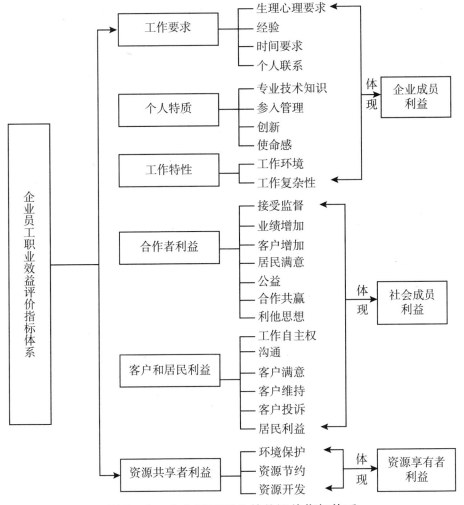

图 7－1 企业员工职业效益评价指标体系

资料来源：笔者整理。

三、员工职业效益评价体系

根据研究分析对问卷进行修正，修正之后的问卷在秦皇岛和唐山的 3 家生产型企业进行了新一轮的调研，重点确定不同岗位上指标分类及权重，并阐释评价程序。

（一）员工职业效益评价体系分析

通过对所得问卷的分析，了解正式调查问卷的信效度情况，为后续分岗位研究奠定基础。

1. 调查的设计及基本的人口统计学特征描述

调研工作从 2016 年 6 月到 2016 年 7 月在秦皇岛和唐山的 3 家企业进行纸质问卷调查，共发放 550 份，最终有效回收 520 份，有效回收率为 94.5%，在对问卷的筛选过程中，删除 16 份存在信息缺失严重和填写有误的情况，最终得到 504 份可用问卷。其中生产岗 131 份，研发岗 128 份，管理岗 123 份，营销岗 122 份，符合统计分析的数量要求。

2. 调查问卷的信效度分析

（1）信度分析。首先，通过 SPSS20.0 测量各个指标的均值、标准差、偏度和峰度，发现本次调研所得的各个评价要素的偏度绝对值均小于 2，峰度绝对值均小于 5，说明数据服从正态分布，见表 7-5。为了方便，研究中对每个指标用代码进行表达，后面图中代码以此为主。

表 7-5 测量要素的描述性统计分析

代码	名称	N	均值	标准差	偏度		峰度	
		统计量	统计量	统计量	统计量	标准误	统计量	标准误
a1	专业技术知识	504	4.30	0.854	-1.376	0.109	2.073	0.217
a2	工作环境	504	4.07	0.802	-0.610	0.109	0.070	0.217
a3	工作复杂性	504	4.12	0.827	-0.644	0.109	-0.025	0.217
a4	工作自主权	504	4.08	0.898	-0.813	0.109	0.187	0.217
a5	沟通	504	4.22	0.810	-0.882	0.109	0.394	0.217
a6	参入管理	504	4.02	0.869	-0.615	0.109	-0.110	0.217
a7	创新	504	4.27	0.749	-0.808	0.109	0.386	0.217
a8	生理心理要求	504	4.14	0.845	-0.720	0.109	0.021	0.217
a9	经验	504	4.27	0.774	-0.817	0.109	0.080	0.217

续表

代码	名称	N	均值	标准差	偏度		峰度	
		统计量	统计量	统计量	统计量	标准误	统计量	标准误
a10	时间要求	504	3.97	0.908	-0.638	0.109	-0.043	0.217
a11	个人联系	504	4.04	0.852	-0.529	0.109	-0.472	0.217
a12	接受监督	504	4.01	0.903	-0.715	0.109	0.029	0.217
a13	业绩指标	504	4.18	0.827	-0.766	0.109	0.049	0.217
a14	使命感	504	4.14	0.808	-0.928	0.109	1.152	0.217
a15	客户增加	504	4.07	0.882	-0.620	0.109	-0.281	0.217
a16	客户满意	504	4.15	0.804	-0.514	0.109	-0.646	0.217
a17	客户维持	504	4.19	0.849	-0.992	0.109	0.897	0.217
a18	客户投诉	504	4.12	0.798	-0.591	0.109	-0.221	0.217
a19	居民利益	504	4.09	0.836	-0.551	0.109	-0.450	0.217
a20	居民满意	504	4.08	0.832	-0.583	0.109	-0.115	0.217
a21	公益	504	3.99	0.876	-0.601	0.109	0.031	0.217
a22	合作共赢	504	4.06	0.866	-0.728	0.109	0.278	0.217
a23	利他思想	504	4.05	0.824	-0.592	0.109	0.022	0.217
a24	环境保护	504	4.08	0.817	-0.516	0.109	-0.427	0.217
a25	资源节约	504	4.13	0.796	-0.507	0.109	-0.423	0.217
a26	资源开发	504	4.19	0.798	-0.583	0.109	-0.533	0.217
	有效的 N	504						

资料来源：笔者整理。

　　其次，通过 SPSS20.0 软件对问卷进行一致性分析，Cronbach-α 系数为 0.945，根据前文分析，该系数达到比较好的水平，各评价要素的 CITC 值均大于 0.4，达到可接受水平。同时，研究结果显示 Sig. 值为 0.000，因此可以拒绝该检验的零假设，即相关系数矩阵与单位矩阵具有显著性差异，KMO 值为 0.952，较接近于 1，符合学者们提出的标准。可见，本研究设计的问卷具有较高的信度。

　　（2）效度分析。明确了数据的信度之后，本研究对效益评价体系的效度进行综合分析，主要运用 AMOS21.0 软件，检验该评价体系的各个指标对提取的因子的测量，其中各指标与其因子之间的因子载荷值均大于 0.5，符合要求，见图 7-2。其中各具体指标的编码同表 7-5，图 7-2 中 F1 代表工作要求，F2 代表个人特质，F3 代表工作特性，F4 代表合作者利益，F5 代表客户和居民利益，F6 代表享用资源者利益。

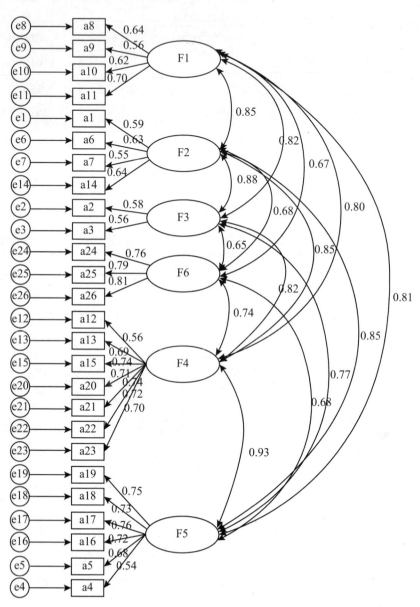

图 7-2　岗位员工职业效益评价要素体系标准化估似值模型

资料来源：笔者整理。

通过适配度指标评判模型的拟合程度，对评价模型进行验证性因子分析。判断指标的拟合程度，不同的学者用过不同的判断标准。对于 Hu 和 Bentler[1] 建议的 7 个指数（TLI、IFI、CFI、Mc、Gamma、SRMR、RMSER），目前没有统一的评价标准，大部分学者将其值界定在 0～1 之间，1 表示拟合最好，0 表示拟合不好；Willams 和 Holahan 的建议 GFI、NFI、IFI、TLI、CFI 应大于或接近 0.90，越接近 1 越好[2]；国内学者温忠麟等认为 $\chi^2/df < 4$、CEI > 0.9、IFI > 0.9、GFI > 0.9，RMSEA < 0.08 达到最佳的拟合度[3]。本书在对数据结果进行分析的过程中，一方面综合了学者提出的各种指标，另一方面结合内容对数据进行解读。

表 7 - 6 是本模型得到的拟合指数结果，其中卡方自由度为 3.544 小于 4，RMSEA 为 0.071 小于 0.08，其他拟合指标 NFI、RFI、IFI、TLI、CFI 的值均大于 0.8，接近 0.9，整体表明该评价体系的拟合程度是可以接受的。

表 7 - 6   **验证性分析的结果**

Model	NFI	IFI	TLI	CFI	ECVI	RMSEA	P	CMIN/DF
研究模型	0.851	0.888	0.871	0.888	2.267	0.071	0.000	3.544
饱和模型	1.000	1.000		1.000	1.396			
独立模型	0.000	0.000	0.000	0.000	13.527	0.197	0.000	20.776

资料来源：笔者整理。

（二）员工职业效益评价指标权重的确定

通过具体分析评价要素在各岗位的表现，才能明确各要素在不同岗位上的维度和权重。图 7 - 3 显示出不同岗位样本对 26 个评价要素的评分均值，整体具有较好一致性，各维度指标之间的差异性不大，曲线之间的离散程度不是特别明显。因各岗位之间存在着不同的特性，在生产型企业，研发岗受岗位特性的影响，通常更加偏重于对技术和新产品的研发，对其他一些因素的关注度相对其他岗位来讲较小，所以，总体上管理岗、生产岗、市场营销岗对岗位员工

---

[1] Hu L, BentlerPM. Cutoff Criteria for Fit Indices in Covariance Structure Analysis: Conventional Criteria Versus Newalternatives [J]. Structural Equation Modeling, 1999, 6 (5)

[2] Medsker GJ, Williams LJ, Holahan PJ. A Review of Current Practices for Evaluating Causal Models of Organizational Behavior and Human Resources Management Research [J]. Journal of Management, 1994, 54 (3)

[3] 温忠麟，侯杰泰，马什赫伯特. 结构方程模型检验：拟合指数与卡方准则 [N]. 心理学报，2004, 36 (2)

职业效益评价要素的重要性评分在多数指标上高于研发岗。在确定各岗位员工职业效益评价指标权重过程中，岗位特性不同，指标所反映的利益不同，为此，研究运用主成分分析的方差贡献率，结合变异系数以 1 为单位计算各要素权重，确定各岗位利益相关者的权重。

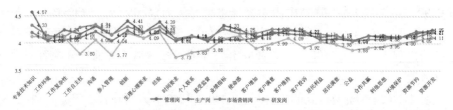

图 7 - 3　不同岗位样本的岗位员工职业效益评价要素评分的均值比较

资料来源：笔者整理。

1. 生产岗位员工职业效益评价指标权重的确定

（1）提取评价要素因子。首先，通过 SPSS20.0 对生产岗所得数据进行 KMO 和 Bartlett 的球形度检验，得到 KMO 值为 0.931，接近于 1，Bartlett 的球形度检验中自由度 325，检验显著性水平为 0，可见相关系数矩阵与单位矩阵有显著性差异，适合做因子分析。

其次，运用 R 语言编程进行主成分分析。本研究选择将数据放置在文本书档中，根据程序 x = read. table（"abc. txt"）进行数据提取，运用 princomp 函数进行主成分因子分析，在程序框中输入 x. pr = princomp（x，cor = TRUE）和 summary（x. pr，loadings = TRUE）即可得到生产岗位员工职业效益评价要素的各个因子主成分分析结果及各个维度的载荷值，根据特征根大于 1 的标准提取主因子，共提取 4 个公因子，见表 7 - 7。

表 7 - 7　　　　　　　　　　生产岗主成分分析结果

因子	特征根	方差的（%）	累计解释的变异量（%）
1	13.814	53.132	53.132
2	1.338	5.146	58.278
3	1.081	4.158	62.436
4	1.024	3.940	66.376

资料来源：笔者整理。

根据旋转之后的结果，进行了各个维度的定义，从主因子1到主因子4，包括指标及载荷值，分别为：①社会成员利益，细分客户投诉0.764、客户满意0.735、客户增加0.708、客户维持0.691、居民满意0.638、居民利益0.630、个人联系0.599、业绩指标0.583、使命感0.561；②资源共享者利益，细分资源节约0.772、环境保护0.630、资源开发0.611、公益0.588、利他思想0.564、合作共赢0.505、接受监督0.494；③工作特性，细分工作自主权0.689、经验0.688、生理心理要求0.644、工作环境0.621、沟通0.559、时间要求0.541、工作复杂性0.526、专业技术知识0.522；④个人特质，细分创新0.830与参入管理0.523，其中工作特性和个人特质体现的是企业成员利益。其中"接受监督"在该岗位的第2个主因子上的载荷值小于0.5，初步考虑删掉，但是删除之后，该维度内部一致性从0.912变为0.901，没有显著性影响。另外，考虑到接受监督在释义解读中可能存在一定歧义，需要结合不同岗位的分析结果进行具体化描述，决定保留。

（2）生产岗位员工职业效益评价体系。本研究在对生产岗位调研数据进行了主成分分析的基础上，得到了4个主因子，因子一命名为社会成员利益，包括客户投诉、客户满意、客户增加、客户维持、居民满意、居民利益、个人联系、业绩指标、使命感；因子二命名为资源享用者利益，包括资源节约、环境保护、资源开发、公益、利他思想、合作共赢、接受监督；因子三命名为工作特性，包括工作自主权、经验、生理心理要求、工作环境、沟通、时间要求、工作复杂性、专业技术知识；因子四命名为个人特质，包括创新、参入管理，本书主要设定了三类评价主体，故进行定性归类，将相关指标归入特定评价主体，见图7-4。

（3）评价体系的信度分析。用SPSS20.0计算Cronbach-α值对评价体系进行信度分析。得到各个维度的α值：社会成员利益为0.934、资源享用者利益为0.912、工作特性为0.891、个人特质为0.680，其中前三个维度α值较高，个人特质的α值接近0.7，虽不及前几个高，但达到可接受水平，整体上，该评价体系具有较高内部一致性。

（4）评价体系的效度分析。为进一步检验评价体系指标间的效度情况，运用AMOS21.0对模型进行拟合度检验，建立了各要素之间标准化估似值的模型图，其中各指标与其因子之间的因子载荷值均大于0.5，符合要求，见图7-5。各具体指标的编码同表7-5，此处F1代表社会成员利益，F2代表资源享用者利益，F3代表工作特性，F4代表个人特质。

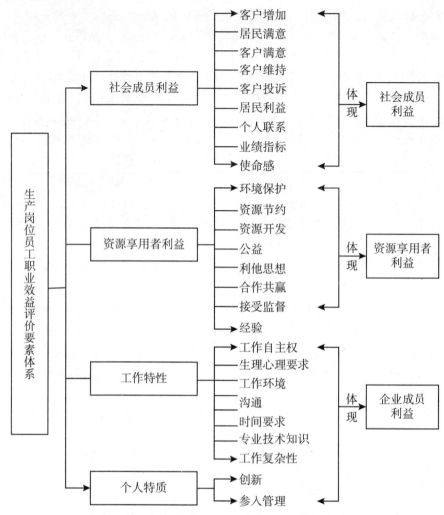

图7-4 生产岗位员工职业效益评价要素体系

资料来源：笔者整理。

在表7-8中，评价体系几个主要拟合指标IFI为0.880、TLI为0.865、CFI为0.878均大于0.8，接近0.9，是可以接受的。而NFI为0.787，没有接近0.9，但接近0.8，并且在0到1的范围内是偏向于1的。同时，ECVI为5.432小于独立模型的21.669，RMSEA为0.088小于0.1，CMIN/DF为2.014小于4，可以接受。整体来看，该模型的拟合效果是可以接受的，因此研究模型构建的要素评价体系也是可以接受的。

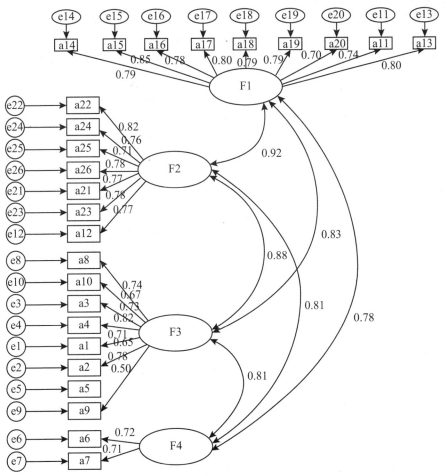

图 7-5　生产岗位员工职业效益评价体系标准化估似值的模型

资料来源：笔者整理。

表 7-8　　　　　生产岗位员工职业效益模型拟合优度指标

Model	NFI	IFI	TLI	CFI	ECVI	RMSEA	P	CMIN/DF
研究模型	0.787	0.880	0.865	0.878	5.432	0.088	0.000	2.014
饱和模型	1.000	1.000	—	1.000	5.400	—	—	—
独立模型	0.000	0.000	0.000	0.000	21.669	0.240	0.000	8.508

资料来源：笔者整理。

比起绩效评价，从岗位角度进行员工职业效益评价提出的指标体系，在生产岗位评价指标与岗位的特性的关联性更显著、更能体现生产的特色。将评价要素拟定 4 个维度，体现的是三个角度，并且基于该岗位确定各个维度及指标的权重，更有助于理解生产岗位的独特性。针对评价要素建立岗位员工职业效益评价指标使维度更加精练，更具有现实指导意义。最主要的是，对生产岗群体进行调查，建立的要素体系能够更好地体现内部公平性。

（5）生产岗位员工职业效益评价体系要素权重赋值。权重分配是量化评价的关键，目前主要通过主观方法（层次分析法等）、客观方法（根据评价矩阵的实际数据）及主客观结合法，确定评价指标系数。从研究的需要出发，考虑到岗位员工评价的核心是建立岗位职位体系内部不同岗位的相对价值，并借鉴张铁山[1]在研究中实施的岗位评价方法，决定主成分分析法和变异系数法来确定不同岗位的评价维度的权重和各个维度内要素的权重。利用主成分分析的方差贡献率（贡献率就是某个特征值占全部特征值合计的比重，可用来计算权重），并结合变异系数计算各要素权重，见表 7 - 9 和表 7 - 10。

表 7 - 9　　生产岗位员工职业效益评价体系各维度的权重值

权重（W）	维度			
	社会成员利益	资源享用者利益	工作特性	个人特质
	0.800 = 53.132/ 53.132 + 5.146 + 4.158 + 3.94	0.078 = 5.146/ 66.376	0.063 = 4.158/ 66.376	0.059 = 3.94/ 66.376

表 7 - 10　　生产岗位员工职业效益评价体系各要素的权重值

评价维度	评价要素	维度权重（W）	变异系数（V）	要素权重（W）	综合权重（W）	得分
社会成员利益	客户投诉	0.8	0.210	0.109	0.087	87
	客户满意		0.192	0.099	0.080	80
	客户增加		0.225	0.116	0.093	93
	客户维持		0.228	0.118	0.094	94
	居民满意		0.211	0.109	0.087	87
	居民利益		0.216	0.112	0.089	89
	个人联系		0.199	0.103	0.082	82
	业绩指标		0.224	0.116	0.093	93
	使命感		0.227	0.117	0.094	94

评价维度	评价要素	维度权重（W）	变异系数（V）	要素权重（W）	综合权重（W）	得分
资源享用者利益	资源节约	0.078	0.203	0.133	0.010	10
	环境保护		0.218	0.143	0.011	11
	资源开发		0.207	0.136	0.011	11
	公益		0.244	0.160	0.012	12
	利他思想		0.205	0.135	0.010	10
	合作共赢		0.213	0.140	0.011	11
	接受监督		0.233	0.153	0.012	12
工作特性	工作自主权	0.063	0.233	0.132	0.008	8
	经验		0.206	0.117	0.007	7
	生理心理要求		0.214	0.121	0.008	8
	工作环境		0.224	0.127	0.008	8
	沟通		0.215	0.122	0.008	8
	时间要求		0.249	0.141	0.009	9
	工作复杂性		0.225	0.128	0.008	8
	专业技术知识		0.196	0.111	0.007	7
个人特质	创新	0.059	0.197	0.494	0.029	29
	参入管理		0.202	0.506	0.030	30

资料来源：笔者整理。

2. 营销岗位员工职业效益评价指标权重的确定

（1）提取评价要素因子。首先，通过 SPSS20.0 对营销岗所得数据进行 KMO 和 Bartlett 的球形度检验，得到 KMO 值为 0.870，虽小于 0.9，但仍可以接受，Bartlett 的球形度检验中自由度 325，显著性水平为 0，可见相关系数矩阵与单位矩阵有显著性差异，适合做因子分析。

其次，运用 R 语言编程进行主成分分析。同生产岗位计算的方法，即可得到营销岗位员工职业效益评价要素的各个因子主成分分析结果及各个维度的载荷值，根据特征根大于 1 的标准提取主因子，提取了 6 个公因子，整理后结果见表 7 - 11。

表7-11　　　　　　　　营销岗主成分分析结果

因子	特征根	方差的（%）	累计解释的变异量（%）
1	9.626	37.024	37.024
2	2.330	8.960	45.984
3	1.603	6.167	52.151
4	1.244	4.785	56.936
5	1.121	4.313	61.249
6	1.002	3.852	65.101

资料来源：笔者整理。

根据旋转之后的结果，命名各个维度，从主因子1到主因子6，分别命名为社会成员利益（客户投诉0.777，客户维持0.754，客户满意0.707，居民利益0.679，居民满意0.656，客户增加0.601，合作共赢0.530，公益0.513）、工作要求（利他思想0.641，参入管理0.640，使命感0.574，工作环境0.515，生理心理要求0.477）、资源享有者利益（资源开发0.832，资源节约0.822，环境保护0.775）、工作特性（经验0.675，工作复杂性0.649，工作自主权0.630，沟通0.433）、个人特质（专业技术知识0.784，创新0.613，个人联系0.547）、工作标准（时间要求0.684，接受监督0.671，业绩指标0.518）。可以看出"生理心理要求"在该岗位的第2个主因子上的载荷值小于0.5，"沟通"在该岗位第4个主因子上的载荷值小于0.5，初步考虑将其删掉，其中"生理心理要求"在该岗位的第2个主因子上的载荷值小于0.5，可以删除。但是删除之后，该维度的内部一致性从0.797变为0.739，没有显著性影响；"沟通"在该岗位第4个主因子上的载荷值小于0.5，可以删除。但是删除之后，该维度的内部一致性从0.722变为0.668，致使内部一致性下降，没有显著性影响。另外，考虑到"沟通"在释义的解读中可能存在一定的歧义，需要结合不同岗位的分析结果进行具体化描述，故此决定保留。

（2）营销岗位员工职业效益评价体系。在对营销岗位调研数据进行了主成分分析的基础上，得到了6个主因子，因子一命名为社会成员利益，包括客户投诉、客户维持、客户满意、居民利益、居民满意、客户增加、合作共赢、公益；因子二命名为工作要求，包括利他思想、参入管理、使命感、工作环境、生理心理要求；因子三命名为资源享有者利益，包括资源开发、资源节约、环境保护；因子四命名为工作特性，包括经验、工作复杂性、工作自主权、沟通；因子五命名为个人特质，包括专业技术知识、创新、个人联系；因子六命名为工作标准，包括时间要求、接受监督、业绩指标，本书主要设定了三类评价主体，故进行定性归类，将相关指标归入特定评价主体，见图 7-6。

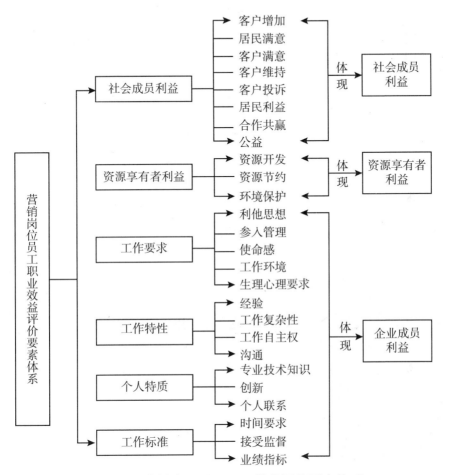

图 7-6 营销岗位员工职业效益评价要素体系

资料来源：笔者整理。

（3）评价体系的信度分析。为了进一步验证得到的岗位员工职业效益评价体系的信度，运用 SPSS20.0 计算 Cronbach α 值对评价体系进行了信度分析。得到各个维度的 α 值：社会成员利益为 0.892、资源享有者利益为 0.797、工作要求为 0.825、工作特性为 0.722、个人特质为 0.719、工作标准为 0.688，其中前 6 个维度 α 值均在 0.7 以上，其中工作标准的 α 值接近 0.7，虽不及前几个高，但属可以接受的水平。整体上该评价体系具有较高的内部一致性。

（4）评价体系的效度分析。为进一步检验评价体系指标间的效度情况，运用 AMOS21.0 对其进行拟合度检验，建立了各要素之间标准化估似值的模型图，其中各指标与其因子之间的因子载荷值均大于 0.5，符合要求，结果见图 7 - 7。其中各具体指标的代码同表 7 - 5，在图 7 - 7 中，F1 代表社会成员利益，F2 代表工作要求，F3 代表资源享有者利益，F4 代表工作特性，F5 代表个人特质，F6 代表工作标准。

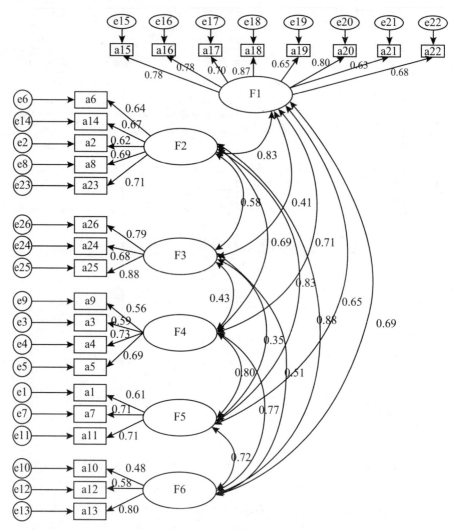

图 7 - 7　营销岗位员工职业效益评价体系标准化估似值的模型

资料来源：笔者整理。

表 7 - 12 显示，评价体系几个主要拟合指标 IFI、TLI、CFI 均大于 0.8，接近 0.9，是可以接受的。而 NFI 为 0.721，没有接近 0.9，但比较接近于 0.8，并且在 0 到 1 的范围内是偏向于 1 的。同时，ECVI 为 5.219 小于独立模型的 15.176，RMSEA 为 0.079 小于 0.1，CMIN/DF 为 1.752 小于 4，可以接受。整体来看，该模型的拟合效果是可接受的，因此所构建的要素评价体系也是可以接受的。

表 7 - 12　　　　营销岗位员工职业效益模型拟合优度指标

Model	NFI	IFI	TLI	CFI	ECVI	RMSEA	P	CMIN/DF
研究模型	0.721	0.858	0.833	0.854	5.219	0.079	0.000	1.752
饱和模型	1.000	1.000	—	1.000	5.802	—	—	—
独立模型	0.000	0.000	0.000	0.000	15.176	0.193	0.000	5.490

资料来源：笔者整理。

对营销岗群体进行调查，建立的要素体系能够更好地体现内部公平性，也使营销岗位评价指标与岗位的特性的关联性更显著，更能体现营销的特色。

（5）营销岗位员工职业效益评价体系要素权重赋值。从研究的实际需要出发，考虑到岗位员工效益评价的核心是建立岗位职位体系内部不同岗位的相对价值，需要拉开差距，最终借鉴张铁山对岗位评价中实施的方法，决定采用主成分分析法和变异系数法来确定不同岗位的评价维度的权重和各个维度内的要素的权重。主要利用主成分分析的方差贡献率（贡献率的现实意义就是某个特征值占全部特征值合计的比重，可以用来计算权重），并结合变异系数计算出每个要素的权，结果见表 7 - 13 和表 7 - 14。

表 7 - 13　　营销岗位员工职业效益评价体系各维度的权重值

权重（W）	维度					
	社会成员利益	工作要求	资源享有者利益	工作特性	个人特质	工作标准
	0.569 = 37.024/ 37.024 + 8.96 + 6.167 + 4.785 + 4.313 + 3.852	0.138 = 8.96/ 65.101	0.095 = 6.167 /65.101	0.073 = 4.785 /65.101	0.066 = 4.313 /65.101	0.059 = 3.852 /65.101

表 7 - 14　营销岗位员工职业效益评价体系各要素的权重值

评价维度	评价要素	维度权重（W）	变异系数（W）	要素权重（W）	综合权重（W）	得分
社会成员利益	客户投诉	0.569	0.188	0.122	0.069	69
	客户维持		0.187	0.122	0.069	69
	客户满意		0.190	0.123	0.070	70
	居民利益		0.175	0.114	0.065	65
	居民满意		0.203	0.132	0.075	75
	客户增加		0.208	0.135	0.077	77
	合作共赢		0.197	0.128	0.073	73
	公益		0.193	0.125	0.071	71
工作要求	利他思想	0.138	0.203	0.213	0.029	29
	参入管理		0.182	0.192	0.026	26
	使命感		0.201	0.211	0.029	29
	工作环境		0.163	0.172	0.024	24
	生理心理要求		0.202	0.212	0.029	29
资源享有者利益	资源开发	0.095	0.175	0.322	0.031	31
	资源节约		0.192	0.353	0.034	34
	环境保护		0.177	0.325	0.031	31
工作特性	经验	0.073	0.160	0.241	0.018	18
	工作复杂性		0.185	0.278	0.021	21
	工作自主权		0.173	0.260	0.019	19
	沟通		0.147	0.221	0.016	16
个人特质	专业技术知识	0.066	0.176	0.330	0.022	22
	创新		0.166	0.310	0.020	20
	个人联系		0.193	0.361	0.024	24
工作标准	时间要求	0.059	0.194	0.339	0.020	20
	接受监督		0.196	0.342	0.020	20
	业绩指标		0.182	0.319	0.019	19

资料来源：笔者整理。

3. 研发岗位员工职业效益评价指标权重的确定

（1）提取评价要素因子。首先，通过 SPSS20.0 对研发岗所得数据进行

KMO 和 Bartlett 的球形度检验，得到 KMO 值为 0.864，属于可以接受的范围，Bartlett 的球形度检验中自由度 325，显著性水平为 0，可见相关系数矩阵与单位矩阵有显著性差异，适合做因子分析。

其次，运用 R 语言编程进行主成分分析。同生产岗位计算的方法，即可得到研发岗位员工职业效益评价要素的各个因子主成分分析结果及各个维度的载荷值，根据特征根大于 1 的标准提取主因子，共提取 4 个公因子，整理后结果如表 7－15。

表 7－15　　　　　　　　研发岗主成分分析结果

因子	特征根	方差的（%）	累计解释的变异量（%）
1	9.080	34.924	34.924
2	2.416	9.291	44.216
3	2.085	8.021	52.236
4	1.597	6.141	58.377
5	1.204	4.631	63.008

资料来源：笔者整理。

根据旋转之后的结果，定义各个维度，从主因子 1 到主因子 5（包括指标及载荷值），分别为社会成员利益（合作共赢 0.752，客户增加 0.695 公益 0.690，客户维持 0.671，客户投诉 0.630，居民满意 0.553，利他思想 0.551，居民利益 0.547，业绩指标 0.540）、工作特性（时间要求 0.756，个人联系 0.753，接受监督 0.748，工作自主权 0.720，沟通 0.657，参入管理 0.635）、个人特质（创新 0.735，工作复杂性 0.717，专业技术知识 0.694，经验 0.668）、工作要求（工作环境 0.713，使命感 0.632，客户满意 0.590，生理心理要求 0.548）、资源享用者利益（资源开发 0.759，资源节约 0.749，环境保护 0.706）。该岗位各个因素在每个维度上的载荷值均大于 0.5，没有需要删除的项。

（2）研发岗位员工职业效益评价体系。本研究在对研发岗调研数据进行了主成分分析的基础上，得到了 5 个主因子，因子一命名为社会成员利益，包括合作共赢、客户增加、公益、客户维持、客户投诉、居民满意、利他思想、居民利益、业绩指标；因子二命名为工作特性，包括时间要求、个人联系、接受监督、工作自主权、沟通、参入管理；因子三命名为个人特质，包括创新、工作复杂性、专业技术知识、经验；因子四命名为工作要求，包括工作环境、使命感、客户满意、生理心理要求，因子五命名为资源享用者利益，包括资源开发、资源节约、环境保护，本书主要设定了三类评价主体，故进行定性归类，将相关指标归入特定评价主体，如图 7－8 所示。

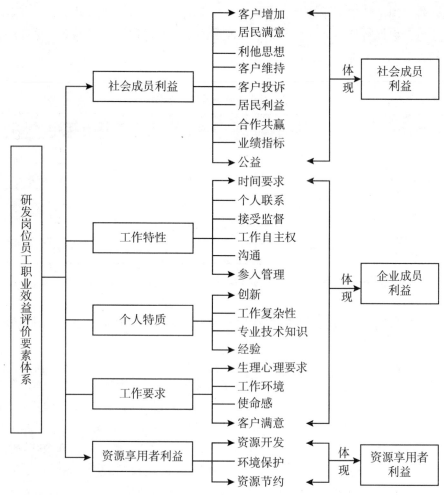

图 7－8　研发岗位员工职业效益评价要素体系

资料来源：笔者整理。

（3）效益评价体系的信度分析。为了进一步验证得到的效益评价体系的信度，运用 SPSS20.0 计算 Cronbach α 值对评价体系进行了信度分析。得到各个维度的 α 值：社会成员利益为 0.886、工作特性为 0.912、个人特质为 0.769、工作要求为 0.688、资源享用者利益为 0.829，其中工作要求的 α 值接近 0.7，虽不及其他维度值高，但是达到可以接受的水平。从整体上看，该评价体系具有较高的内部一致性。

（4）效益评价体系的效度分析。为进一步检验评价体系指标间的效度，运用 AMOS21.0 对其进行拟合度检验，建立了各要素之间标准化估似值的模型图，其中各指标与其因子之间的因子载荷值均大于 0.5，符合要求，详见图 7-9。各个具体评价指标的代码表示同表 7-5，在图 7-9 中，F1 表示社会成员利益、F2 表示工作特性，F3 表示个人特质，F4 表示工作要求，F5 表示资源享用者利益。

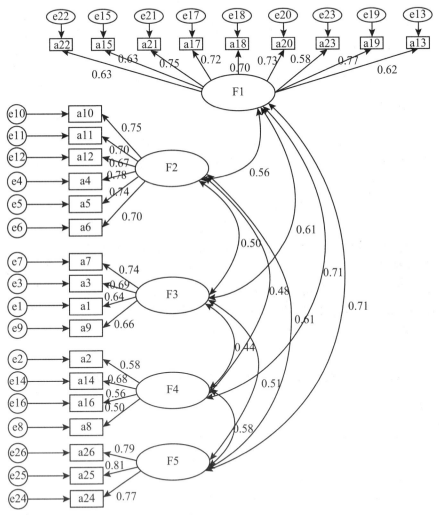

图 7-9　研发岗位员工职业效益评价体系标准化估似值的模型

资料来源：笔者整理。

表 7-16 显示，评价体系几个主要拟合指标 IFI 为 0.842、TLI 为 0.818、CFI 为 0.838 均大于 0.8，接近 0.9，是可以接受的。而 NFI 为 0.709 没有接近

0.9，但接近 0.8，并且在 0 到 1 的范围内是偏向于 1 的。同时，ECVI 为 5.168 小于独立模型的 14.893，RMSEA 为 0.082 小于 0.1，CMIN/DF 为 1.850 小于 4，可以接受。整体来看，该模型的拟合效果是比较好的，因此研究模型构建的要素评价体系也是可以接受的。

表 7 – 16　　　研发岗位员工职业效益评价体系拟合优度指标

Model	NFI	IFI	TLI	CFI	ECVI	RMSEA	P	CMIN/DF
研究模型	0.709	0.842	0.818	0.838	5.168	0.082	0.000	1.850
饱和模型	1.000	1.000	—	1.000	5.528	—	—	—
独立模型	0.000	0.000	0.000	0.000	14.893	0.192	0.000	5.660

资料来源：笔者整理。

通过对研发岗群体开展调查，可使建立的要素体系能够更好地体现内部公平性，使研发岗位评价指标与岗位的特性的关联性更显著、更能体现研发岗的特色。

（5）研发岗位员工职业效益评价体系要素权重赋值。从研究实际需要出发，考虑到岗位员工职业效益评价的核心是建立岗位职位体系内部不同岗位的相对价值，需要拉开差距，最终借鉴张铁山对岗位评价中的方法，决定采用主成分分析法和变异系数法来确定不同岗位的评价维度的权重和各个维度内的要素的权重。主要利用主成分分析的方差贡献率（贡献率的现实意义就是某个特征值占全部特征值合计的比重，可以用来计算权重），并结合变异系数计算出每个要素的权重，见表 7 – 17 和表 7 – 18。

表 7 – 17　　　研发岗位员工职业效益评价体系各维度的权重值

权重 (W)	维度				
	社会成员利益	工作特性	个人特质	工作要求	资源享用者利益
	$0.554 = 34.924/$ $34.924 + 9.291$ $+ 8.021 + 6.141$ $+ 4.631$	$0.147 = 9.291/$ 63.008	$0.127 = 8.021/$ 63.008	$0.098 = 0.097/$ 63.008	$0.074 = 4.631/$ 63.008

表 7 −18　　研发岗位员工职业效益评价体系各要素的权重值

评价维度	评价要素	维度权重 （W）	变异系数 （V）	要素权重 （W）	综合权重 （W）	得分
社会成员 利益	合作共赢		0.224	0.126	0.070	70
	客户增加		0.206	0.116	0.064	64
	公益		0.204	0.114	0.063	63
	客户维持		0.184	0.103	0.057	57
	客户投诉	0.554	0.190	0.107	0.059	59
	居民满意		0.190	0.107	0.059	59
	利他思想		0.196	0.110	0.061	61
	居民利益		0.198	0.111	0.062	62
	业绩指标		0.191	0.107	0.059	59
工作特性	时间要求		0.245	0.167	0.024	24
	个人联系		0.233	0.158	0.023	23
	接受监督	0.147	0.244	0.166	0.024	24
	工作自主权		0.268	0.182	0.027	27
	沟通		0.205	0.139	0.020	20
	参入管理		0.276	0.188	0.028	28
个人特质	创新		0.175	0.219	0.028	28
	工作复杂性	0.127	0.210	0.263	0.033	33
	专业技术知识		0.234	0.293	0.037	37
	经验		0.179	0.224	0.028	28
工作要求	工作环境		0.185	0.252	0.025	24
	使命感	0.098	0.165	0.225	0.022	22
	客户满意		0.192	0.262	0.026	25
	生理心理要求		0.192	0.262	0.026	25
资源享用 者利益	资源开发		0.178	0.320	0.024	23
	资源节约	0.074	0.178	0.320	0.024	23
	环境保护		0.2	0.360	0.027	26

· 221 ·

资料来源：笔者整理。

4. 管理岗位员工职业效益评价指标权重的确定

（1）提取评价要素因子。首先，通过 SPSS20.0 对管理岗所得数据进行

KMO 和 Bartlett 的球形度检验，得到 KMO 值为 0.910，大于 0.9，属于比较好的值域，Bartlett 的球形度检验中自由度 325，显著性水平为 0，可见相关系数矩阵与单位矩阵有显著性差异，适合做因子分析。

其次，运用 R 语言编程进行主成分分析。同生产岗位计算方法，即可得到管理岗位员工职业效益评价要素的各个因子主成分分析结果，根据特征根大于 1 的标准提取主因子，共提取 6 个公因子，见表 7-19。

表 7-19　　　　　　　　　　管理岗主成分分析结果

因子	特征根	方差的（%）	累计解释的变异量（%）
1	10.902	41.929	41.929
2	1.574	6.054	47.983
3	1.529	5.880	53.863
4	1.202	4.625	58.488
5	1.130	4.348	62.836
6	1.062	4.085	66.920

资料来源：笔者整理。

根据旋转之后的结果，进行了各个维度的定义，从主因子 1 到主因子 6（包括各因子的载荷值），分别为社会成员利益（居民利益 0.753，客户维持 0.694，居民满意 0.679，客户增加 0.665，沟通 0.652，公益 0.646，客户满意 0.643，客户投诉 0.629，参入管理 0.515，利他思想 0.471）、资源享用者利益（资源节约 0.843，环境保护 0.771，资源开发 0.751，合作共赢 0.542）、工作要求（时间要求 0.760，生理心理要求 0.744，接受监督 0.655，个人联系 0.541）、个人特质（专业技术知识 0.673，创新 0.541、0.574，经验 0.537）、工作特性（工作环境 0.779，工作自主权 0.632，工作复杂 0.507）、工作任务（业绩指标 0.678，使命感 0.521）。

其中，"利他思想"在该岗位的第 1 个主因子上的载荷值小于 0.5，初步考虑将其删除。但是删除之后，该维度的内部一致性从 0.916 变为 0.911，没有显著性影响；另外，考虑到"利他思想"在释义的解读中可能存在一定的歧义，需要结合不同岗位的分析结果进行具体化描述，故此决定保留。"创新"指标在主因子 1 和主因子 4 上的值都大于 0.5，存在跨因子载荷，初步考虑应该删除。但是删除之后，该维度的内部一致性从 0.628 变为 0.483，致使内部一致性下降，且下降后的一致性较低，从管理岗本身的特性出发，创新也是非常重要的，因此本研究认为应该保留。

（2）管理岗位员工职业效益评价体系。通过对管理岗位调研数据进行主成分分析，得到 6 个主因子，因子一命名为社会成员利益，包括居民利益、客户维持、居民满意、客户增加、沟通、公益、客户满意、客户投诉、参入管理、利他思想；因子二命名为资源享用者利益，包括资源节约、环境保护、资源开发、合作共赢；因子三命名为工作要求，包括时间要求、生理心理要求、接受监督、个人联系；因子四命名为个人特质，包括专业技术知识、创新、经验；因子五命名为工作特性，包括工作环境、工作自主权、工作复杂性；因子六命名为工作任务，包括业绩指标、使命感，研究主要设定三类评价主体，故进行定性归类，将相关指标归入特定评价主体，见图 7 - 10。

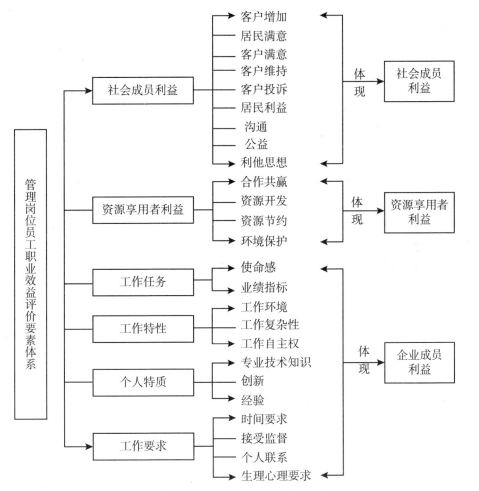

图 7 - 10　管理岗位员工职业效益评价要素体系

资料来源：笔者整理。

（3）评价体系的信度分析。为了进一步验证得到的效益评价体系的信度，运用 SPSS20.0 计算 Cronbach α 值对评价体系进行了信度分析。得到各个维度的 α 值：社会成员利益为 0.916、资源享用者利益为 0.853、工作要求为 0.776、个人特质为 0.628、工作特性为 0.724、工作任务为 0.643，其中个人特质和工作任务的 α 值小于 0.7，但接近 0.7，属可以接受的水平。从整体上看，该评价体系具有较高的内部一致性。

（4）评价体系的效度分析。运用 AMOS21.0 检验指标间的效度，建立了各要素之间标准化估似值的模型图，其中各指标与其因子之间的因子载荷值均大于 0.5，符合要求，详见图 7－11。各个具体评价指标的代码同表 7－5，此处 F1 表示社会成员利益，F2 表示资源享用者利益，F3 表示工作要求，F4 表示个人特质，F5 表示工作特性，F6 表示工作任务。

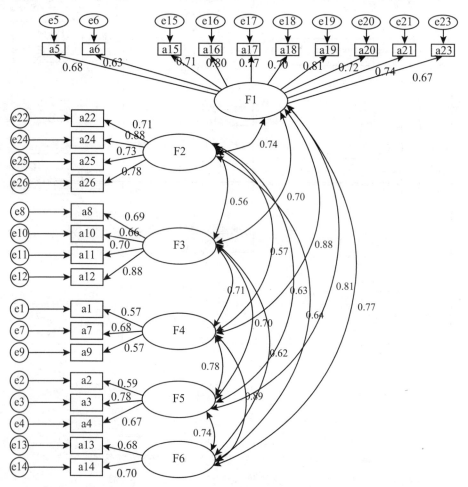

图 7－11　管理岗位员工职业效益评价体系标准化估似值的模型

资料来源：笔者整理。

表 7 – 20 显示，评价体系几个主要拟合指标 IFI 为 0.883、TLI 为 0.862、CFI 为 0.880 均大于 0.8，接近 0.9，是可以接受的。而 NFI 为 0.754，没有接近 0.9，但比较接近于 0.8，并且在 0 到 1 的范围内是偏向于 1 的。同时，EC-VI 为 5.022 小于独立模型的 16.354，RMSEA 为 0.075 小于 0.1，CMIN/DF 为 1.686 小于 4，可以接受。整体来看，该体系整体的拟合效果是可接受的，因此研究模型构建的要素评价体系也是可以接受的。

表 7 – 20　管理岗位员工职业效益评价体系的拟合优度指标

Model	NFI	IFI	TLI	CFI	ECVI	RMSEA	P	CMIN/DF
研究模型	0.754	0.883	0.862	0.880	5.022	0.075	0.000	1.686
饱和模型	1.000	1.000	—	1.000	5.754	—	—	—
独立模型	0.000	0.000	0.000	0.000	16.354	0.202	0.000	5.979

资料来源：笔者整理。

对管理岗群体进行调查，建立的要素体系能够更好地体现内部公平性，在管理岗位评价指标与岗位的特性的关联性更显著、更能体现管理的特色。拟定的 6 个维度更有助于理解管理岗位的独特性，使建立的效益评价指标维度更加精炼，更具有现实指导意义。

（5）管理岗位员工职业效益评价体系要素权重赋值。从研究需要出发，考虑到岗位员工职业效益评价的核心是建立岗位职位体系内部不同岗位的相对价值，需要拉开差距，最终借鉴张铁山对岗位评价中实施的方法，决定采用主成分分析法和变异系数法来确定不同岗位的评价维度的权重和各个维度内的要素的权重。主要利用主成分分析的方差贡献率（贡献率的现实意义就是某个特征值占全部特征值合计的比重，可以用来计算权重），并结合变异系数计算出每个要素的权重，见表 7 – 21 和表 7 – 22。

·225·

表 7 – 21　管理岗位员工职业效益评价体系各维度的权重值

	维度					
	社会成员利益	资源享用者利益	工作要求	个人特质	工作特性	工作任务
权重（W）	0.617 = 41.929/ 41.929 + 6.054 + 5.88 + 4.625 + 4.348 + 4.085	0.011 = 6.054 /66.921	0.088 = 5.88 /66.921	0.069 = 4.625 /66.921	0.065 = 4.348 /66.921	0.061 = 4.085 /66.921

资料来源：笔者整理。

表7-22　　管理岗位员工职业效益评价体系各要素的权重值

评价维度	评价要素	维度权重（W）	变异系数（W）	要素权重（W）	综合权重（W）	得分
社会成员利益	居民利益		0.223	0.110	0.068	68
	客户维持		0.204	0.100	0.062	62
	居民满意		0.206	0.101	0.062	62
	客户增加		0.221	0.108	0.067	67
	沟通	0.617	0.185	0.091	0.056	56
	公益		0.228	0.112	0.069	69
	客户满意		0.194	0.095	0.059	59
	客户投诉		0.176	0.086	0.053	53
	参入管理		0.194	0.095	0.059	59
	利他思想		0.205	0.101	0.062	62
资源享用者利益	资源节约		0.192	0.239	0.024	21
	环境保护	0.100	0.202	0.251	0.025	23
	资源开发		0.197	0.246	0.025	22
	合作共赢		0.213	0.265	0.027	24
工作要求	时间要求		0.211	0.249	0.022	22
	生理心理要求	0.088	0.206	0.244	0.021	21
	接受监督		0.222	0.262	0.023	23
	个人联系		0.208	0.245	0.022	22
个人特质	专业技术知识		0.171	0.342	0.024	24
	创新	0.069	0.155	0.311	0.021	21
	经验		0.173	0.347	0.024	24
工作特性	工作环境		0.210	0.368	0.024	24
	工作自主权	0.065	0.183	0.321	0.021	21
	工作复杂性		0.177	0.311	0.020	20
工作任务	业绩指标	0.061	0.185	0.507	0.031	31
	使命感		0.180	0.493	0.030	30

资料来源：笔者整理。

（三）员工职业效益评价程序和方法

开展员工职业效益评价要遵循一定的程序和方法，见图 7 - 12。

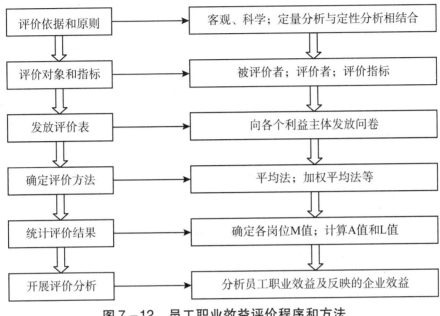

图 7 - 12　员工职业效益评价程序和方法

资料来源：笔者整理。

1. 员工职业效益评价程序

（1）明确评价对象和指标。①被评价者。被评价者即为企业中各个岗位的从业人员。企业中各个岗位与社会均存在着紧密的联系，岗位从业人员作为岗位的直接代表者，践行着各个岗位的主要职责和义务，是企业中各个岗位的代表者，所以我们选择各个岗位的从业人员作为评价的对象进行研究。

②评价者。评价者即对被评价者进行各项评价的人员，是与各个岗位的效益具有直接或间接联系的人员。这类人员存在于多个方面，前面分析了主要包括客户、居民、社会、资源环境使用者、企业自身。未来人是资源环境使用者的主要人员之一。这几类人员与企业岗位成果的联系最为密切，最能明确感知自身的利益所在及成果带给自身的好处。

③评价指标。研究得到各岗位的基本评价指标及权重，并总结得到各岗位的主要利益相关者及其指标，见表 7 - 23。

表7-23　　　　企业各岗位员工职业效益评价指标体系

主体指标 岗位	社会成员	资源环境使用者	企业成员
生产岗位	客户投诉、客户满意、客户增加、客户维持、居民满意、居民利益、个人联系、业绩指标、使命感	资源节约、环境保护、资源开发、公益、利他思想、合作共赢、接受监督	工作自主权、经验、生理心理要求、工作环境、沟通、时间要求、工作复杂性、专业技术知识、创新、参入管理
营销岗位	客户投诉、客户维持、客户满意、居民利益、居民满意、客户增加、合作共赢、公益	资源开发、资源节约、环境保护	利他思想、参入管理、使命感、工作环境、生理心理要求、专业技术知识、创新、个人联系、时间要求、接受监督、业绩指标、经验、工作复杂性、工作自主权、沟通
研发岗位	合作共赢、客户增加、公益、客户维持、客户投诉、居民满意、利他思想、居民利益、业绩指标	资源开发、资源节约、环境保护	时间要求、个人联系、接受监督、工作自主权、沟通、参入管理、创新、工作复杂性、专业技术知识、经验、工作环境、使命感、客户满意、生理心理要求
管理岗位	居民利益、客户维持、居民满意、客户增加、沟通、公益、客户满意、客户投诉、参入管理、利他思想	资源节约、环境保护、资源开发、合作共赢	时间要求、生理心理要求、接受监督、个人联系、专业技术知识、创新、经验、工作环境、工作自主权、工作复杂性、业绩指标、使命感

资料来源：笔者整理。

（2）发放评价表。根据确定的评价指标，制定对应的评价评分表，并在企业中实施。在实施的过程中要根据利益主体的不同，分别制定评价评分表。凡是对人的评价，都应该从人的角度出发，评价也是如此。评价者自身才是最了解评价需要的主体，我们一直主张的是从利益需求者的角度出发进行评价，由各个利益主体对被评价者进行评价。研究主要涉及三类主体，所以在具体的评价中选取不同的群体分别进行评分。

（3）统计评价结果。根据收回的评价表，进行结果的汇总，计算各岗位从业人的具体效益值。

在计算岗位员工职业效益的过程中，借鉴了公共管理职业效益评价的计算公式[①]：

$$L = \sum A_i M_i \qquad (7-2)$$

L 是最终该岗位的效益得分，M 代表各评价主体所占的权重，A 代表各评价主体对各个岗位员工职业效益的评分。主要步骤为：

①确定各岗位的权重 M。根据前面得到相应的权重，见表 7-24。

表 7-24　　　　　　企业各岗位员工职业效益评价主体权重

评价主体	评价权重（%）			
	生产岗	营销岗	研发岗	管理岗
社会成员	0.8	0.569	0.554	0.617
资源环境使用者	0.078	0.095	0.074	0.100
企业人员	0.122	0.336	0.372	0.283

资料来源：笔者整理。

②计算 A 值。通过评价问卷调查表，三个主体分别对各个岗位进行评分，以 1～10 分为评价分值域，直接对利益相关者进行调研，调研例表见表 7-25。

表 7-25　　　　　　资源享用者对生产岗的调研评分表

评价主体	评价指标	评价标准（满意度），评价方式（√）									
		10	9	8	7	6	5	4	3	2	1
资源享环境用者	资源节约										
	环境保护										
	资源开发										
	公益										
	利他思想										
	合作共赢										
	接受监督										

资料来源：笔者整理。

[①] 齐经民，郑涛等. 效在多方　益在多处——公民职业经济学 [M]. 经济科学出版社，2016：410-411

③计算 L 值。根据得到的 A 和 M 的数值，应用式 7 − 2，得到 L 的值。根据最终分值，确定优良中下差五个等级，其中 $90 \leqslant L_{优} \leqslant 100$，$80 \leqslant L_{良} \leqslant 89$，$70 \leqslant L_{中} \leqslant 79$，$60 \leqslant L_{下} \leqslant 69$，$L_{差} \leqslant 59$。

最后对各岗位的评价结果进行分析，分析各岗位员工职业效益处于哪个等级，并探讨其中原因。根据各岗位员工职业效益，还可以分析出企业效益的具体情况。

2. 员工职业效益评价方法

效益评价有多种方法，根据研究需要，评价主要根据已经达到的各评价要素在各个岗位权重，由对应的利益群体进行评分，根据评分结果运用加权平均的方式得到各岗位员工职业效益。

（1）根据已经达到的各个评价要素在各个岗位权重，由对应的利益群体进行评分，根据评分结果运用加权平均的方式得到各个岗位员工的具体效益情况。

（2）可以采用去掉评分中一个最高分和一个最低分的方式，其余数据的平均得到各个岗位员工的效益情况。

根据研究需要，选择第一种方法在两个生产型企业进行企业岗位员工职业效益的评价。

四、员工职业效益评价实例分析

（一）实例分析

研究主要选定了两家生产企业调研员工职业效益。为增强研究代表性，最终，我们选择了两个不用行业的中等规模的两种类型企业开展调研。一家是农用资料生产企业，简称农资企业，属于中外合资；另一家是煤矿生产企业，简称煤矿企业，属于国有企业。

1. 具体的评价程序

（1）明确评价对象。在选定的两个生产型企业的四个岗位员工及其利益相关者进行调研。

（2）选择评价方法。直接利益相关者的感知是对各个岗位员工职业效益的好坏最直接的显示，为此本研究没有通过专家判断及复杂的数学计算方式，而是直接选择对利益相关者进行调研，并对其调研结果通过加权平均的方法确定岗位员工职业效益的好坏。加权平均法最直接的将所得结果进行显示，可以减少在各类复杂计算中产生的数据失真情况，所以在评价阶段，本研究选择此方法。

在计算企业效益部分，这里选择第 3 部分介绍的第一种方法。

（3）发放评分表。对选定的生产型企业，通过访谈，明晰企业岗位上涉及的社会成员、企业成员和资源享用者的主要群体。

企业各个岗位的成员是对自身所在岗位最了解的群体，也是评价自身所在岗位的重要群体，所以我们针对各个岗位的从业人员分别制定了评分表，要求该岗位的人员对其所在岗位及岗位工作的相关情况进行打分。

对于社会成员主体，鉴于对生产型企业而言，产品是社会成员与其联系最直接的一部分。就是生产型企业出产的产品，产品本身的精细程度及内涵工艺反映了企业生产岗的情况，具体的功能实现体现研发岗的情况，营销人员与其联系的过程中的服务专业性等体现营销岗情况，整体的过程给这部分群体带来的感知是管理岗的具体体现。此次选取评价对象的过程中，选取了既是企业客户又是居民的成员，以便更好地对指标进行评价。

对于资源享用者群体，是企业岗位活动成果直接或者间接相关的群体。

2. 样本数据及可靠性分析

根据确定的评价内容和企业规模，在农资企业共发放了 200 份问卷，收回的有效问卷为 169 份；在煤矿企业共发放了 320 份问卷，收回的有效问卷为 287 份。

对两个企业的评分进行可靠性分析，分析数据，得到各项信度均大于 0.7，具体数据见表 7 - 26。另外，分析数据缺失情况，只有个别基本人口统计信息存在少量缺失，不影响数据分析。

表 7 - 26　　　　　　　　企业评分的 Cronbach's α 系数

		农资企业	煤矿企业
企业成员	研发岗	0.923	0.898
	管理岗	0.962	0.913
	营销岗	0.897	0.790
	生产岗	0.803	0.892
资源享用者		0.956	0.970
社会成员		0.923	0.746

资料来源：笔者整理。

3. 数据结果

首先，汇总各岗位各指标的打分平均分，具体结果分析见表 7 - 27 和表 7 - 28。

表7-27 各主体对农资企业各岗位的具体分析

	生产岗	营销岗	研发岗	管理岗
社会成员	居民满意和居民利益方面的评分非常低，其他内容的评分相对较高	居民利益和居民满意及公益的评分比较低，其他内容的评价较高	居民满意、居民利益和公益方面的评分非常低，其他内容评分相对较高	居民利益和公益方面的评分非常低，其他内容评分相对较高
资源使用者	公益和利他思想的评价较低，其他内容的评价一般	各项评价相对较高	各项评价相对较高	各项评价相对较高
企业成员	岗位的工作环境和员工参入管理方面有待提高，其他内容评价较高	各项评分比较高	各项评分比较高	各项评分比较高

资料来源：笔者整理。

表7-28 各主体对煤矿企业各岗位的具体分析

	生产岗	营销岗	研发岗	管理岗
社会成员	各项评分整体较低，其中居民利益这一项的评分最低	客户满意上得到的评分最高，而客户投诉得到评分最低，其他评分一般	合作共赢上的评分是该项的最高，其他内容的评分相对较低	在利他思想上的评分最低，其他内容的评分一般
资源使用者	接受监督的表现是比较认可的，其他内容的评价一般	营销岗的各项评价处于中等水平	各项评价相对较高	各项评价一般
企业成员	岗位的整体评价时好的，其中创新的评分最高	业绩指标评分较高，这与营销自身的岗位特色相关，其他各项的评分处于中档水平	各项评分比较高	各项评分比较高

资料来源：笔者整理。

通过分析可知，农资企业整体评价较高；而在煤矿企业，社会成员对生产岗、管理岗和研发岗的成果认可度不高，同时发现，该企业生产岗员工的创新能力有待于提升。

其次，根据打分结果，为实现各项在同一个层次的对比性，将总体平均数折合成百分数和将各项按照十分制进行折合得到的结果是一样的，最终得到各岗位在每个评价主体上的得分，见表7-29和表7-30。

表7-29　　　　　　　　农资企业员工职业效益评价结果

内容	社会成员	资源环境使用者	企业成员
生产岗	74.04	62.11	75.72
营销岗	69.35	71.93	81.01
研发岗	67.47	76.83	77.27
管理岗	77.92	70.28	80.03

资料来源：笔者整理。

根据式 $L = \sum A_i M_i$，得到农资企业生产岗的 $L = 73.31$，营销岗的 $L = 73.51$，研发岗的 $L = 71.81$，管理岗的 $L = 71.75$，其中营销岗员工的效益相对较高。根据分值的分级结果，发现该生产企业各岗位员工职业效益均处于中等水平。这是符合企业对员工的基本要求，即如果某岗位员工从业效益出现较差的情况，那么则无法在企业立足，会被企业淘汰。根据得到的各岗位人员职业效益的具体权重，采取平均值的方法，得到该农资企业的效益值为74.10。

从评价得到的最终结果可以看出，该农资企业各个岗位的效益等级均处于中的程度，也反映出该企业整体的效益水平处于中的水平。造成这种结果的原因是多方面的，除去数据分析和统计样本的误差，我们在对该企业的各个岗位进行调研了解的过程中，该企业的客观的工作环境、带给我们的文化感受、企业员工之间的工作支持等均是相对良好的。分析发现，该企业对内的各项政策是好的，对外在环境保护中也遵循国家政策，但是对周边居民的关照和企业公益行为则相对而言是少的。

表7-30　　　　　　　　煤矿企业员工职业效益评价结果

内容	社会成员	资源环境使用者	企业成员
生产岗	67.63	73.54	81.20
营销岗	69.19	76.77	78.11
研发岗	66.14	83.70	83.11
管理岗	68.84	77.95	81.35

资料来源：笔者整理。

同理得到煤矿企业生产岗的 $L = 69.75$，营销岗的 $L = 72.91$，研发岗的 $L =$

73.75，管理岗的 $L = 73.29$。根据分值的分级结果，我们发现煤矿企业生产岗员工效益处于下级水平，有待进一步提升，管理岗、营销岗、研发岗处于等级中等水平。计算出的煤矿企业的效益值为 72.42，处于中等水平。

从评价得到的最终结果可以看出，该煤矿企业生产岗的效益评价是比较低的，有待于研究造成评价比较低的几个方面入手进行提升。数据分析发现，该岗位员工的受教育水平以大专为主，也是造成该岗位员工职业效益低的一个重要原因，是该岗位有待于提升的地方。其他三个岗位的效益等级均处于中等水平，除去数据分析和统计样本的误差，我们发现这与企业对这些岗位从业人员的要求分不开。分析发现，该企业对内的各项政策是好的，导致员工对岗位的评价较高，而该煤矿企业呈献给消费者的产品形式是有待于提升的，这导致社会成员对此评价较低。

（二）主要结论及建议

1. 结论

（1）提出一种职业效益评价指标体系。从生产成员、社会成员和资源享用者的多角度选择评价指标，采用适宜的数据分析软件，运用因子分析、变异系数分析等方法，经过预调研的分析和处理，最终构建了员工职业效益评价体系，通过在生产企业的实证分析，得到检验。

该评价体系价值主要有两点。①可以评判企业的岗位员工职业效益；②可以考核整个企业效益，对其他社会职能组织员工职业效益评价具有一定的借鉴意义。

（2）所得员工职业效益能反映职能组织效益。通过分析生产企业 4 个岗位的指标体系，能够体现出各岗位的具体特征，并根据实际调研数据进一步明确了各指标在各个岗位上的不同权重。验证了岗位员工的职业效益是企业效益的微观表现和实现途径。

（3）组织效益是多维度的。若单从获利上分析企业效益，多数企业的效益是好的，但是如果加上多个主体的效益评价，则不然，而只有兼顾多方群体利益才是合理的效益，应关注和重视客户、居民、社会、未来人等多方利益主体的利益实现，真正体现"效在多方，益在多处"。

2. 建议

（1）进一步研究职业效益评价问题。至今，职业效益评价的研究很有限，研究成果也较少。这里仅以生产企业岗位员工职业效益评价为例做了研究，是个初步的探讨。不同行业的社会职能组织员工职业效益评价都是值得重视和研究的。

（2）做好员工职业效益评价工作。员工职业效益评价是企业等社会职能组织的一项基础性管理工作，效益评价比绩效考核全面，比较合理，应重视和做好员工职业效益评价工作，小做大用，促进个人利益、组织利益、社会利益、国家利益与全球整个人类利益的实现。

（3）努力提高全员职业效益。通过员工职业效益评价，促进深入理解认识职业效益的内涵关系与价值，三百六十行的社会职能组织员工都应该合理从业，自觉地坚持"效在多方，益在多处"，努力提高员工职业效益，进而提高各个行业乃至整个国民经济与社会发展效益，更加美好幸福地生活。

第八章　职业收入消费公共化与消费倾向

职业收入消费是从业人满足生活需要的经济活动，是职业经济的最终实现，同时职业收入消费又是职业者人力再生产的保障，成为职业劳作不断进行的基本前提条件。随着人们职业劳作分工合作社会化和全球化，人们的职业收入消费公共化也日益成为普遍现象，同时还出现了各种各样的不良消费倾向，影响较大，值得关注、重视和研究。

一、职业收入消费公共化与消费倾向表现

职业收入消费公共化是一种人们生活消费的社会现象，是指职业人及其家庭人员在社会公共场所中进行的生活消费，如职业人的公出、学生外出学习与旅游等，乘坐交通工具、居住宾馆、在公共机构办理事务等，其间所进行的生活花费。这是一种社会的发展进步，增加户外活动与社会交往，亲近大自然，以及了解感受民俗、古迹等文化，改善和美化人民生活，但不良消费倾向有诸多表现，负面影响较大，应分析认识。

（一）职业收入消费公共化现象

职业收入消费公共化有特定的表现，如亲友外出聚会、出国旅游等，并呈现出一定的发展趋势。

1. 职业收入消费公共化表现

职业收入消费公共化活动表现形式多样，最具代表性的有：一如工作外出的出差从业人员，在办事机构、宾馆等公共场所工作生活；二如学生远离家乡外出求学，在专业院校的社会公共场所学习生活；三如外出旅游人员，这部分人员外出旅游表现形式多样，有跟团游、组团游、全家游和单身游等，范围涵盖省内游、国内游、港澳游和出国游。

从个人发展轨迹和家庭视野来看，学生外出求学已变成一种具有普遍性的消费活动。在这种模式中，学生远离家庭，到国内外的专业院校学习和生活，消费活动在公共场所进行，包括日常的餐饮、服饰、交通等方面的消费，也包

括购买学习资料、参加补习班等方面的消费。目前，高等教育消费已经成为一种普遍现象，我国每年参加高考的考生人数逐年递增，据中国教育在线信息，2018年我国高考报名考生数目为975万人，较2017年增加35万人。

随着经济全球化深入发展，出现了大量的国际差旅和出国旅游现象。与此同时，中国经济对世界的影响越来越大，中国受到经济全球化的影响也越来越大，"一带一路"国际化成为社会生活的重要形式。携程、去哪儿、艺龙、途牛旅游网等相关门户网站的建立，也大大便利的商务差旅人士和旅游者。外出旅游已经成为老百姓生活中的普遍现象，法定节假日期间，更是出现集中出游的盛况。

2. 职业收入消费公共化趋势

（1）市场发展趋势。我国改革开放40年以来，旅游业实现了从计划型到市场型的转变，公共化消费是典型的一种消费模式，旅游市场的变化是我国职业收入消费公共化变化趋势的一个集中表现。

①见图8-1，我国2007～2016年的国内旅游人数变化情况，国内旅游人数呈现逐年递增趋势，从2007～2010年，国内旅游人数逐年小幅增加，由2007年的16.1亿人次增至2010年21.03亿人次。但到2010年以后，国内旅游人数增加迅猛，仅用了不到6年的时间，就实现国内旅游人数翻了一番，具体表现为从2010年的21.03亿人次增加至2016年的44.4亿人次。

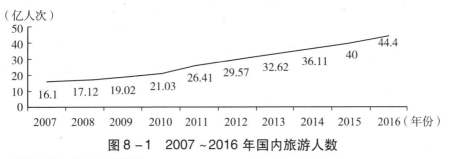

（亿人次）

图8-1　2007～2016年国内旅游人数

资料来源：文化和旅游部。

②见图8-2，2007～2016年我国出入境旅游人数情况。10年间，我国出境旅游人数呈现逐年递增的趋势，从2007年的0.41亿人次缓慢增至2010年的0.57亿人次，2011年我国出境旅游人数出现大幅增长，增至0.7亿人次，自此之后依然保持逐年增加的趋势，截至2016年，我国出境旅游人次已达到1.22亿人次。入境旅游人数方面，统计显示这十年间我国入境旅游人数稳定在1.26亿人次到1.38亿人次之间，每年的变动幅度很小。自2014年开始至2016年，入境旅游人数才呈现小范围内递增趋势。

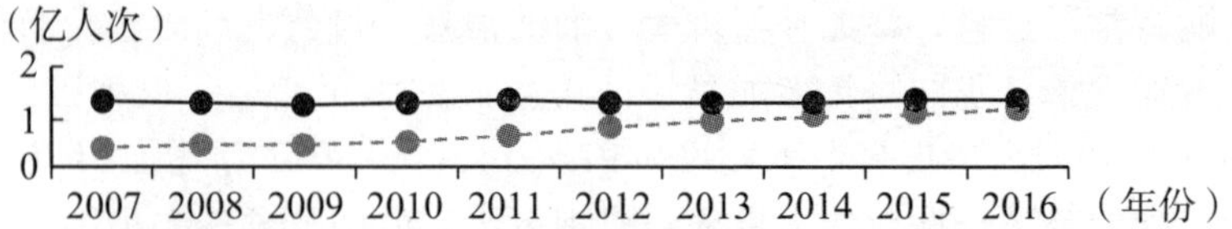

项目 \ 年份	2007	2008	2009	2010	2011	2012	2013	2014	2015	2016
入境旅游人数	1.31	1.3	1.26	1.34	1.35	1.32	1.29	1.28	1.34	1.38
出境旅游人数	0.41	0.46	0.48	0.57	0.7	0.83	0.98	1.07	1.17	1.22

—●— 入境旅游人数　-●- 出境旅游人数

图 8 – 2　2007 ~ 2016 年出入境旅游人数

资料来源：文化与旅游部。

（2）产业链发展趋势。为了适应我国职业收入公共化消费旺盛市场需求，不仅城乡餐饮行业、酒店住宿行业等旅游业快速发展，而是相关产业联动发展，如交通运输行业、互联网行业、娱乐行业等产业也快速发展，互相作用，出现了支撑公共化消费的产业链，形成了从国内到国外的产业联动的发展趋势。

职业收入消费公共化中消费者的一切吃穿用和娱乐活动都在公共场所进行，此过程中形成产业链带动相关行业的发展。以旅游行业为例，[①] 2018 年旅游业的发展不仅仅繁荣自身行业，旅游者为实现空间位移，需要借助交通运输业的服务，为了解决食宿问题，借助酒店和餐饮行业，同时为实现休闲娱乐的目的，带动娱乐行业的发展。见表 8 – 1，景区门票和索道仍然是景区公司业务的一部分，但公司的业务已经不再仅仅局限于提供观光服务，已经扩展到观光交通、地产、酒店、演艺、旅游产品等范围，趋向于向产业链条方向发展，为消费者提供一站式服务。

表 8 – 1　　　　　　　　　　景区类上市公司业务构成

上市公司	景区门票	索道	观光车/船	旅游地产	旅行社	酒店	演艺	旅游产品
峨眉山 A	√	√	—		√	√	√	√
黄山旅游	√	√	—	√	—	√		—
张家界	√	√	√	—	√	√		—

---

① 参考观研天下发布《2018 年中国景区旅游行业分析报告——市场运营态势与发展前景研究》，旅游产业链分析，中国报告网，2018 – 5 – 9。

续表

上市公司	景区门票	索道	观光车/船	旅游地产	旅行社	酒店	演艺	旅游产品
丽江旅游	—	√	—	—	√	√	√	√
三特索道	√	√	√	√	√	√	—	—
九华山	—	√	√	—	√	√	—	—
中青旅	√	√	√	√	√	√	—	—
西藏旅游	√	—	√	√	√	√	√	—

资料来源：中国报告网——观研天下。

3. 职业收入消费公共化的提示

职业收入消费公共化是一种人民社会生活的变化，表现出人民社会生活的一种新状态，以及社会发展变化的走势，值得关注、观察和判断，重视客观突出表现和走势的提示。

（1）公共社会发展。公共社会是社会成员在公共场馆、景点等公共场所工作生活的社会形式，生活消费公共化是集中的突出的表现，这是伴随生产劳作的分工合作专业化和社会化、经济发展与人民生活改善而出现的社会现象。产业革命后发展很快，欧美社会大量表现出来，我国 21 世纪以来发展比较快，不断向内外延伸拓展，呈现出国内区域化与国际全球化的发展状态。

公共社会的出现是人类本质特性的使然与外化。人在相互依赖的关系中生活，社会是人与人和人为人的体系，[①]"与人"和"为人"是人类的本质特性，"与人"才能生人，"为人"才能生活。"与人"就是男女结合组成人类生存组织单位，如家庭，生儿育女，繁衍后代；"为人"就是进行生产劳作，供给和满足人们生活需要，养活人，人们世世代代生活下去。自然经济社会发展转变为市场经济社会，"人为人"的活动就表现为公共社会的形态。

我国进入了新时代，特别是在"一带一路"倡议与共建人类命运共同体的伟大实践中，促进了公共社会的区域化和全球化发展，互为、共益、同享，展现出美好的发展前景。

（2）凸显人民公共利益。公共社会发展的过程中，人民的公共利益日益凸显出来，一方面表现在人们的公共生活实现的利益需求，如出行的飞机和客车等交通工具、景点接待、住宿和餐饮等的供给和满足的状态；另一方面表现在人们的公共生活保障的利益需求，如交通、住宿、餐饮的环境卫生、餐饮质量、景点安全秩序等。

· 239 ·

---

① 齐经民，郑涛等．效在多方　益在多处——公民职业经济学，经济科学出版社，2016（前言）：4

其中，在人们的公共生活实现的利益需求方面，由于节假日、旅游旺季的出行人员集中，规模较大，有时交通工具紧张，供不应求，也有天气不好滞留旅客现象，以及旅游景点人满为患等；在人们的公共生活保障的利益需求方面，有的导游强制游客购物消费，也有游客随地乱扔垃圾，以及餐饮的"宰客"不良现象等，人们的公共生活利益受到损害。现在，我国人民的公共生活利益已经得到了国家的关注和重视，不断加强人们的公共生活的利益保障。

（3）发展公共事业。公共化消费活动发生在公共场所，通过公共设施、公共器具等公共服务实现的。随着人们的公共化消费等公共生活丰富多彩与日益发展，对公共设施、公共器具等公共服务的需求越来越多，必然要求适时发展保障公共生活需求的各项事业，一如交通设施、交通工具等交通服务业，二如宾馆、旅店等住宿服务业，三如办公、展馆、娱乐与健身等场馆服务业，四如自然景点、人文古迹与民俗文化等旅游服务业，五如保障公共秩序与治安的安全保卫服务业，六如为这些事业提供产品和劳务的有关行业。

（4）突出公共教育。随着生产劳作发展进步，人们的收入不断增加，生活不断改善，公共化消费活动不断增加，公共事业发展，公共社会繁荣昌盛，逐步形成或出现的新知识、新的技法、新的秩序和新的规范等，这为教育提出了新的内容与新的发展要求。

应该加强公共教育，如公共社会知识、公共消费技法、公共秩序、公共道德等，掌握新的知识、新的技法、新的秩序和新的规范，顺应社会发展进步要求，因势利导，发展教育事业，更好地为人民生活服务。

（二）职业收入消费倾向

职业收入消费公共化是人民生活的改善，也是社会的一种进步，但存在着不良消费倾向，主要有浪费消费、超前消费、攀比消费与特异消费等，值得关注和重视。

1. 浪费消费

浪费消费指消费过程中资源或商品未能被完全合理利用，如饭菜饮食未吃完等。浪费消费在公务活动和私人消费活动中大量存在。在公务活动中，[1] 浪费型消费突出，公务活动中消费的大都不是私人物品而是公共物品，浪费消费亦较突出。

在私人消费领域，据有关调查研究显示，[2] 2015 年我国城市餐饮业仅餐桌上食物浪费量在 1700 万 ~ 1800 万吨，相当于 3000 万 ~ 5000 万人一年的食物量，浪费很大。

---

① 杨继瑞. "浪费型消费"的经济学分析［N］. 光明日报，2014 – 1 – 15
② 杨晓峰. 中国城市餐饮食物浪费报告发布［N］. 中国食品安全报，2018 – 3 – 29

2. 超前消费

超前消费指现有的收入水平不足以购买期望的商品或者劳务，为满足当前消费欲望，采取借贷、集资等方式取得资金，进行消费活动。首先，超前消费集中表现在盲目借贷方面，现代社会奢侈品、高档商品以及限量版商品消费风潮盛行，很多人盲目跟风，没有考虑自身职业收入水平以及未来还款能力，却通过借高利贷、透支信用卡、分期付款等方式提前消费。其次，超前消费表现在消费分配时间上的极端不均匀，消费时只顾当前享受，不考虑未来后果。如收到工资时，大手大脚地大肆消费，入不敷出时，再勒紧裤腰带过日子。有的不惜以损害自己的身体健康和降低饮食标准为代价也要提前享受。

3. 攀比消费

攀比消费就是基于攀比心理，不满足于现状，不甘落后于他人，甚至超越他人的心理，在消费过程中为了追求心理平衡，通过与他人的比较来确定自身消费目标。这一过程中对物品的消费超出了其实用价值，主要是为了向他人炫耀金钱、身份、地位、品位、名誉等。一般表现在物质和非物质两方面。物质方面的攀比主要集中在一些外在的、可视化的商品，如住房、汽车、首饰、电脑、手机、服饰等，这些商品价格差距悬殊。非物质方面的攀比具有虚拟性，主要为电子游戏装备、游戏等级、游戏皮肤等。

4. 违规消费

违规消费指的是违反行政法规的规定所进行的一种消费，在公务领域表现突出。据有关报道，[①] 公务领域消费的是国家的公共资源，违规消费现象主要表现在违规公款消费：公款大吃大喝、超标准接待，以各种名义互相宴请；公款旅游或者变相旅游；公款参与高消费娱乐、健身活动；借节日或以会议、活动、走访等名义滥发钱物、纪念品；超标准配备、购买、更换、装饰或者违规使用公务用车；违反规定购建、装修办公用房和配置高档办公用品；以各种名目超标准报销招待费、会议费、培训费、差旅费；用公款报销应由个人负担的费用。

5. 炫耀消费

炫耀消费主要指为了显示自身财富水平、社会地位、身份、品位，获得他人的尊重、羡慕等进行的非理性消费。托斯丹·邦德·凡勃伦（Thorstein B. Veblen）早在 1899 年就提出"炫耀性消费"的概念，并对其产生的动机进行了分析，[②] 凡勃伦指出炫耀性消费存在两种动机：一种是财富水平较高的阶

· 241 ·

---

① 违规公款消费的常见形式 [N]. 湖北日报，2015 – 10 – 15
② [美] 托斯丹·邦德·凡勃伦. 有闲阶级论：关于制度的经济研究 [M]. 蔡受百，译. 商务印书馆，2004：21 – 23，29

层通过炫耀性消费来区别于财富水平较低的阶层；另一种是财富水平较低的阶层力图通过炫耀性消费来效仿财富水平较高的阶层，以期被认为是其中一员。

中国是礼仪之邦，历来重视自身面子，炫耀过程也是自身面子的彰显过程。有些不理性的消费者为了证明自身的财富和社会地位，虽然不具备高端领域消费的能力，仍然选择购买高档住宅、豪华私家车、高端电子设备、名贵化妆品、限量奢侈品等，在结婚、丧葬、孩子上学等方面也选择炫耀性的高消费。

6. 特异消费

现代年轻消费者追求个性化，在公共化消费中主要表现为特异化的消费。特异化消费主要表现在外在可视的部分，如在发型方面，修剪个性化的怪异造型，漂染各种非主流的颜色；在服饰方面，穿着奇装异服；文身和飙车已经成为年轻消费者个性化追求的一部分。这些消费者追求特立独行，追求这种外在表现形式体现与众不同等。

二、职业收入消费倾向影响及其原因分析

职业收入消费公共化中不良倾向归根结底属于非理性消费，对消费者个人和社会有很大危害，需要高度重视，分析认清存在的原因。

（一）不良影响

以上所述的职业收入消费公共化中不良倾向，对社会和经济发展产生较大不良影响，主要有浪费资源、污染环境、促生不良经济行为和腐化社会等几个方面，负面作用很大。

1. 浪费资源

以上不良消费倾向要求增加生产，但是这种增加往往是必要需求范围之外的增加，会造成产品生产过程中过多资源被消耗。随着经济的发展、人口的不断增加、消费观念的不断变化，居民生活生产的需求增加超出了正常消费范围，造成能源、矿产、淡水、土地、森林、草原等自然资源等的巨大消耗。见表8-2，2016年我国一次能源消费总量为3053百万吨油当量，居于世界第一的水平，远超过排名第二位的美国，美国的一次能源消费总量为2272.7百万吨油当量。在能源消费构成方面，中国煤炭占比重最高，高达61.8%，除印度外，美国、俄罗斯、日本、加拿大、德国的煤炭占比维持在较低水平。从清洁能源总占比重来看，中国能源结构中清洁能源占比重仅仅19.2%，俄罗斯、加拿大清洁能源消费占比重均超过60%。中国可再生能源占比重为

2.8%，远远低于德国的11.8%，也低于美国、日本这两个发达国家。

表8-2　　　　2016年世界一次清洁能源消费排名及能源结构

国家	一次能源消费总计（百万吨油当量）	分品种能源占比（%）					
		石油	天然气	煤炭	核能	水电	可再生能源
中国	3053	19.0	6.2	61.8	1.6	8.6	2.8
美国	2272.7	38.0	31.5	15.8	8.4	2.6	3.7
印度	723.9	29.4	6.2	56.9	1.2	4.0	2.3
俄罗斯	673.9	22.0	52.2	13.0	6.6	6.3	0.0
日本	445.3	41.4	22.5	26.9	0.9	4.1	4.2
加拿大	329.7	30.6	27.3	5.7	7.0	26.6	2.8
德国	322.5	35.0	22.4	23.3	5.9	1.5	11.8

资料来源：北极星电力网，中国能源大数据报告（2018）我国能源发展概述及发展，2018-8-7

通过分析可以发现，我国在社会发展进程中大量使用能源，其中煤炭占比重最高，清洁能源占比重却处于很低水平，可再生能源使用占比重低于发达国家水平，我国存在严峻的能源耗用现状。很多生产者在生产过程中，只顾眼前利益大肆生产，大量耗用资源，未考虑到经济与社会的可持续发展问题，这样难能同大自然和谐共处，不利于建设生态文明。

2. 污染环境

不合理的消费方式，未被合理利用的消费资料，都会产生大量的生活垃圾和废弃物，破坏生存环境。随着电子商务和网络技术的发展，网上购物虽然节约了消费者的时间和金钱，给消费者带来巨大便利，但网络购物过程存在过度包装现象，商品本身需要使用塑料袋包装，运输过程中会大量使用快递包装袋和胶带，而包装袋和胶带基本都是一次性的，没有科学的处理技术，自身也无法降解，也危害环境。

同时还会增加运输部门工作量，大量能源消耗过程会产生大量污染大气的有害气体，造成整个社会的环境污染。值得关注的是伴随着我国电子商务的发展，快递行业已经成为一大新兴行业，但目前我国快递行业依然采用原始粗放的包装方式，大量使用塑料袋和胶带等进行包装。

见表8-3，我国2016年快递业共使用塑料袋147亿个，较2015年同比增加78%，较2014年环比增加163%，塑料袋使用数量和增长率十分惊人；2014~2015年快递业使用胶带增加55.35亿米，2016年胶带使用量约为3.3亿卷。还有餐饮服务业中的不合理消费造成食物资源等的大量丢弃，这样会加剧自然环境的恶化。酒店行业大量使用一次性产品，顾客消费过程结束后，这些产品由于没有科学的处理技术往往被大量丢弃，污染生存环境。

表 8-3　　　　　　　　快递行业包装物使用情况

年份 \ 项目	塑料袋总使用量（亿个）	胶带数量（亿米）
2014	55.84	114.5
2015	82.66	169.85
2016	147	—

资料来源：中华人民共和国国家邮政局。

3. 促发不良经济行为

伴随着不良消费倾向的需求，以及消费倾向当事人为了满足自己的消费倾向，采取不良经济行为，谋取不义之财。一如欺诈经济行为，主要是生产经营伪劣商品或劳务，如生产经销伪劣食品、伪劣药品，从事劣质教育、医疗、旅游劳务等，欺骗消费者，坑害人赚钱；二如贿赂经济行为，主要是利用职权和职务之便为别人办事获得财物，如牺牲单位集体利益获得回扣的钱财等；三如超负经济行为，主要是资源超负荷利用的方式增收，如汽车、渡船的超载等，多得收入。四如黑市经济行为，就是通过暗中进行的不合法的交易方式获取财富，如贩卖文物、制贩文凭、贩卖珍奇动物等，得不义之利。不良经济行为干扰破坏正常的经济秩序，造成社会生活不安全感。

4. 腐化社会

不良消费倾向有一个共同的特点，是基于个人主义的社会生活方式的追求，消费的目的不单纯是满足自身社会生活需求，消费意识与理性消费背道而驰，注重突出个人利益和虚荣心的满足，弱化勤俭节约的中华民族优秀文化，对社会有司空见惯、潜移默化的腐化作用，助长社会不良风气。

（二）原因分析

职业收入消费不良消费倾向是我国社会发展进步过程中出现的问题，有特定的致因，这里主要从人民收入、价值观念、国外影响等方面进行分析。

1. 生活改善的消费膨胀

我国改革开放 40 年来，我国人民收入大幅度提高，人们生活有了很大改善。见表 8-4，截至 2016 年，我国人均国内生产总值达到 53935 元，城镇居民恩格尔系数①由 2007 年的 36.3% 降至 2014 年的 30.0%，保持在富裕水平，2015 年和 2016 两年均实现 30% 以下。2007～2011 年，我国农村居民恩格尔系数保持在 40%～50%，位于小康水平；2012～2016 年稳定在 30%～40% 之间，属于富裕水平。

表 8－4　　　　　　　　　　人民收入增加

年份	人均国内生产总值（元）	城镇居民恩格尔系数（%）	农村居民恩格尔系数（%）
2007	20505	36.3	43.1
2008	24121	37.9	43.7
2009	26222	36.5	41.0
2010	30876	35.7	41.1
2011	36403	36.3	40.4
2012	40007	36.2	39.3
2013	43852	30.1	34.1
2014	47203	30.0	33.5
2015	50251	29.7	33.0
2016	53935	29.3	32.2

资料来源：国家统计局。

收入增加，生活富裕，有了消费公共化的支出，见表 8－5。2013～2016 年我国人民人均消费支出与可支配收入分布情况。支出方面，农村居民人均消费支出由 2013 年 7485.15 元增至 2016 年 10129.78 元，约增长 1.35 倍；城镇居民人均消费支出由 2013 年 18487.54 元增至 2016 年 23078.90 元。从可支配收入方面分析，农村居民人均可支配收入由 2013 年 9429.59 元增长到 2016 年 12363.41 元；城镇居民人均可支配收入由 2013 年 26467.00 元增长到 2016 年 33616.25 元。

随着社会经济的发展，城镇和农村居民人均可支配收入不断提高，消费者更加倾向于更高层次的需求，往往倾向于将收入用于外出求学、旅游等公共化的消费活动。与此同时，消费膨胀、张扬个性等非理性消费显现出来，成为一种不良消费现象。

---

① 恩格尔系数：恩格尔是 19 世纪的统计学家，他研究提出，一个家庭收入越少，其总支出中用于购买食物的费用所占的比例就越大，这一系数的大小反映出人的生活状况，食物支出在消费者总支出中所占的比例即为恩格尔系数。联合国依据恩格尔系数划分生活状况的标准是，恩格尔系数在 59% 以上为绝对贫困，50～59% 为勉强度日或温饱，40%～50% 为小康水平，30%～40% 为富裕，30% 以上为最富裕。

表8-5   居民人均消费支出与可支配收入   单位：元

项目	2013 年	2014 年	2015 年	2016 年
农村居民人均消费支出	7485.15	8382.57	9222.59	10129.78
农村居民人均消费支出同比增长（%）	—	12.0	10.0	9.8
城镇居民人均消费支出	18487.54	19968.08	21392.36	23078.90
城镇居民人均消费支出同比增长（%）	—	8.0	7.1	7.9
农村居民人均可支配收入	9429.59	10488.88	11421.71	12363.41
农村居民人均可支配收入同比增长（%）	—	11.2	8.9	8.2
城镇居民人均可支配收入	26467.00	28843.85	31194.83	33616.25
城镇居民人均可支配收入同比增长（%）	—	9.0	8.2	7.8

资料来源：国家统计局。

2. 生活观念变化

改革开放以来，我国经济社会发生了巨大的变化，人民的生活逐渐好起来，富裕起来了，生活观念也发生了很大的变化，崇尚个人主义的自我实现，以为钱是我自己的，想怎么花就怎么花，不考虑社会整体利益、他人和子孙后代的利益，无所顾忌，我行我素。

3. 受国外消费主义影响

消费主义指人们对物品占有和追求、重享乐的一种消费思想和行为。消费主义思潮[1]是产生于 20 世纪初的资本主义社会的一种生活方式、社会文化现象和价值观念体系，以消费至上、享受至上为显著特征。消费主义提倡不断消费，[2] 使生活水平得以提升，即不断激发大众的消费欲望，即使消费的目的并不是满足实际需要。消费主义不在于满足需要，而在于不断追求难以彻底满足的欲望。消费主义会诱导消费激情不断膨胀，追求物质满足和消费至上。

在价值观念上，消费主义重视物质享乐和眼前利益，崇尚对物质财富的过度占有和享受，视消费为人生最高目的；在行为实践上，毫无顾忌、毫无节制地消费物质资源。受到消费主义的影响，在职业收入公共化消费过程中，消费者容易不顾实际情况，只注重自身心理欲望的满足。

4. 追求短期目标

中国人自古以来注重考虑长远目标，讲求风险规避和量入为出，基于自身情况合理安排所得收入。但随着经济生活的不断提升，新一代消费者在消费过程中往往过分看重短期消费目标的实现，为了获得物质和精神方面的满足，同

---

[1] 姚崇，陈丽芬. 消费主义境遇下大学生消费观教育探析 [J]. 高教探索，2014（3）
[2] 陈立思. 社会思潮与青年教育 [M]. 北京大学出版社，2011：215

时担心错过机会而承受损失，消费观念受到严重扭曲，极易发生非理性消费行为。同时在消费过程中往往不考虑自身收入水平，单纯地追求商品或服务的效用，以获得心理满足。此外还有部分消费者讲究标新立异，为了彰显自身的社会地位与品位，获得社会认同和群体认同，在消费上过分投资。

三、职业收入理性消费保障

应高度重视职业收入消费公共化中的不良消费倾向，提倡理性消费，持续富裕生活。应从教育、经营、管理等方面做好理性消费保障。

（一）教育保障

理性消费教育的出发点是要灌输理性消费的理念，教育消费者合理支配职业收入，进行理性消费，政府、学校等应加强有关教育。

1. 政府教育

政府应该在公民教育中将理性消费理念融入其中，提高公民对于理性消费的关注度与认识度，使公民对于非理性消费的危害有所认知，引导公民进行健康合理的消费活动，既要考虑社会和谐氛围和生态文明的建设，又要推动资源节约型循环经济的发展，按照人与自然生态环境的可持续发展要求，合理安排短期消费和长期消费，不受不良消费观念的影响。政府可以综合利用社会资源，进社区、企业、校园等，对公民进行国民消费教育，引导和提升消费者理性消费意识，传播理性消费知识，引导消费者做出理性消费决策。

2. 公共宣传教育

现代社会，大众传媒的载体多种多样。除了传统的纸质媒介，新兴的互联网络媒体如微博、微信、各种社交软件已经成为社会文化传播的重要平台。有的广告宣传消费主义，传播不适宜的消费理念，甚至用劝导性的语言和富有诱惑力的画面宣传消费，应利用好大众传媒平台，做好适宜的宣传教育。

其中，媒体应该注重发挥公众人物的示范带头作用，确保报道内容的真实性与健康性，不存在夸张和渲染的成分，促进大众树立正确的消费观念。

3. 学校教育

学校应该把消费教育贯穿于学生的整个学习生涯，从幼儿园开始，把理性消费教育纳入学校课程的一部分，向学生传播理性消费理念，将其作为学校德育教育的重要组成部分，不断向学生传递和渗透理性消费意识，为学生提供思想指引和行为干预。

学校不仅要将理性消费教育引入课堂，同时要注重校园文化的建设。在大学学生自由支配生活费，但是大学生心智还没有完全成熟，容易受到外界攀比、奢侈和浪费等因素的干扰，学校可以开设关于理财和消费教育的课程，以及办相关校园文化专栏，加强宣传教育，帮助学生树立节约意识、生态环保意识和可持续发展意识等，使他们的消费保持在合理适度的范围内。

4. 家庭教育

家庭是一个人生活最基本的场所，父母是孩子的首要老师，大多数人的消费习惯和消费行为都来自家长的耳濡目染，很多消费观念和消费行为都是孩子效仿家庭成员的行为开始的。良好的家庭氛围、正确的教育方法、父母的表率及消费知识技能指点帮助等，有益于培养孩子良好的消费行为习惯，形成健康的消费心理。[1]

父母应该在消费过程中坚持合理、适度、生态、可持续的原则，基于自身实际情况作出消费的选择，反对炫耀和攀比的面子消费，给孩子起到示范作用。家长和长辈可以给予孩子小额消费支配权，适当地对孩子的消费行为予以指导和干预，引导孩子理性消费。对于家庭大额支出，家长可以鼓励孩子参与其中，引导孩子从长远发展的和务实角度思考分析，进行理性消费选择，培养孩子的理财意识。

（二）经营保障

作为提供公共化消费的经营者，如住宿、餐饮、导游等经营人员，在促进理性消费方面，应该做到合理经营，优化产品和服务。

1. 合理经营

首先应根据自己的经济特点和能力，进行细分市场，针对不同类型和层次的消费者，明晰自己的服务对象，做好自己的经营定位，制定差异化的营销策略。其次要合理运营管理，新进入的经营者要脚踏实地，注重实践学习，规范经营，走自己发展经营之路；原有经营者应不断总结经验，创新发展，提高运营品位。

2. 优化产品服务

随着职业收入消费公共化发展，市场需求多样化，消费者对于消费品类型、产品档次和个性化等方面有更多新的要求，经营者应根据需求调整产品结构，丰富产品类型，满足不同消费者的需求，建立完备的产品体系。

具体表现在要优化老产品，开发新产品。不仅仅依赖于低价策略吸引消费者，要主动创新，开发出质量层次高的产品，优化服务水平，给予消费者更高层次的享受。如酒店住宿行业要致力于营造舒适高雅的住宿环境；餐饮行业针对顾客需求改善产品品质，优化消费环境；交通运输行业在保证速度的基础

---

[1] 魏淑霞. 非理性消费与思想政治教育对策 [D]. 山东师范大学，2009

上，保证旅途过程的舒适安全；旅游行业要提高旅游产品的档次，不掺杂强制购物的因素。另外，还要提供新鲜的、优质的、人性化的贴心服务，给予消费者美好的消费享受。

（三）管理保障

还要特别重视管理保障，对非理性消费行为加强控制，以及加强市场监管。

1. 税制保障

首先应加强税制保障。消费税是国家为协调消费关系，对生产、委托加工、零售和进口的消费品征收的一种税。主要针对过度消费会对人类健康、社会秩序、生态环境等方面造成危害的特殊消费品，如奢侈品、非生活必需品，高能耗及高档消费品，以及不可再生和替代的石油类消费品，征收消费税。我国从 1994 年开始征收消费税，2006 年 4 月 1 日，对消费税进行了重新调整，对一些生活必需品不再征税，而对高档消费品如高档手表等及环境破坏严重的物品，如一次性木筷等开始征税。适宜的税制管理，是合理消费的一个根本保障。

2. 法制保障

为加强法制保障，进入 21 世纪以来，我国制定了一系列规范生产经营的法律。已经制定并实施了《中华人民共和国清洁生产促进法》《中华人民共和国可再生能源法》《中华人民共和国节约能源法》《中华人民共和国循环经济促进法》和修订的《中华人民共和国环境保护法》等法律、法规（见表 8 - 6），我国清洁生产相关法律施行年份。

· 249 ·

表 8 - 6 　　　　我国清洁生产相关法律施行年份

施行年份	法律名称
2003	《中华人民共和国清洁生产促进法》
2006	《中华人民共和国可再生能源法》
2008	《中华人民共和国节约能源法》
2009	《中华人民共和国循环经济促进法》
2010	《中华人民共和国网络商品交易及有关服务行为管理暂行办法》
2015	《中华人民共和国环境保护法》

资料来源：笔者整理。

这些法律的颁布实施，有助于规范生产者的生产经营行为，还应从消费者的角度完善相关立法。实现针对生产者，应完善资源节约法律法规体系，制定更加严格的节能、节材、节水、节电等各项国家标准，安排实施高耗能、高耗材、高耗水的落后工艺、技术和设备强制淘汰制度。严格规范生产经营与公共化消费行为，保障健康的理性消费活动。

3. 市场监管保障

在市场监管方面，为了抑制不合理消费现象，政府应该加强对消费品市场的监管。控制国外高档奢侈品的进口数量，杜绝有害产品流入消费市场；限制资源型企业对于自然资源的过度消耗，定期检查，明察暗访，对于不达标的企业，应予以严厉惩罚，规范企业的生产经营行为。

在消费公共化领域内，应制定和实施更多的国家标准和行业标准，规范市场秩序，用标准化的工作更好地推动相关行业的发展，提高公共化消费的质量和水平。同时，有关部门应该加强对网络消息的审核力度，严格规范大众媒体传播的内容，把控时尚，避免走向异端，积极引导社会消费风尚。

还应发挥行业协会的监督和协调作用，发展完善产业链条内的融合机制，协调生产经营者和消费者的利益关系，为产业融合创造良好的市场环境，保障旅游产业和新业态的持续健康发展。此外，还应该进行政策引导，矫正不理性消费，鼓励理性消费，健康发展公共化消费市场。

第九章 职业经济秩序与发展

职业经济作为基本的经济形式伴随人生存在与发展，经历原始社会以来的几千年漫长的发展历程，由简单的家庭为单位的自给自足形态转变为主要以工厂、商店、医院、学校等职能组织为单位的分工合作互为的社会服务体系，错综复杂，特别是在不断应用新科学技术与全球化发展的情况下，表现出更加复杂的存在现象，但万变不离其宗，认清秩序，因势利导，做好掌控，促进发展，更好的作为和服务社会，使人民共享美好幸福生活。

一、职业经济秩序格局

职业经济秩序是指人们的职业经济活动客观存在的关系、构成、路径和程序，表现为职业的自然社会秩序、职业的供需服务秩序与职业的国民经济秩序的不同层次的存在格局。[①]

（一）职业的自然社会秩序格局

从自然界的大视野考察人类职业经济活动现象，[②] 可以了解到，公民的职业经济活动与自然因素、社会因素广泛联系，存在着错综复杂的关系，一方面是与自然的关系，主要是利用自然资源从事职业劳作形成的关系；另一方面是与社会的关系，主要是在人与人的关系中从事职业劳作形成的关系。从人的关系产生秩序来考察，人与自然的关系先于人与人的社会关系，存在人与自然的基本关系秩序和人与社会的基本关系秩序。

1. 人与自然的基本关系秩序

职业的自然社会秩序是最基础的职业经济秩序。人是在一定的自然界的人类社会里从事职业活动的，也就是在自然社会里利用土地、水域、矿物、山林等各种自然资源，从事种植、养殖、纺织、建筑、制造等各种生产职业活动，

---

① 在齐经民，郑涛等．效在多方　益在多处——公民职业经济学［M］．经济科学出版社，2016：9 - 10、45 - 64 页中，主要从关系的视角对有关内容做了阐述，深入思考感到关系秩序是极其重要的基本问题，需要格外关注、重视和遵循，这里做了进一步的探讨。
② 齐经民．职业经济学（第2版）［M］．经济科学出版社，2004：61

以及从事教育、医疗、文艺、管理等各种劳务职业活动，获得职业收入，供给和满足社会需要，见图 9 - 1。

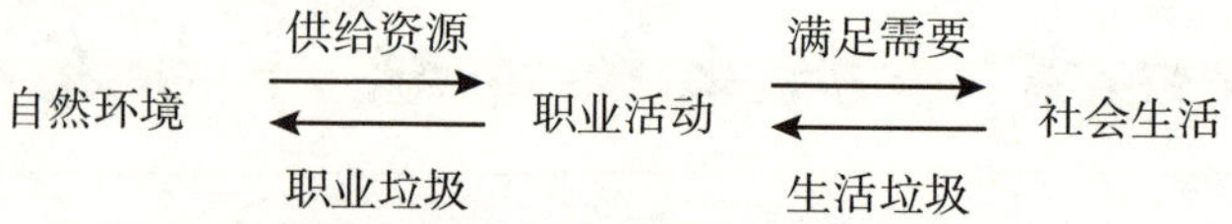

供给资源 满足需要
自然环境 ⟷ 职业活动 ⟵ 社会生活
职业垃圾 生活垃圾

图 9 - 1　职业的自然社会秩序格局

资料来源：齐经民. 职业效益讲求及评价 ［M］. 经济科学出版社，2006：26

人与自然存在着特定的基本关系秩序，分对应的两个方面，即是人对自然的依赖关系秩序与人对自然的作用关系秩序。

（1）人对自然的依赖关系秩序。人对自然的依赖关系秩序，就是人依赖于自然界的土地、阳光、空气、水、植物与动物等生态体系而存在的秩序，存在自然界的土地、阳光、空气、水、植物与动物等生态体系，就必然存在着人；反之，没有自然界的生态体系，就必然没有人。人对自然依赖关系秩序：就是先有自然界的生态体系，后有人，自然界的生态体系决定人的生存，人依附于自然界的生态体系而存在。

（2）人对自然的作用关系秩序。人对自然的作用关系秩序，就是人利用自然资源满足生活需要发生的作用于自然的关系秩序，人开发利用自然资源，并不断地改造自然界，但这是有限度的，就是不超出自然资源再生的限度，也就是不超出自然界的生态体系的自然维系能力。

2. 人与社会的基本关系秩序

人与社会存在着特定的基本关系及其秩序，也分对应的两个方面，即是人对社会的依赖关系及其秩序与人对社会的作用关系及其秩序。

（1）人对社会的依赖关系秩序。人对社会的依赖关系秩序，就是人依赖于他人而生存的关系秩序，主要有两个方面。一方面依赖血缘、婚姻关系生成的亲人，主要是亲属，有父母、夫妻、子女、祖父母、外祖父母、兄弟姐妹、伯叔父母、姑舅父母等亲属，年幼时主要依赖父母，家庭依赖夫妻，年老时主要依赖子女，有时有事也依赖兄弟姐妹等。另一方面依赖社会工作人员，主要是种植、纺织、建筑、制造、商贸、运输、通信、金融、保险、医疗、教育、旅游、环卫、管理等三百六十行的职业人员，各种职业人员分工与合作，分别从事人们生活所需要的各种东西，保障人们的需要。

（2）人对社会的作用关系秩序。就是人的生产生活作用于他人的关系秩序，人们在社会中生活，进行各种职业劳作，生产各种产品或劳务，并进行吃、穿、住、行、用、玩等消费活动，无不对社会发生作用，但不可肆意妄为，就是尊重他人、敬老爱幼等，生产生活要符合社会进步要求，因势利导，科学劳作，文明生活，推动社会发展进步。

（二）职业的供需服务秩序格局

职业的供需服务秩序是最根本的职业经济秩序。各种职业与人们社会生活需要一一对应，围绕千家万户的人们社会需要分工排列与合作组合，互为服务，各得其所，满足生活需要。见图9-2。

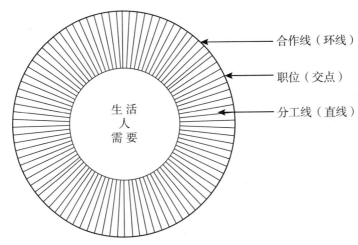

图9-2　职业的供需服务秩序格局

资料来源：齐经民，郑涛等．效在多方　益在多处——公民职业经济学［M］．经济科
学出版社，2016：46

市场经济是以分工与合作为基础的开放型经济。从业人在市场经济中同时以劳动者和消费者的"双重身份"存在，在从业中互相服务生活。[①] 作为劳动者，从业人通过专业分工在三百六十行从事劳作，生产和提供满足社会需要的商品。作为消费者，从业人通过分工劳动所获的收益去换取其他从业人的劳动成果，以满足自身的生活需要。从业人同时作为劳动者与消费者，产生了职业经济中分工与合作两种秩序。

1. 职业分工秩序

职业分工秩序，是从业人的职业与人们的社会生活需要并列排列的关系格局。从根本上说，分工秩序是人们社会生活需要与职业劳作供给对应统一的矛盾决定的。

从古至今，人们世世代代从事职业劳作，供给和满足生活需要。特定的职业劳作始终与特定的生活需要对应统一。一方面，当人们的特定生活需要增

---

① 齐经民．职业经济学（第2版）［M］．经济科学出版社，2004：64

加，原有的职业劳作不相适应，从而使职业劳作分化，与增加的社会生活需要相适应，于是就出现了新的职业分工。另一方面，随着科技进步，职业劳作不断地为社会创造新的生活需要，推动职业分工秩序不断发展。职业分工秩序不仅保证了职业劳作充分满足人们不断变化的社会生活需要，而且极大地提高了职业劳作的效率。职业分工使职业劳作者相互区别，却又将他们紧密地联系在一起，对应并立，区分存在，见图9-3。①

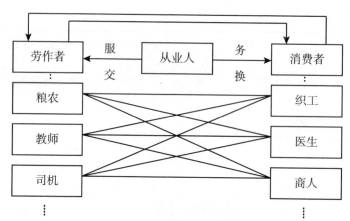

图9-3 从业人的双重身份及其服务关系

资料来源：齐经民. 职业经济学（第2版）［M］. 经济科学出版社，2004：64

分工是社会发展到一定阶段的产物，并随着社会的发展不断细化和深化。起初人类社会只是简单的行为方面的分工，后来由于人的需要、禀赋等因素开始出现了自发地分工，并逐步发展成为专业化的社会大分工，产业革命后快速发展，大大提高劳作效率。

进入现代社会以后，分工关系不断复杂和深化，细分到产业、行业、企业等，任务明确到每一个人，分工秩序规范了职业经济活动，提高了整个社会劳作效率，改善社会人民生活。

2. 职业合作秩序

职业合作秩序，是指从业人在职业合作活动中形成的关系格局，是从业人的职业围绕人们社会生活需要相互联系与配合，这是在职业分工的基础上实现和满足人们生活需要的必然要求，是由职业分工出现的矛盾决定的。一方面，职业分工使职业独立化发展，以适应人们不断变化的专门社会生活需要；另一方面，职业分工使得职业失去了独立地适应和满足人们生活需要的能力。为了满足生活需要，大家通过职业联系，互相合作，分别共同进行和完成千家万户的社会消费者

① 齐经民. 职业经济学（第二版）［M］. 经济科学出版社，2004：64

所需要的产品或服务，在职业合作的相互关系中共同适应和满足人们的各方面社会生活需要。

从业人的职业合作秩序，就是从业人在职业围绕人们社会生活需要的合作中，相互联系与配合的关系。其中，相互联系和配合包括在原材料供给、产品加工或生产、销售、劳务等方面职业之间的联系与配合，还如医生、检验员、护士等医疗职业之间的联系与配合等。

职业分工与合作的秩序是一个不断发展的过程，分工与合作不断深化，从地区性的分工与合作，发展到全国，到目前的国际化优化资源配置，实现效率和效益最大化。

（三）职业的国民经济秩序格局

职业的国民经济秩序是最复杂的职业经济秩序，它是职业分工合作、相互关联、共同作用形成的关系和结构，表现为覆盖全社会的错综复杂的庞大的社会经济体系的存在格局，见图9-4。

职业单位是最基本的组成因素，职业单位构成职业集体组织，职业集体组织构成行业，行业是产业的组成部分和存在形式，产业构成国民经济体系。由此可知，国民经济是由职业单位构成的高楼大厦。每个方格意为职业单位，每行方格意为行业，每层方格意为产业，整体意为国民经济体系。

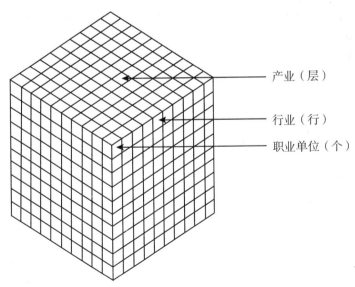

图9-4 职业的国民经济秩序格局

产业（层）

行业（行）

职业单位（个）

资料来源：齐经民，郑涛等. 效在多方　益在多处——公民职业经济学［M］. 经济科学出版社，2016：51

　　职业组织单位是由从业人分工与合作组成的共同进行劳作活动的职业集体组织，如农场、工厂、商场、银行、宾馆、医院、学校等，其中，包括农业、工业、建筑业、交通运输业、商业、金融业、教育业、医疗业、管理业等不同行业部门的职业组织单位。它的出现要比个体职业晚，是在生产发展、科技进步、分工与合作社会化的推动下产生的，当个人无力完成或做好一项事业的情况下，就出现由多人组成的职业集体组织单位，大家分工合作共同来做事业，大规模的出现是在产业革命以后，现在已是主要的职业存在形式。

　　行业与产业是职业系统存在的形式。行业是职业的类别，由职业单位组成的职业存在系统，也就是行业。它是随着个体职业、职业组织的出现与发展变化出现的职业存在形式。职业系统比较复杂，因组成的职业单位的差异，可分为简单行业与复合行业。

　　简单行业是指由各个同种个体职业单位组成的职业存在体系，这也是一种古老的传统的职业存在形式。复合行业是指由同种或同类职业组织单位组成的职业存在体系。如当代社会的食物生产行业、服装生产行业、建筑行业、汽车生产行业、医疗行业、教育行业，等等。复合行业的复合性就在于包含了不同的职业，是不同的职业的组织体系。

　　复合行业实际是主业相同的产业，它是同种或同类职业组织单位组成的职业体系，特别是含有大型企业集团的复合行业，职业人员众多，职业单位的复合性大，内含的行业多，是三大产业中的具体的产业部门。

　　产业是指各种生产经营的事业，包括三百六十行的各行各业。三大产业是国际通用的一种产业分类，主要根据产业发展先后次序与关系，把产业划分为三大类。第一产业是最先产生的产业，主要是大农业方面的产业，细分为种植业、林业、牧业、渔业，其产品是自然性的物品。第二产业是基于第一产业产生的产业，主要是工业等方面的产业，细分为制造业、采掘业、建筑业和电力、燃气、水的生产和供应业，其产品是加工创造的物品。第三产业是基于第一产业、第二产业出现的商业等方面的产业，包括第一产业、第二产业之外的所有行业，其产品是劳务。

　　国民经济事业都姓"公"。从构成来说，国民经济是各种职业、各种行业、各种产业构成的机体，无论是什么职业、什么行业、什么产业，说到底都是人们从事的事业。长期以来，一直存在着企业与事业，以及服务行业或服务业的区分。事实上，所有为人们社会生活服务的职业组织单位从事的事业，都是社会公共事业，都是服务行业。

　　基于职业单位形成的国民经济是庞大的复杂的人类社会机体，它的功能是进行人们社会生活需要的产品和劳务的劳作，供给和满足人们社会生活需要，这种国民经济功能是职业功能的集成。

　　在人们的职业劳作供给与社会生活需要的对应统一的发展变化中，形成了主要以家庭为基本单位的社会生活需求体系与主要以职业为基本单位的国民经济供给体系，成为现代人类社会的有机构成，国民经济供给体系决定人们生活状况与社会的发展进步。

二、职业经济关联发展

伴随着职业分工的不断细化，职业间的关联度也不断增强，这一点可以从我国国民经济三大产业部门直接消耗系数的变化体现出来。

直接消耗系数，是指某一部门（如 j 部门）在生产经营过程中单位总产出直接消耗各部门（如 i 部门）的产品或服务的数量。直接消耗系数记为 a_{ij}，其计算方法是依据投入产出表的数据，用 j 产品部门的总投入（X_j）去除该部门生产经营中所直接消耗的第 i 产品部门的产品或服务的数量 X_{ij}。其计算公式为：

$$a_{ij} = X_{ij}/X_j \qquad (9-1)$$

其中：a_{ij} 的取值范围介于 $0\sim1$ 之间；a_{ij} 越大，说明第 j 部门对第 i 部门的直接依赖越强；a_{ij} 越小，说明第 j 部门对第 i 部门的直接依赖越弱。

直接消耗系数反映了国民经济各部门之间的联系程度。随着科学技术的进步，劳动者素质的不断提高，以及职业分工的不断专业细化，直接消耗系数会随之发生变化。对于这种有规律的变化，通过计算分析直接消耗系数的变化，有助于我们分析预测职业发展间的关联趋势。

通过不断细化的职业分工，人们各司其职，同时劳动效率也不断提高，最终带来整个社会经济效率的不断提高。而在这个过程中，合作与分工是相辅相成的，分工带来的经济效率的提高需要合作才能实现，而这也就是职业发展的关联趋势不断增强的原因所在。

自改革开放以来，我国编制了 1987 年、1990 年、1992 年、1995 年、1997 年、2000 年、2000 年、2005 年、2007 年、2010 年和 2012 年的投入产出表，由于数据的可获取性问题，这里主要从 1987 年、1992 年、1997 年、2002 年、2007 年以及 2012 年的中国三大产业部门直接消耗系数矩阵了解行业关系，见表 9 – 1。

表 9 – 1　　　　　　　中国三大产业部门直接消耗系数

年份	产业	一	二	三	行和
1987	一	0.14725	0.08475	0.02405	0.08492
	二	0.13142	0.49718	0.24423	0.38378
	三	0.03651	0.08431	0.14132	0.08614
	列和	0.31518	0.66624	0.40960	0.55484

年份	产业	一	二	三	行和
1992	一	0.13928	0.06939	0.01468	0.06511
	二	0.15677	0.51125	0.27753	0.40630
	三	0.05972	0.13257	0.19925	0.13942
	列和	0.35577	0.71320	0.49145	0.61083
1997	一	0.16064	0.06553	0.01769	0.06711
	二	0.18691	0.53906	0.26916	0.43826
	三	0.05309	0.09604	0.18990	0.11067
	列和	0.40064	0.70062	0.47675	0.61604
2002	一	0.16225	0.05336	0.01627	0.05213
	二	0.17644	0.52799	0.24915	0.41205
	三	0.07939	0.12950	0.20297	0.14703
	列和	0.41808	0.71084	0.46839	0.61121
2007	一	0.14066	0.04314	0.01325	0.04194
	二	0.20984	0.63157	0.25061	0.51689
	三	0.06334	0.09243	0.20133	0.11628
	列和	0.41384	0.76714	0.46519	0.67510
2012	一	0.13778	0.04541	0.01028	0.04074
	二	0.22654	0.61339	0.19713	0.47532
	三	0.05015	0.11188	0.25609	0.14878
	列和	0.41447	0.77067	0.46350	0.66484

资料来源：王天营，王嗣琦著《中国三次产业部门投入产出直接消耗系数预测研究》，其是根据相应年份中国产品部门投入产出流量表（国家统计局发布）测算得出，表中每一个元素都表示相应的产品部门为生产单位总产出对其他或自身产品或服务的直接消耗。

根据表9-1，作出图9-5中国三大产业部门直接消耗系数的变化图，从图9-5中，可以整体看出，中国三大产业部门直接消耗系数长期缓慢增长的趋势，说明从长期来看，我国三大产业部门之间的关联度在不断增加；其次，从截面数据的角度来看，我国三个产业部门明显对第二产业的依赖性最强，其次是第一产业，说明目前第二产业在我国的经济发展过程中仍然居于主导地位；最后，从发展趋势来看，1987年，第一、二、三产业对第三产业的消耗系数分别为0.03651、0.08431、0.14132，到2012年增长为0.05015、0.11188、0.25609，分别增长了37.36%、32.70%、81.21%，第一、二、三产业对第三产业的消耗系数在快速增加。由此可知，三次产业互相促进，关联发展，形成了庞大的产业体系，也就是职业有序形成的国民经济体系，关系整个国计民生，协调发展，社会繁荣，国家富强。

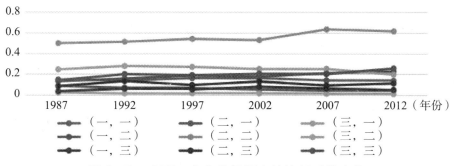

图9-5　中国三大产业部门直接消耗系数变化

资料来源：笔者整理。

三、职业经济发展作为

从业的职业人是主要的社会主体，作为社会劳作者，不仅养活自己及其家人，还增强了国力，改善了民生。据国家统计局资料，2017年末我国总人口13.9008亿人，城镇人口8.1347亿人，农村人口5.7661亿人。其中，从业人员7.7640亿人，分布于三百六十行的各行各业，创造各种社会财富，富民强国。职业经济是国计民生的命脉，对国民经济与社会发展做出巨大贡献。

（一）国家富强贡献作为

我国改革开放以来，种植、养殖、畜牧、纺织、建筑、制造、运输、商贸、教育、医疗等一系列职业迅猛发展，职业劳作者不断创造增加财富，为社会创造积累巨量的财富，国家富强。如从2017年与改革开放初始的1978年两个不同年份创造的财富价值总量比较，见表9-2。

40年间，财富巨量增加。国民总收入增加到825016亿元，国内生产总值增加到827122亿元，第一产业增加值增加到65468亿元，第二产业增加值增加到334623亿元，第三产业增加值增加到427032亿元，人均国内生产总值增加到59660亿元。国民总收入增加224.27倍，国内生产总值增加224.84倍，第一产业增加值增加64.28倍，第二产业增加值增加190.65倍，第三产业增加值增加471.82倍，人均国内生产总值增加154.96倍，民富国强。

表9-2 2017年与1978年创造的财富价值总量比较

内容	国民总收入（亿元）	国内生产总值（亿元）	第一产业增加值（亿元）	第二产业增加值（亿元）	第三产业增加值（亿元）	人均国内生产总值（元）
1978年	3678.7	3678.7	1018.5	1755.2	905.1	385
2017年	825016	827122	65468	334623	427032	59660
增加倍数	224.27	224.84	64.28	190.65	471.82	154.96

资料来源：国家统计局与笔者计算。

同时，公共收支大幅度增加。见表9-3，2016年与1978年财政收支比较，一般公共预算收入增加到159605亿元，增加140.99倍；一般公共预算支出增加到197755亿元，增加176.25倍。2017年，一般公共预算收入172567亿元，比上年增长7.4%，可以预期一般公共预算支出也会有相当幅度的增加。公共事业得到很大发展，公共需求得到很大改善，公共利益得到很大满足。

表9-3 2016年与1978年财政收支比较

内容	财政收支（亿元）	
	一般公共预算收入	一般公共预算支出
1978年	1132	1122
2016年	159605	197755
增加倍数	140.99	176.25

资料来源：国家统计局与笔者计算。

（二）人民生活改善作为

政通民心，百业俱兴，各种职业大力发展，人民的收入大幅度增加，城乡人民生活有了很大的改善和提高，农村居民生活由改革开放初期的贫困状态，城镇居民生活由改革开放初期的温饱状态，总体提高到了富裕程度。见表9-4，2017年与1978年居民收入比较，城镇居民人均可支配收入36396元，增加106.73倍；农村居民人均可支配收入13432元，增加100.24倍。

表9-4　　　　　　　2017年与1978年居民收入比较

内容	城镇居民人均可支配收入（元）	农村居民人均可支配收入（元）
1978 年	341	134
2017 年	36396	13432
增加倍数	106.73	100.24

资料来源：国家统计局与笔者计算。

2017年，人均消费支出18322元，比上年增长7.1%；城镇居民人均消费支出24445元，比上年增长5.9%；农村居民人均消费支出10955元，比上年增长8.1%。恩格尔系数为29.3%，比上年下降0.8个百分点，其中城镇为28.6%，农村为31.2%。消费结构见图9-6的2017年我国居民人均消费支出及其结构，生活全面改善，总体上达到富裕水平，上了新台阶。

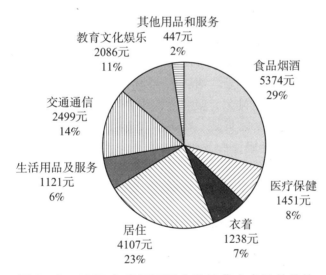

图9-6　2017年我国居民人均消费支出及其结构

资料来源：国家统计局。

四、职业经济发展变化

职业经济作为国计民生的基本的经济形式，伴随人生存在，在不同的时代，表现出不同的状态，有其特定的原因，按照它自己的秩序和规律发展变化。

（一）职业发展变化概况

我国是个文明古国，从古至今，职业就伴随人生，世世代代，传承创造或创新，持续发展变化，从原始到现代经历几千年，职业在不断细化和变更中增加，展现出多种多样的职业形式。

1. 近代以前职业发展

古代时期，最早人们从事的原始职业主要有采集、狩猎、捕鱼，继之是饲养、种植和手工业等，如牧马人、牧羊人就是早期的职业劳作者，后来商业等成了流行的职业，并逐步发展达三百六十行之多。

据有关研究①，在我国历史上，有三十六行、七十二行、三百六十行之说。唐代时人称三十六行，这些行业是：酒行、肉行、米行、茶行、柴行、纸行、巫行、海味行、鲜鱼行、酱料行、花果行、汤店行、药肆行、官粉行、成衣行、珠宝行、首饰行、文房行、用具行、棺木行、针线行、丝绸行、仵作行、驿传行、铁器行、玉石行、顾秀行、扎作行、皮革行、网行、花纱行、杂耍行、鼓乐行、故旧行、陶土行、新兴行。徐珂《清稗类钞·农商行》上说：三十六行者，种种职业也。到了宋代，行业发展，人称七十二行；至明代，惯称三百六十行。

至今，我国仍有三百六十行的习惯说法，当然这只是一种习惯之说，而非实指职业之类别。并还有行业祖师的流传。诸如：染纺业，葛洪；理发业，吕洞宾；豆腐业，乐毅；梨园业，唐明皇；评话业，柳敬亭；中医业、华佗；中药业，李时珍；茶叶业，陆羽；裁纫业，轩辕氏；蚕丝业，嫘祖；织布业，黄道婆；铁匠业，李老君；木匠业，鲁班；竹匠业，泰山；造纸业，蔡伦；制笔业，蒙恬；酿酒业，杜康；占卜业，鬼谷子；星相业，柳庄；风水业，刘伯温等。

近代时期，特别是在产业革命以后，在畜牧业、种植业、手工业、商业发展的同时，纺织业、交通业、制造业、冶金业、化工业、造纸业、通信业、广告业、教育业、科研业、医疗业、金融业、保险业等各行各业迅速发展起来，新职业成千上万，职业出现了前所未有的大发展。

2. 现代职业发展

现代时期，职业全方位的细化发展。特别是在中国，改革开放以后，政通民心，百业俱兴，职业空前发展和繁荣，出现了许许多多的新职业，诸如职业介绍职业、快餐职业、干洗职业、搬迁职业、房地产职业、陪护职业、游艺职业、打印职业、健身职业，等等。现在，各种职业围绕人们生活需要，分工排列与合作组合，形成了职业与人们生活需要的对应统一、紧密联系的社会职业经济体系。

《中华人民共和国职业分类大典》（以下简称《大典》）将我国职业划分为

---

① 王本泉. 三百六十行探源［N］. 中国劳动人事报，1988 – 4 – 6

8 个大类，每个大类下又包含中类、小类和细类。表 9-5 是 2015 年版《大典》与 1999 年版《大典》职业分类体系对照，与 1999 年第一版相比，新增 347 个职业，消失 894 个职业，体现了职业与人们的需求的相对应变化。其中，一些传统职业走向衰落，另一些新兴职业蓬勃发展，比如，在涉及第二产业的"生产制造及有关人员"大类中减少了 24 个小类、526 个职业，同时在涉及第三产业的"专业技术人员"和"社会生产服务和生活服务人员"大类中，职业数量分别增加了 11 个和 81 个。

表 9-5　1999 年版《大典》与 2015 年版《大典》职业分类体系对比

1999 年版《大典》				2015 年版《大典》			
大类	中类	小类	细类（职业）	大类	中类	小类	细类
第一大类　国家机关、党群组织、企业、事业单位负责人	5	16	25	第一大类　党的机关、国家机关、群众团体和社会组织、企事业单位负责人	6	15	23
第二大类　专业技术人员	14	115	440	第二大类　专业技术人员	11	120	451
第三大类　办事人员和有关人员	4	12	53	第三大类　办事人员和有关人员	3	9	25
第四大类　商业、服务业人员	8	43	197	第四大类　社会生产服务和生活服务人员	15	93	278
第五大类　农、林、牧、渔、水利业生产人员	6	30	135	第五大类　农、林、牧、渔业生产及辅助人员	6	24	52
第六大类　生产、运输设备操作人员及有关人员	27	195	1176	第六大类　生产制造及有关人员	32	171	650
第七大类　军人	1	1	1	第七大类　军人	1	1	1
第八大类　不便分类的其他从业人员	1	1	1	第八大类　不便分类的其他从业人员	1	1	1
合计	66	413	2028	合计	75	434	1481

资料来源：《中华人民共和国职业分类大典》。

　　我国人力资源和社会保障部陆续发布了十二批新职业①，主要集中在核心制造业、现代服务业以及信息产业，反映了职业发展实况。

　　（1）2004年8月19日，发布第一批9个新职业，即形象设计师、锁具修理工、呼叫服务员、水生哺乳动物驯养师、汽车模型工、水产养殖质量管理员、汽车加气站操作工、牛肉分级员、首饰设计制作员。

　　（2）2004年12月2日，发布第二批10个新职业，即商务策划师、会展策划师、数字视频（DV）策划制作师、景观设计师、模具设计师、建筑模型设计制作员、家具设计师、客户服务管理师、宠物健康护理员、动画绘制员。

　　（3）2005年3月31日，发布第三批10个新职业，即信用管理师、网络编辑员、房地产策划师、职业信息分析师、玩具设计师、黄金投资分析师、企业文化师、家用纺织品设计师、微水电利用工、智能楼宇管理师。

　　（4）2005年10月25日，发布第四批11个新职业，即健康管理师、公共营养师、芳香保健师（SPA）、宠物医师、医疗救护员、计算机软件产品检验员、水产品质量检验员、农业技术指导员、激光头制造工、小风电利用工、紧急救助员。

　　（5）2005年12月12日，发布第五批10个新职业，即礼仪主持人、水域环境养护保洁员、室内环境治理员、霓虹灯制作员、印前制作员、集成电路测试员、花艺环境设计师、计算机乐谱制作师、网络课件设计师、数字视频合成师。

　　（6）2006年4月29日，发布第六批14个新职业，即数控机床装调维修工、体育经纪人、木材防腐师、照明设计师、安全防范设计评估师、咖啡师、调香师、陶瓷工艺师、陶瓷产品设计师、皮具设计师、糖果工艺师、地毯设计师、调查分析师、肥料配方师。

　　（7）2006年9月21日，发布第七批12个新职业，即房地产经纪人、品牌管理师、报关员、可编程序控制系统设计师、轮胎翻修工、医学设备管理师、农作物种子加工员、机场运行指挥员、社会文化指导员、宠物驯导师、酿酒师、鞋类设计师。

　　（8）2007年1月11日，发布第八批10个新职业，即会展设计师、珠宝首饰评估师、创业咨询师、手语翻译员、灾害信息员、孤残儿童护理员、城轨接触网检修工、数控程序员、合成材料测试员、室内装饰装修质量检验员。

　　（9）2007年4月25日，发布第九批10个新职业，即衡器装配调试工、汽车玻璃维修工、工程机械修理工、安全防范系统安装维护员、助听器验配师、豆制品工艺师、化妆品配方师、纺织面料设计师、生殖健康咨询师和婚姻家庭咨询师。

---

① 人力资源和社会保障部陆续发布的十二批新职业。

（10）2007 年 11 月 22 日，发布第十批 10 个新职业，即劳动关系协调员、安全评价师、玻璃分析检验员、乳品评鉴师、品酒师、坚果炒货工艺师、厨政管理师、色彩搭配师、电子音乐制作师、游泳救生员。

（11）2008 年 5 月 28 日，发布第十一批 8 个新职业，即动车组司机、动车组机械师、燃气轮机运行值班员、加氢精制工、干法熄焦工、带温带压堵漏工、设备点检员、燃气具安装维修工。

（12）2009 年 11 月 12 日，发布第十二批 8 个新职业，即皮革护理员、调味品品评师、混凝土泵工、机动车驾驶教练员、液化天然气操作工、煤气变压吸附制氢工、废热余压利用系统操作工、工程机械装配与调试工。

这些新职业的产生说明我国的职业结构正在发生很大变化，从以传统的第二产业为主逐渐转变为以第三产业为主方向发展，形成了庞大的社会职业经济体系。

（二）职业生存与发展变化的原因

职业生存与发展，无不遵循职业经济秩序，同时有特定的原因，而且是在多种原因共同作用下发生变化。①

1. 生活需要

人类生活需要吃的、穿的、住的、行的等各种东西，为此，人们从事各种职业，种植谷物，织做衣服，盖建房屋，制造器具等，通过职业劳作获得生活需要的各种东西，供给和保障生活。

当从业人针对社会生活需要，与某一特定的劳作资料组合配置，成为一个劳作单位，从事社会生活需要的职业劳作，形成了与社会生活需要对应稳定的统一关系，一种职业就生成了。职业随人们生活需要应运而生，当人们生活需要发生了变化，职业也随之变化。

2. 交换

交换促进职业生成与发展变化。人们在交换中发现，通过交换可以得到自己需要的东西，并从中获利，用不着样样都自己劳作，可以选择从事对自己更有利的某一项专门劳作的职业。依着互通有无、互相交易的一般倾向，好像把各种才能所生产的各种不同产物，结成一个共同的资源，各个人都可以从这个资源随意购取自己需要的别人生产的物品。② 从而促进人们的职业分工，选择从事新的职业。

而且，通过互惠的物品和劳务交换，个人可以根据自己的体力、智力、教

① 齐经民. 职业经济学（第二版）[M]. 经济科学出版社，2004：69 – 72
② [英] 亚当·斯密著（郭大力，王亚南译）. 国民财富的性质和原因的研究（上卷）[M]. 商务印书馆，1972：16

育、经验及可以支配的自然资源，全力从事最适合自己的职业。①

3. 劳作分工

劳作分工直接导致新职业生成与职业分化发展。历史上的三次大分工，使畜牧业、种植业、手工业、商业分化发展起来，个人被相应地限制在特殊职业范围内②。

在公元前 12 世纪至 8 世纪的希腊"荷马时代"，手工业开始同农业分离了，铁匠、瓦匠、皮革匠、木匠、陶工等许多手工业者都已经产生了。③

在中国商代前期，铸铜、制陶、制骨等手工业不仅已从农业中分化出来成为独立的生产部门，而且在各行手工业内部也有一定分工；到了后期，手工业更大规模地从农业中分化出来。从考古发掘资料来看，其专业有青铜冶铸业、制陶业、兵器制造业、骨器业、玉石工艺业，还有皮革、竹木、舟车、建筑等。各种工匠见之于文献记载的有陶工、酒器工、椎工、旗工、绳工、马缨工等，每个专业生产部门中还有更细的分工，如青铜冶铸工艺就有采料、配料、冶炼、制模、制范、浇铸修整等一系列程序和分工。周代手工业在商代基础上又有进步，种类增多，分工更细致，因而号称"百工"。④

到了近现代，劳作分工越细，职业越分化发展。显然，劳作分工促进职业生成与职业分化发展。

4. 科学技术

科学技术发展进步，导致职业分化发展与新职业产生。如指南针的发明，推动了航海业的发展；印刷术的发明，推动了造纸业的发展；电的发明，不仅改变人类的照明，而且使通信业分化发展，分化生成了电话业、电报业，又导致生成了电能、电影、电视、电脑等有关电的新职业。科学技术是推动职业生成与发展变化的强大杠杆。

5. 劳作资料

劳作资料的发明创造或改进创新，推动职业分化发展与新职业生成。如火车、汽车、轮船、飞机等交通器具的发明创造，导致了交通运输业的改观和分化发展，生成了铁路交通运输业、水路交通运输业、航空交通运输业等；再如机器人的出现，引发了职业组织及其劳作方式等方面的深度变化。

6. 职业联系

职业联系推导职业生成与发展变化。如以商业为例。商业是在畜牧业、种植业等职业劳作有了剩余的基础上生成的；而商业活动又导致广告业的生成，

·266·

---

① ［德］弗里德利希·李斯特著（阳春学译）. 政治经济学的自然体系［M］. 商务印书馆，1997：25
② ［德］卡尔·马克思. 资本论（第 1 卷）［M］. 人民出版社，1975：389
③ 李纯武等. 简明世界通史（上册）［M］. 人民出版社，1981：88
④ 杜石然等. 中国科学技术史稿（上册）［M］. 科学出版社，1982：56 – 57

同时它还要求改善交通运输业；而改善交通运输业，一方面要求修路筑桥，另一方面又要求改善交通运输工具，这就要求建筑业、制造业等相关职业的发展。如此等等。

7. 社会规范

社会规范是指国家或社会组织制定的法律、规定等规范。法规、规定等规范对职业生成与发展变化具有很大的硬性作用。如法律明文规定，不准毒品买卖，因此，毒品买卖职业不可大量生存发展。

8. 环境资源

职业依赖环境资源生存发展，环境可谓是职业生存的土地，资源可谓是职业生存的粮食，如土地支持谷物生产、水域支持渔业生产、草原支持牧业生产等。环境资源既支持职业生存发展，又限制职业生存发展，如在环境资源优越的情况下，环境资源支持职业生存发展；而在环境资源恶化的情况下，环境资源限制职业生存发展。

（三）职业生存发展秩序和规律性

上述可知，职业伴随人类社会生活需要而生存，由生活需要激发诱导，在交换、劳作分工、劳作资料、科学技术、职业联系、社会规范、环境资源等因素的共同作用下，生成、发展和变化，各种职业与人们社会生活需要一一对应，围绕千家万户的人们社会需要分工排列与合作组合，以个体、农场、工厂、商场、学校、医院、政府等组织形式，分成三百六十行与三大产业，构成错综复杂的国民经济体系，围绕人们社会生活需要，从事各种社会事业，供给、满足和保障人们的社会生活，并以物质生产职业为基础向非物质生产职业分化发展，呈现出全方位、多层次、细化的发展趋势和规律性。

·267·

在现代社会，随着高科技迅猛发展，职业技术手段发生了很大的变化，突出表现在智能机器人的制造和使用，使职业劳作方式发生了巨大的变化，智能机器人不断替代从业人在岗操作，改变劳作态，极大地提高劳作精度和劳动效率，已出现无人操作的作业厂区，有些危险岗位由智能机器人作业，对于解放人力和避免危险性，是生产发展的文明进步。

但无论智能机器人发展的多么高超，它作为人的劳作产品，受人的支配控制是不会改变的，会对人的职业作为方式产生深远影响。职业的自然社会秩序、职业的供需服务秩序与职业的国民经济秩序不会改变，智慧便民益民只会在这些不同层次秩序格局中发挥作用，更好改善生活，使人们的生活更加丰富多彩，造福民生。

主要参考文献

［1］齐经民．职业经济学［M］．兰州大学出版社，1992

［2］齐经民．职业经济学（第2版）［M］．经济科学出版社，2004

［3］齐经民，等．职业效益讲求及评价［M］．经济科学出版社，2006

［4］齐经民，郑涛等．效在多方益在多处——公民职业经济学［M］．经济科学出版社，2016

［5］老子．道德经全集（1~4卷）［M］．万卷出版社，2009

［6］饶尚宽译著．老子［M］．中华书局，2010

［7］阂家胤．西方文化概念面面观［J］．国外社会科学，1995（2）

［8］王仲士．马克思的文化概念［J］．清华大学学报（哲学社会科学版），1997（1）

［9］李德顺．什么是文化［N］．光明日报，2012-3-26

［10］仰海峰．文化哲学视野中的文化概念——兼论西方马克思主义的文化批判理论［J］．南京大学学报（哲学、人文科学、社会科学），2017（1）

［11］杨柳．人的全面发展视域下的职业文化建设［J］．高等教育研究，2013（7）

［12］刘梦溪．中华文化是个大包容概念，人民日报［N］.2015-6-16.理论版

［13］王炳照，郭齐家，刘德华等编．简明中国教育史［M］．北京师范大学出版社，2008

［14］王天一，夏之莲，朱美玉．外国教育史上册［M］．北京师范大学出版社，1984

［15］齐经民，李晓彤．高校教育的双重性及其双重性教育研究［J］．淮海工学院学报，2015（2）

［16］邓纯东，冯颜利．深刻认识毛泽东"古为今用，洋为中用"思想的重要意义［N］．光明日报，2013-12-22

［17］李宝元．现代职业生涯管理学［M］．北京师范大学出版社，2017

［18］黄凯南，何青松，程臻宇．演化增长理论：基于技术、制度与偏好的共同演化［J］．东岳论丛，2014，35（2）

［19］齐经民，刘翠娟．职业人力及其适用限度与利用管理探讨［J］．西北人口，2002（4）

［20］闫国兴，齐经民．高层次科技人才能力与环境因素关系研究［J］．企业经济，2014（5）

［21］房俊峰，赵培红，谢姝琳．人力资本投资收益的区际差异：指数化分析及实证——以我国东部沿海6个城市群为例［J］．城市发展研究，2010，17（12）

［22］赵儒煜．智人时代：预期支配的市场原理［M］．吉林大学出版社，2017

［23］吴中海．中国新经济驱动力之大数据与人工智能［J］．政治经济学评论，2018（4）

［24］张磊．新型城镇化视角下现代商贸业发展的机遇与对策［J］．商场现代化，2014（2）

［25］刘新建．系统评价学［M］．中国科学技术出版社，2006

［26］刘新建．系统评价领域硕士学位论文的规范要求探讨［J］．学位与研究生教育，2011（6）

［27］刘新建．层位评价理论——一种合理的评价思想［J］．中国管理科学，2003，1（s1）

［28］陈立思．社会思潮与青年教育［M］．北京大学出版社，2011

［29］［美］托斯丹·邦德·凡勃伦．有闲阶级论：关于制度的经济研究［M］．蔡受百译．商务印书馆，2004

［30］杨晓峰．中国城市餐饮食物浪费报告发布［N］．中国食品安全报，2018.3.29

［31］姚崇，陈丽芬．消费主义境遇下大学生消费观教育探析［J］．高教探索，2014（3）

［32］陈立思．社会思潮与青年教育［M］．北京大学出版社，2011

［33］王本泉：三百六十行探源［N］．中国劳动人事报，1988－4－6

［34］［英］亚当·斯密著（郭大力、王亚南译），国民财富的性质和原因的研究（上卷）［M］．商务印书馆，1972

［35］［德］弗里德利希·李斯特（阳春学译）．政治经济学的自然体系［M］．商务印书馆，1997

［36］［德］卡尔·马克思．资本论（第1卷）［M］．人民出版社，1975

［37］李纯武等．简明世界通史（上册）［M］．人民出版社，1981

［38］杜石然等．中国科学技术史稿（上册）［M］．科学出版社，1982

后　记

职业经济解析——国计民生基本问题研究，在它的姐妹篇《效在多方　益在多处——公民职业经济学》在 2016 年 5 月出版后不久，于当年暑期就组织人员着手研究，面对实际存在的现象问题，从学术的较高要求开展研究，要求把定性与定量结合起来，深入探讨，实事求是，进行实证分析，立论观点，于2018 年 9 月初完稿。

这又是我们燕山大学职业经济研究团队成员一起努力完成的，主要成员有刘新建老师、房俊峰老师、胡月秀老师，以及我的研究生陈建伟、曹克波、杨诗维，还有我在燕山大学指导过的现为中国人民大学研究生屈亦融、东北财经大学研究生赵贤，是大家不懈努力研究探讨的结果。

按照目录顺序排列，分工研究内容：第 1 章，职业文化培养，齐经民；第2 章，职业配置分析，房俊峰；第 3 章，商贸职业经营，胡月秀；第 4 章，员工职业效益影响因素，齐经民、杨诗维；第 5 章，管理职业效益影响因素，齐经民、曹克波；第 6 章，职业效益评价，刘新建；第 7 章，员工职业效益评价，齐经民、陈建伟；第 8 章，职业收入消费公共化与消费倾向，齐经民、赵贤；第 9 章，职业经济秩序与发展，齐经民、屈亦融。

先要感谢刘新建、房俊峰、胡月秀三位老师，做出的努力和贡献。刘新建老师在此期间还忙于国家社科基金项目研究与出版专著事宜，承担着多门研究生等教育工作，经济与评价研究成果显著；他积极参加研究，还帮助对第 4 章、第 5 章内容进行调理等。房俊峰老师担任燕山大学经济管理学院科研科负责人，副研究员，工作一直繁忙，既支持又参入研究。胡月秀老师兼任经济系副主任，承担着有经济学与国际贸易两个专业的 20 多名教师的本科教学组织与实施的教育运行管理，工作繁忙具细，仍然坚持不懈努力，完成分担的内容。

还要感谢陈建伟、曹克波、杨诗维、屈亦融、赵贤几位研究生的作为与贡献。陈建伟、曹克波、杨诗维是我同时招收的企业管理研究生，使得我多年想进一步研究职业效益影响因素与职业效益评价同时展开，分别作为三人的论文选题，从研究题目、入口、方法、要点、调研等，我们做了无数次研究讨论，三人做了大量的具体的研究事宜，现在三位研究生已经毕业工作，一如既往地参与进一步研究，在三人毕业论文基础上完成研究，其中，我带的 MBA 学员路瑞亮等同学帮助选择确定调研的企业，给予了很大的帮助，使得调研实证得以顺利进行。屈亦融、赵贤是我在燕山大学指导本科毕业论文的学生，分别考上或被送为研究生，有较强的研究认识能力，承担了较多的具体研究事宜。杨诗维还帮做了格式调整工作。

还要感谢是经济科学出版社的编辑出版人员。特别是编审刘怡斐女士，积极支持，高度负责，严谨认真，一丝不苟，给予了很大的支持和帮助，使得这本《职业经济解析——国计民生基本问题研究》专著顺利出版。

还有我的家人。妻子佟琦老师，她一贯积极支持，出现困难，总是分忧解难，出主意、想办法，给予了极大帮助。

还要特别指出，本书的出版得到了：河北省高校人文社科重点研究基地"燕山大学区域经济发展研究中心"的资助，深表谢意。

《职业经济解析——国计民生基本问题研究》是一个新的研究探索，考虑内容特点与个人的相关基础选择参研人员，既有统一要求，又保留个人风格，特别是研究问题比较复杂，难免存在不足，希望大家参与探讨，一起努力进一步研究完善，促进职业经济发展，更好为国计民生服务。

于秦皇岛燕山大学职业经济研究所

2018 年 10 月 31 日